U0089980

中國學術思想研究輯刊

三十編

林慶彰 主編

第2冊

《詩經》敘事與一代王朝的焦慮——小、大《雅》讀注（中）

白鳳鳴 著

花木蘭文化事業有限公司

國家圖書館出版品預行編目資料

《詩經》敘事與一代王朝的焦慮——小、大《雅》讀注（中）／
白鳳鳴 著 -- 初版 -- 新北市：花木蘭文化事業有限公司，
2019〔民 108〕
目 4+236 面；19×26 公分
（中國學術思想研究輯刊 三十編；第 2 冊）
ISBN 978-986-485-857-6（精裝）
1. 詩經 2. 注釋
030.8 108011707

ISBN-978-986-485-857-6

中國學術思想研究輯刊
三十編 第二冊 ISBN：978-986-485-857-6

《詩經》敘事與一代王朝的焦慮
——小、大《雅》讀注（中）

作　　者 白鳳鳴
主　　編 林慶彰
總 編 輯 杜潔祥
副總編輯 楊嘉樂
編　　輯 許郁翎、王筑、張雅淋　美術編輯　陳逸婷
出　　版 花木蘭文化事業有限公司
發 行 人 高小娟
聯絡地址 235 新北市中和區中安街七二號十三樓
電話：02-2923-1455／傳真：02-2923-1452
網　　址 http://www.huamulan.tw 信箱 hml 810518@gmail.com
印　　刷 普羅文化出版廣告事業
封面設計 劉開工作室
初　　版 2019 年 9 月
全書字數 549506 字
定　　價 三十編 18 冊（精裝）新台幣 39,000 元

《詩經》敘事與一代王朝的焦慮
——小、大《雅》讀注（中）

白鳳鳴 著

目次

上冊

中冊

下 冊

小雅・節南山

沒有確切的資料能夠證明詩中「赫赫師尹」究竟是誰。《鄭語》言周幽王將「讒諂巧從之人」虢石父立爲卿士，〔註 1〕《周本紀》「幽王以虢石父爲卿，用事，國人皆怨。石父爲人佞巧，善諛好利，王用之」——《國語》之初成約在戰國初期，距周幽王已三百多年，後又經西漢人增益編定，虢石父這一角色的眞實情況也就很難言說。

而將《節南山》之事放在西周末代天子周幽王身上，更具可能性的是漢儒於宣王之前西周王朝形象與名譽的刻意維護（關於褒姒負面形象的放大或可佐證這種推測的合理性）。事實上在西周中晚期一百多年的衰敗期間，詩中情形均有可能出現在某個歷史時段。

不同人眼中的《詩經》是不完全一樣的，文學家看到的是「作品」，歷史學家看到的是「材料」。前者拈來「欣賞」，後者拿去論證。「欣賞」自然多種多樣，論證也不免各取所需。兩千多年前的「詩歌語言」的不確性給不同需求的理解提供了可能與空間。但《節南山》提供給人們最有可能的直接信息是國勢式微，百官怨咎……

前六章章八句一腔憤激「說盡心中無限事」，後四章突然變成了急促的章四句，抽象的怨政之辭中突然又嵌入了記述性情景，「駕彼四牡，四牡項領。我瞻四方，蹙蹙靡所騁……」〔註 2〕已然顧不得作文意義上的篇章字句之經營；而「家父作誦，以究王訩」式的標注，則似乎又是一種自嘲——局面既已如此，寫在竹簡上的這些「詩」，於「式訛爾心，以畜萬邦」又能夠起到多大的作用呢？

南山，周都豐南鎬南之山。《天保》「如南山之壽，不騫不崩」，《斯干》「秩秩斯干，幽幽南山」，《蓼莪》「南山烈烈，飄風發發」，「南山律律，飄風弗弗」，《信南山》「信彼南山，維禹甸之……」南山寄託著周人的多樣情感，也見證了西周政權之興衰遭遇。「節彼南山，維石巖巖」，「節彼南山，有實其猗……」巨大的山影，一種不堪承受心理之重。

節彼南山，維石巖巖。

《毛傳》:「節，高峻貌。岩岩，積石貌」維：助詞，突出「岩岩」之貌。

《鄭箋》:「興者，喻三公之位，人所尊嚴。」

赫赫師尹，民具爾瞻。憂心如惔，不敢戲談。

《毛傳》:「赫赫，顯盛貌。師，大師，周之三公也。尹，尹氏，爲大師。具，俱。瞻，視。惔（tán），燔也。」《鄭箋》:「此言尹氏，女居三公之位，天下之民俱視女之所爲，皆憂心如火灼爛之矣。又畏女之威，不敢相戲而言語。疾其貪暴，脅下以刑辟也。」刑辟，刑律。朱熹《集傳》:「師尹，大師尹氏也。大師，三公。〔註3〕尹氏，蓋吉甫之後。《春秋》書尹氏卒，公羊子以爲譏世卿者，〔註4〕即此也。」民：此處之民即「百姓」。參見《天保》五章「群黎百姓，徧爲爾德」注。

國既卒斬，何用不監。

《毛傳》:「卒，盡。斬，斷。監，視也。」《鄭箋》:「天下之諸侯日相侵伐，其國已盡絕滅，女何用爲職不監察之？」胡承珙《後箋》:「謂當察視其亂之所由生也。」何用：何以。王引之《釋詞》(卷一):「用，詞之爲也。用、以、爲一聲之轉，故『何以』謂之『何用』，『何爲』亦謂之『何用』。」朱熹《集傳》:「卒，終。斬，絕……此詩家父所作，刺王用尹氏以致亂。言節彼南山，則維石巖巖矣；赫赫師尹，則民具爾瞻矣。而其所爲不善，使人憂心如火燔灼，又畏其威而不敢言也。然則國既終斬絕矣，汝何用而不察哉？」

節彼南山，有實其猗。

實、猗：王引之《述聞》:「猗，疑當讀爲阿。古音猗與阿同，故二字通用。……山之曲隅謂之阿。《楚辭・九歌》『若有人兮山之阿』王注曰『阿，曲隅也』是也。實，廣大貌。《魯頌・閟宮篇》『實實枚枚』《傳》曰『實實，廣大也』是也。有實其阿者，言南山之阿，實然廣大也。阿爲山隅，乃偏高不平之地，而其廣大實實然，亦如爲政不平之師尹，勢位赫赫然也。」

赫赫師尹，不平謂何？天方薦瘥，喪亂弘多。

《毛傳》:「薦，重（chóng）。瘥（cuó），病。弘，大也。」重，屢。《爾雅・釋言》:「薦，再也。」

民言無嘉，憯莫懲嗟。

《毛傳》:「憯（cǎn），曾也。」副詞。憯莫，即「莫曾」。《鄭箋》:「懲，止也。天下之民皆以災害相弔唁，無一嘉慶之言，曾無以恩德止之者，嗟乎柰何！」朱熹《集傳》:「節彼南山，則有實其猗矣。赫赫師尹而不平其心，則謂之何哉？蘇氏曰:『爲政者不平其心，則下之榮瘁勞佚，有大相絕者矣。是以神怒而重之以喪亂，人怨而謗讟（dú）其上。然尹氏曾不懲創諮嗟，求所以自改也。』」讟，怨恨。榮瘁，盛衰。

尹氏大師，維周之氐。

維：助判斷。

秉國之均，四方是維，天子是毗，俾民不迷。

《毛傳》:「氐（dǐ），本。均，平。毗，厚也。」馬瑞辰《通釋》:「《爾雅・釋言》:『柢（dǐ），本也。』郭注：『謂根本。』……《說文》:『柢，木根也。』『氐，至也，本也。從氏下著一。一，地也。』……木必有根而本始建，大臣之爲國根本，亦猶是也。」又《鄭箋》:「氐，當作桎鎋（zhìxiá）之桎。毗，輔也。言尹氏作大師之官，爲周之桎鎋，持國政之平，維制四方，上輔天子，下教化天下，使民無迷惑之憂。言任至重。」桎鎋即「桎轄」，車轄，制輪不脫之設。是：指代詞，復指前置賓語。

不弔昊天，不宜空我師。

《毛傳》:「弔，至。空，窮也。」《鄭箋》:「至猶善也。不善乎昊天，訴之也。」按：《毛傳》訓弔爲「至」，意即昊天淑善而臨，恤祐降福。

昊：大。昊天，泛指天。又《爾雅‧釋天》：「春為蒼天，夏為昊天，秋為旻天，冬為上天。」師：眾民。《鄭箋》：「不宜使此人居尊官，困窮我之眾民也。」參見《采芑》一章「其車三千，師干之試」注。朱熹《集傳》：「尹氏大師，維國之氐，而秉國之均，則是宜有以維持四方，毗輔天子，而使民不迷，乃其職也。今乃不平其心，而既不見憫弔於昊天矣，則不宜久在其位，使天降禍亂，而我眾並及空窮也。」見，被。

弗躬弗親，庶民弗信。弗問弗仕，勿罔君子。

一、二句的主語被省略，當為周王。「弗問弗仕」前的主語當為尹氏。言周王委政於尹氏，尹氏又委政於姻亞之輩，怨之詞。庶民：眾人。此處之「庶民」，不應當以史學意義上的「庶民」理解，而是一個頗具情緒化的詩歌語言用詞，實指朝廷「尹氏大師」之下的眾官，即六章所言「百姓」。〔註5〕信：信任。仕：任用。罔：朱熹《集傳》：「欺也。」嚴粲《詩緝》：「既不詢問之，不官使之，勿誣罔君子以為不可用也。」〔註6〕

式夷式已，無小人殆。瑣瑣姻亞，則無膴仕。

式：助詞。夷：平。已：止。殆：朱熹《集傳》：「危也。」《毛傳》：「瑣瑣，小貌。兩婿相謂曰亞。膴（wǔ），厚也。」《鄭箋》：「婿之父曰姻。瑣瑣昏姻，妻黨之小人，無厚任用之。置之大位，重其祿也。」《釋名‧釋親屬》：「兩婿相謂曰亞，言一人取姊，一人取妹，相亞次也。……又曰友婿，言相親友也。」朱熹《集傳》：「無以小人之故，而至於危殆其國也。瑣瑣姻亞，而必皆膴仕，則小人進矣。」〔註7〕

昊天不傭，降此鞠訩。

傭（yōng）：《毛傳》：「均。」鞠：通「鞫」。朱熹《集傳》：「鞫，窮。」窮，極，表程度。鞫音見《采芑》三章「鉦人伐鼓，陳師鞫旅」注。訩：馬瑞辰《通釋》：「謂凶咎也。」

昊天不惠，降此大戾。

戾：《鄭箋》：「乖也。」指乖戾反常之事。朱熹《集傳》：「言昊天不均，而降此窮極之亂；昊天不順，而降此乖戾之變。……夫爲政不平以召禍亂者，人也。而詩人以爲天實爲之者，蓋無所歸咎而歸之天也。」

君子如屆，俾民心闋。

屆：《鄭箋》：「至也。」闋（què）：《毛傳》：「息。」阮元《補箋》：「君子如至其位，可使民惡怒之心止息。」

君子如夷，惡怒是違。

夷：平，公正。是：指代詞，復指前置賓語。違：《毛傳》：「去也。」此言周王不作爲而被僭越景況。

不弔昊天，亂靡有定。式月斯生，俾民不寧。

靡：無。式：助詞。月斯生：《鄭箋》：「言月月益甚也。」俾：使。寧：安。

憂心如酲，誰秉國成？

酲（chéng）：《毛傳》：「病酒曰酲。」國成：國政。

不自為政，卒勞百姓。

卒：朱熹《集傳》：「終也。蘇氏曰：『天不之恤，故亂未有所止，而禍患與歲月月增長。君子憂之曰：誰秉國成者，乃不自爲政，而以付之姻亞之小人，其卒使民爲之受其勞弊以至此也。』」百姓：見《天保》五章「群黎百姓，徧爲爾德」注。

駕彼四牡，四牡項領。

《毛傳》：「項，大也。」指肥壯。領：脖頸。

我瞻四方，蹙蹙靡所騁。

蹙蹙（cù）：《鄭箋》：「縮小之貌。我視四方土地，日見侵削於夷狄蹙蹙然，雖欲馳騁，無所之也。」朱熹《集傳》：「言駕四牡而四牡項領，可以騁矣。而視四方則皆昏亂，蹙蹙然無可往之所，亦將何所騁哉？東萊呂氏曰：『本根病則枝葉皆瘁，是以無可往之地也。』」

方茂爾惡，相爾矛矣。既夷既懌，如相醻矣。

《毛傳》：「茂，勉也。」勉力。陳奐《傳疏》：「《說文》：『懋，勉也。』

茂與懋通。」相：視。爾：指師尹。于省吾《新證》：「矛乃敄（wù）的借字，敄經傳通作務（wù）或侮。……《釋文》訓侮爲輕慢，侮爲輕侮傲慢之義，係典籍中的常詁。此詩本謂師尹方勉於爲惡，視爾之輕侮傲慢，竟夷悅自得，好像賓主宴飲相酬酢的樣子。『輕侮傲慢』與『夷懌』之義正相涵。……侮慢爲惡乃自古權奸的常態。詩人對於師尹的行爲作無情的揭露，而舊解不知矛、敄、務、侮之通借，拘於刺兵之矛以爲之說。」（p84）

昊天不平，我王不寧。不懲其心，覆怨其正。

《毛傳》：「正，長也。」《鄭箋》：「昊天乎！師尹爲政不平，使我王不得安寧。」《孔疏》：「汝師尹不懲止其心，乃反邪僻妄行。故下民皆怨其君長，由師尹行惡而致民怨也。」君長，《秋官・朝大夫》「日朝，以聽國事故，以告其君長」，鄭玄注：「君謂其國君，長其卿大夫也。」張亞初、劉雨《西周金文官制研究》：「正是長帥的統稱。《周禮・大宰》『而建其正』，鄭注云：『正謂冢宰、司徒、宗伯、司馬、司寇、司空也。』銘文中的『友正』，即僚友和正長。」（p58）又朱熹《集傳》：「然尹氏猶不自懲創其心，乃反怨人之正己者，則其爲惡何時而已哉。」

家父作誦，以究王訩。

家父：《毛傳》：「大夫也。」《孔疏》：「作詩刺王，而自稱字者，詩人之情，其道不一。或微加諷諭，或指斥愆咎，或隱匿姓名，或自顯官字，期於申寫下情，冀上改悟而已。此家父盡忠竭誠，不憚誅罰，故自載字焉。詩人孟子亦此類也。」愆咎，罪過。朱熹《集傳》：「家，氏。父，字。周大夫也。……家父自言作爲此誦，以窮究王政昏亂之所由，冀其改心易慮，以畜養萬邦也。陳氏曰：『尹氏厲威，使人不得戲談。而家父作詩，乃復自表其出於己，以身當尹氏之怒而不辭者，蓋家父周之世臣，義與國俱存亡故也。』」〔註 8〕

式訛爾心，以畜萬邦。

訛：《鄭箋》：「化。」感化，改變。爾：指周王。朱熹《集傳》引「東萊呂氏」:「窮其亂本，而歸之王心焉。致亂者雖尹氏，而用尹氏者，則王心之蔽也。」又引「李氏」:「……惟格君心之非，則政事無不善矣，用人皆得其當矣。」〔註 9〕

〔註 1〕關於虢國，參見陳夢家《西周銅器總論・虢國考》。(《西周銅器斷代》，p384～p397)

〔註 2〕車馬，遠山，地平線的那一邊，《詩經》時代的一種感傷，一種孤獨，一種心境。屬於「天下」、「家國」，屬於某個「集體」，也屬於個體的詩人。《周南・卷耳》「陟彼崔嵬，我馬虺隤（tuí）……陟彼高岡，我馬玄黃。我姑酌彼兕觥，維以不永傷……」《鄘風・載馳》許穆夫人驅馬悠悠，陟彼阿丘，四野裏芃芃其麥，自恨「女子善懷」；到屈原，「陟升皇之赫戲兮，忽臨睨夫舊鄉。僕夫悲余馬懷兮，蜷局顧而不行……」(《離騷》) 而《節南山》「我瞻四方，蹙蹙靡所騁」，斜陽馬嘶，是情景，也是西周末世之寫照。

〔註 3〕三公，《周書・周官》:「立太師、太傅、太保，茲惟三公。」《春官・典命》「王之三公八命，其卿六命，其大夫四命。及其出封，皆加一等」，言三公及六卿位之尊。斯維至《兩周金文所見職官考》言「金文唯見大師、大保，無大傅」。(《斯維至史學文集》，p28) 有學者考西周「太傅」爲非常設之職，故金文未見；也有學者考西周的「三公」應該是太師、太保、太史，而「太傅」爲漢人之說。

所謂「六卿」，以《周禮》言，即掌治職之天官大宰，掌教職之地官大司徒，掌禮職之春官大宗伯，掌政（軍）職之夏官大司馬，掌刑職之秋官大司寇，掌事（工）職之冬官大司空（《周禮・冬官》闕)。《漢書・百官公卿表上》:「夏殷亡聞焉，周官則備矣。天官冢宰，地官司徒，春官宗伯，夏官司馬，秋官司寇，冬官司空，是爲六卿，各有徒屬職分，用於百事。」或以《禮記・曲禮》言，「天子建天官，先六大」，「六卿」即大（太）宰、大宗、大史、大祝、大士、大卜，之外又有「天子之五官」，司徒、司馬、司空、司士、司寇，並「天子之六府」，「天子之六工」。

張亞初、劉雨《西周金文官制研究》對眾多銘文作系統分析後亦得出如下

結論：「尹是古代官吏的泛稱，但有時也用以稱固定的某種長官，即作冊尹和內史尹。」（p55～p57）

《春官・內史》：「掌王之八枋（音 bìng，權柄）之法，以詔王治。一曰爵，二曰祿，三曰廢，四曰置，五曰殺，六曰生，七曰予，八曰奪。執國法及國令之貳，以考政事，以逆會計（逆，迎受。賈公彥疏：「因即句考其政事及會計，以知得失善惡而誅賞也」）。掌敘事之法，受納訪以詔王聽治。凡命諸侯及孤卿大夫，則策命之。凡四方之事書，內史讀之。王制祿，則贊爲之（鄭玄注：「贊爲之，爲之辭也。」或曰贊，佐），以方出之（注引鄭司農：「以方版書而出之。」引杜子春：「方，直謂今時牘也」）。賞賜亦如之。內史掌書王命，遂貳之（注：「副寫藏之」）。」

王國維《〈書〉作冊〈詩〉尹氏說》：「作冊、尹氏，皆《周禮》內史之職，而尹氏爲其長，百官之長皆曰尹。而內史尹、作冊尹獨單稱尹氏者，以其位尊而地要也。尹氏之職，掌書王命及制祿命官，與太（大）師同秉國政，故《小雅》曰『赫赫師尹，民具爾瞻』，又曰：『赫赫師尹，不平謂何』，又曰『尹氏太師，維周之氐，秉國之均』。詩人不敢斥王，故呼二執政者而告之。師、尹乃二官名，與《洪範》之『師尹惟日』、《魯語》『百官之政事師尹』同。非謂尹其氏師其官也。」（《觀堂別集》卷一）

又斯維至《兩周金文所見職官考》「《詩・節南山》云『赫赫師尹』，又云『尹氏大師』，乃尹氏與大師爲二官也」，認爲師謂大師，尹謂尹氏。大師爲掌師旅之高官，屬卿事寮官長。尹氏爲太史僚官長。卿事寮和太史僚大抵爲西周王朝負責處理軍政事務和宗教文化事務兩大機構，職能並有兼容。（《斯維至史學文集》，p29）不同於《傳》說。參見陳夢家《西周銅器總論・冊命篇》。（《西周銅器斷代》，p398～p415）

周代官制典籍之紀見《周書・周官》、《周禮》、《禮記・曲禮下》、《王制》、《荀子・王制》、《大戴禮記・保傅》、《五經異義》、《白虎通義・爵》、《封公侯》、《春秋繁露・官制象天》、《韓詩外傳》、《通典・職官》等。

關於《周禮》之官制究竟在多大程度上符合西周政制之實際，清之前多據以爲信，上世紀二、三十年代始有「疑古」之質疑；至近年，又有研究者認爲《周禮》爲周代官制之實錄——顯然，旨在「提升民族自信心」、「增強民族凝聚力」的「走出疑古」之聲音起到了作用。當學術主張上升和演變成一種「國家（政權）

口號」時，某種學術「自覺」也隨之表現出來。

參見沈長雲、李晶《春秋官制與〈周禮〉比較研究——〈周禮〉成書年代再探討》。(《歷史研究》，2004 年第 6 期)

張亞初、劉雨《西周金文官制研究》對西周金文職官斷代作有詳實研究，繪有西周早期、中期、晚期官制系統表，並對西周金文官制與《周禮》作了系統的比較研究（p101～p149）；楊寬《西周王朝的政權機構、社會結構和重要制度》(《西周史》，p315～p479)，陳夢家《西周銅器總論・職官篇》，讀《詩》當作必要的參考。李峰《西周早期（中央）政府》據青銅器銘文繪製了西周王畿地區早、中、晚期政府組織結構圖，可並作參考。(《西周的政體——中國早期的官僚制度和國家》，吳敏娜、胡曉軍、徐景昭、侯昱文譯，三聯書店，2010 年，p54～p98)

〔註 4〕見《公羊傳・隱公三年》。原文爲：「夏，四月，辛卯，尹氏卒。尹氏者何？天子之大夫也。其稱尹氏何？貶。曷爲貶？譏世卿。世卿，非禮也。」何休注：「世卿者，父死子繼也。貶去名者氏，言起其世也，若曰世世尹氏也。」

〔註 5〕《周語上》「百吏、庶民畢從……王耕一墢（音 fá，發，翻土)，班（指百吏）三之，庶民終於千畝」，韋昭注：「王一墢，公三，卿九，大夫二十七也。」從《國語》所紀齋戒、沐浴、飲醴、鬱人薦鬯（用鬱金草和黑黍釀成的酒)、牲人薦醴、以酒灌地、膳夫、農正陳籍禮等情形看，從王到公、卿、百吏，其耕田只是一種儀式而非正式的勞作，而「庶民」便爲眞正在土田上持續勞動的農業生產者。《雅》詩爲西周作品，其中的「庶民」與「庶人」所指或不完全是同一階層群體。一說「庶民」即「六遂」之民，其地位在「國人」之下。「國人」即《周禮》鄉遂制度之下「六鄉」之居民，具有「國家公民」性質。他們與「六遂」之「野民」(或稱甿、氓、野人）身份不同，社會組織也不同，權利與義務也不同。《地官・泉府》「國人郊人從其有司」，賈公彥疏：「國人者，謂住在國城之內，即六鄉之民也。」

楊寬《西周春秋的鄉遂制度和社會結構》：「『六鄉』居民還多採取聚族而居的方式，保持有氏族組織的殘餘形式，在一定程度上仍以血統關係作爲維繫的紐帶……『六遂』居民已完全以地域關係、鄰里關係代替了血統關係。……『六鄉』居民是自由公民性質，有參與政治、教育、和選拔的權利，有服兵役和勞役的義務。『六遂』居民則沒有這些權利，而是農業生產的主要擔當者，並提供種種生產物品和服勞役。」(《西周史》，p395～p425）而范文瀾《中國通史》「農夫住在田野小邑，稱爲野人；工商業者住在大邑，稱爲國人」的說法，實則更接近春秋時的情形。參見趙世超《周代國野制度研究》（陝西人民出版社，1991年）、晁福林《論周代國人與庶民社會身份的變化》(《人文雜誌》，2000 年第 3 期）。

朱鳳瀚《西周庶民的家族形態》:「西周封建政治在諸封建區域內造成了兩種類型的家族，即大小封建主貴族家族與土著附庸之族，二者生活的區域在空間上一般是相分隔的。西周時期在王畿地區，貴族封建主同時又是王官，其家族集聚於王朝都城之中，而隸屬於諸貴族封建主的附庸之民（一般亦應多是土著居民)，生活於與貴族家族居地相分隔的各家族的封疆土田內。在諸侯國，貴族封建主均是公臣，其家族安於國都之中，被征服的土著附庸則生活於國都外圍田野之地。顯然，生活於田野地區的附著於土田的土著居民，其主體部分應是以農耕爲生的勞動者，亦即西周文獻中所稱之『庶民』。」(《商周家族形態研究》，p412)

〔註 6〕《周書・梓材》「以厥庶民暨厥臣達大家，以厥臣達王惟君邦」，僞孔傳:「言當用其眾人之賢者與其小臣之良者，以通達卿大夫及都家之政於國。汝當信用其臣以通王教於民。言通民事於國，通王教於民，惟乃國君之道。」

〔註 7〕「姻亞」政治不符宗法制，但在實際操作過程中卻可能是事實。《雅》詩涉「小人」凡四處:《采薇》五章「君子所依，小人所腓」、《大東》一章「君子所履，小人所視」、本詩及《角弓》六章「君子有徽猷，小人與屬」。前二者解「戍役」、「下民」大致可通，但後二者與「君子」關聯解述的「小人」，則是西漢以降解詩者據《論語》相關言論貼出來的政治標簽，參照的是中央集權制度形成後的情形。「小人」之解充斥全《詩》，從「思想史」的角度講，是要允許其存在的。

西周宗法政治語境下產生不了道德和人格意義上的「小人」概念，周人滅商獲取「天下」後也不認爲所封子弟功臣和「先聖之後」中會有「小人」、「君子」之別。以《周書》爲例，姦邪佞人以「憸（xiān）人」作表述（《立政》、僞《冏命》),《康誥》「民情大可見，小人難保」、《無逸》「先知稼穡之艱難，乃逸，則知小人之依」、「不知稼穡之艱難，不聞小人之勞，惟耽樂之從」、「小人怨汝詈汝」、僞《旅獒》「狎侮小人，罔以盡其力」等「小人」，仍指的是「民」、「小民」。唯《邶風・柏舟》中的「群小」或與後世「小人」之意接近，已是春秋時。

「小人」在中國政治史上始終存在，並常常登峰造極，亦帝王專制政治之產物。但儒家解「經」，又將原本「制度」之惡皆歸咎於「小人」。後世政治常見於此「小人思維」之承襲並不斷發明——某種局面無法面對或難以自圓其說時，總有「小人」被虛擬、塑造，被指定、劃分⋯⋯。

〔註 8〕清人考「家父」，陳奐《詩毛氏傳疏》:「食采於家，以邑爲氏者也。《十月之交》篇有家伯，或是家父之族。《春秋》周桓王時有家父，或即家父之後歟？何注《公羊傳》云『家，埰地。父，字』是也。」見《桓公八年》。

王先謙《詩三家義集疏》:「三家『家』作『嘉』⋯⋯蔡邕《朱公叔諡議》:『周有仲山甫、伯陽父、嘉父，優老之稱也。』是《魯詩》作『嘉父』。《漢書・人表》嘉父與譚大夫、寺人孟子並列中上。《士冠禮》『伯某甫』，鄭注:『周大夫有嘉父，甫或作父。』是《齊詩》作『嘉父』，知《韓》同也。」

〔註 9〕李峰《黨派之爭與空間的崩潰》「周王室的派系和政治鬪爭」舉例《班簋》銘文「毛父」又被稱作「毛伯」，《鄭義伯盨》「鄭義伯」在《鄭義羌父盨》中作「鄭義羌父」，《鄭羌伯鬲》中又被稱作「鄭義羌伯」，認爲「家父」即《十月之交》中的「家伯」;「赫赫師尹」即《今本竹書紀年》所紀宣王二年即任「太師」、幽王時又重新冊命爲「太師尹氏」的「皇父」。「皇父非比尋常的地位我們亦可從『皇』這個頭銜中窺見；在整個西周金文中，除皇父外，只有在成康時期地位已極爲顯貴的召公被賦予過這個稱號。」（在作冊大方鼎的銘文中，召公被稱作「皇天尹太保」）即姬奭。

「幽王掌權後的最初五年間，周王室的政治牽涉到一位叫『皇父』的重要歷史人物。⋯⋯人類歷史上，新上臺的統治者用自己的親信來更替那些地位顯赫的老一代官員的現象可謂層出不窮。在與皇父的政治鬥爭中，幽王可能得到了他年輕妃子褒姒的協助，而後者也可能正覬覦著王后之位。⋯⋯《小雅・節南山》是《詩經》中少有的幾首提到詩人名字的詩之一，在這首詩中，詩人的名字叫作『家父』。我們有理由認爲，家父亦即《十月之交》中的『家伯』，官職是『宰』，可能是皇父的盟友之一，因爲金文中的諸多例子表明一個人是可以同時有這樣兩個稱謂的。如果『家父』確實是『家伯』，那麼說明這首詩可能創作於西周王朝滅亡之前（即爲皇父派系的人所作）。當然，一位後來的詩人借一位早期政治家之口吟誦了這首詩也不無可能。⋯⋯無論創作者是誰，詩人顯然是站在皇父一派說話的，他尖銳地批評與幽王一派的反對政黨……這首詩在傳統解釋中被認爲是對皇父的政治諷刺，並且因此連帶對幽王也進行了批評（因爲是他冊封了皇父）。這非但是一種誤解，更是完全忽視了這首詩的歷史背景。將『家父』與『家伯』視爲同一人，無論他是不是這首詩的作者，本身便是對這種觀點的一種駁斥，因爲同樣是這種觀點將『家伯』和『皇父』均視爲褒姒的同黨。在我看來，第 1～24 行再明白不過地強調了皇父對維持西周國家穩定的重要性，並且也表達了對皇父失勢的同情和悲哀。第 25～36 行譴責皇父的政敵蒙蔽周王，在政府中隨意安插自己的親信。（行 13～18 原先被錯誤地當作對皇父的批評。我認爲這一部分的批評顯然是指向皇父政敵的，最可能的是指向褒姒〔行 16 提及〕及其同黨）。第 37～48 行抱怨幽王無視民眾憤怒與憎恨心理的增長，允許邪惡之人操縱權力。詩的最後一部分（53～64 行）或許是最重要的一部分，詩人呼籲皇父與周王和解，這正是本詩的主旨所在。『家父』，即這首詩的題名作者，本人可能也未能幸免這次政治鬭爭（如 49 行～52 行所暗示），但他本還是試著規勸皇父與周王妥協，並留在王都。

毋庸置疑，《節南山》這首詩向我們呈現了西周晚期政治中一種激烈的派系之見。這種觀點甚至在《正月》中表現的更爲明顯，它直接對褒姒進行公開和尖銳的批評。」（《西周的滅亡——中國早期國家的地理和政治危機》，p233～p242）

李文論述王室派系政治鬭爭徵引《節南山》、《正月》、《十月之交》等，其邏輯是成立的。但李文未有對原詩針對毛、鄭或朱熹進行新的字句上的解釋，所歸納文義和結論缺少訓詁支持，特別是「家父」即《十月之交》中的「家伯」；也沒有對幽王元年「王賜太師尹氏皇父命」作「周禮」意義上的更多說明。而於「褒姒」者沒有新的相關證據提供，仍流於「典籍」文獻之說。

小雅・正月

所謂「赫赫宗周，褒姒滅之」，其實也就一句「詩」。而儒家卻以此爲證，煞費苦心展開了一系列言說。他們不能接受對應其思想主張的西周政權之消亡，更不能直面其中眞正的原因，於是塑造出一個反面的女性形象來廁身其中——要之，若非褒姒者「紅顏禍水」，西周王朝是不會滅亡的。

先是《鄭語》「史伯爲桓公論興衰」中一個荒誕而並不連貫的故事。〔註 1〕故事中的褒姒成了一種交換和賄賂——她以女性複雜的內在因素而成功了，儒家定位其爲邪惡：「天之生此久矣，其爲毒也大矣……」

在《國語》中，像史伯這樣爲桓公（宣王異母弟，幽王時王室司徒）論興衰時扯上一個女子來，不止《鄭語》。《晉語一》「史蘇論獻公伐驪戎勝而不吉」之於周亡而言褒姒的同時也之於夏、殷之亡而言妹喜、妲己；《周語中》「富辰諫襄王以狄伐鄭及以狄女爲后」時也是同樣的套路：「昔鄢（yān）之亡也由仲任，密須由伯姞（jí），鄶（kuài）由叔妘（yún），聃由鄭姬，息由陳嬀（guī），鄧由楚曼，羅由季姬，盧由荊嬀……」〔註 2〕

《呂氏春秋・疑似》接續了褒姒的故事。史遷覺得「擊鼓」不如「舉烽火」來得更立體和生動，所以在《周本紀》中又作了演義，「褒姒不好笑，幽王欲其笑萬方……」，「烽火戲諸侯」的故事遂得以通俗而且完整。李贄《史綱評要・幽王》說到褒姒之於周幽王時，「眞好笑！」

在漢儒認爲小、大《雅》四十八首「刺詩」中，「刺幽王」（幽后）者凡三十八。儒家費盡心機附加在周幽王和褒姒身上以及相關申侯與平王的故事，在給西周解嘲的同時，也意在給東周正名。

焦循在《褒姒辨》（《雕菰（gū）集》卷八）中算了一道數學題，說既然周厲王末年王府裏的童妾遇黿，十五歲時既笄而孕，當宣王時而生，「厲王以三十七年奔彘（按：前 841 年），越十四年宣王立（前 827 年）。喪亂之餘，童妾即仍在宮中，而其孕也，何以決其爲所遭之黿？幽王三年（前 779 年），嬖褒姒，八年，立褒姒之子伯服爲太子。由宣王初至此，褒姒宜生五十餘歲，褒人何獻此老婦以脫罪，而王且寵之？況舉烽火諸事，又後此數年，而年已六十矣！」

焦循採《周本紀》和《今本竹書紀年》所紀計算年份，結論是五六十歲人老珠黃的褒姒不至於使周幽王如此傾心。他還眞將《鄭語》中史伯之言當了一回事，也抬舉了周幽王——「天子」們沒有必要做出一個男人對女人的擔當，也做不出來，所謂「江山美人」是傳說。

崔述《豐鎬考信錄》（卷七）：「吾嘗讀《大雅・瞻卬》、《召旻》二篇，及《小雅》之《節南山》、《正月》、《十月》、《雨無正》等篇，所刺幽王失德群奸擅政之事正亦多端，不但褒姒一事已也。而周之患戎，其來亦久。穆王時嘗征犬戎，宣王時獫狁內侵至于涇陽，《出車》、《六月》等篇屢言之。至幽王時而周益衰，故戎益肆耳……《詩》云『今也日蹙國百里』，然則戎之滅周非一朝一夕之故。蓋緣幽王昏縱淫暴，掊（póu）克在位久矣失民之心，是以戎來侵伐而不能禦，日漸蠶食，至十一年而遂滅。」（見《大雅・蕩》、《召旻》）

史、「詩」不同；解《詩》又是另外一回事。「褒姒」、「戎患」外，漢儒又多將西周的滅亡歸咎於與「賢者」相對的「小人」——宗法制下的周人尚不知「小人」爲何物。

正月繁霜，我心憂傷。

正月：《毛傳》：「夏之四月。」《鄭箋》：「夏之四月，建巳之月，純陽用事而霜多，急恒寒若之異，傷害萬物，故心爲之憂傷。」《孔疏》：「時大夫賢者，睹天災以傷政教，故言正陽之月而有繁多之霜，是由王急酷之異，以致傷害萬物，故我心爲之憂傷也。」〔註 3〕

民之訛言，亦孔之將。

《毛傳》：「將，大也。」《鄭箋》：「訛，僞也。人以僞言相陷，人使王行酷暴之刑，致此災異，故言亦甚大也。」按：《雅》詩中的「民」不是一個定義詞，所指不一。此泛指「訛言」者。

念我獨兮，憂心京京。哀我小心，癙憂以痒。

《毛傳》:「京京，憂不去也。癙、痒皆病也。」《鄭箋》:「念我獨兮者，言我獨憂此政也。」《孔疏》:「痛憂此事，以至於身病也。」又朱熹《集傳》:「京京，亦大也。癙憂，幽憂也。此詩亦大夫所作。言霜降失節，不以其時，既使我心憂傷矣，而造爲姦僞之言，以惑群聽者又方甚大。然眾人莫以爲憂，故我獨憂之，以至於病也。」

父母生我，胡俾我瘉。

俾：使。瘉（yù）：病苦。

不自我先，不自我後。好言自口，莠言自口。

莠：本爲田間雜草，引爲惡言。《毛傳》:「莠，醜也。」《鄭箋》:「此疾訛言之人。善言從女（汝）口出，惡言亦從女口出。女口一耳，善也惡也同出其中，謂其可賤。」

憂心愈愈，是以有侮。

愈愈：朱熹《集傳》:「益甚之意。」侮：欺侮。朱熹《集傳》:「是以我之憂心益甚，而反見侵侮也。」

憂心惸惸，念我無祿。

《毛傳》:「惸惸（qióng），憂意也。」《鄭箋》:「無祿者，言不得天祿，自傷值今生也。」值，值遇。

民之無辜，並其臣僕。

並：俱。《毛傳》:「古者有罪，不入於刑則役之圜（yuán）土，以爲臣僕。」圜土，《鄭箋》:「獄也。」又朱熹《集傳》:「古者以罪人爲臣僕。亡國所虜亦以爲臣僕。箕子所謂『商其淪喪，我罔爲臣僕』是也。言不幸而遭國之將亡，與此無罪之民，將俱被囚虜，而同爲臣僕。未知將復從何人而受祿。」見《商書・微子》。按：朱熹所言近於本義。「民」並非「野氓」「人鬲」之民。參見《天保》五章「民之質矣，日用飲食」注。

哀我人斯，于何從祿？

斯：語助詞。又《鄭箋》:「斯，此。于，於也。」於，歎詞。

瞻烏爰止，于誰之屋？

爰：於。《孔疏》：「視烏於所止，當止於誰之屋乎？」止：息。

瞻彼中林，侯薪侯蒸。

《毛傳》：「中林，林中也。薪、蒸，言似而非。」侯：助詞，維。薪、蒸：本意指山林中的柴草。參見《無羊》三章「爾牧來思，以薪以蒸，以雌以雄」注。

民今方殆，視天夢夢。

殆：危。《毛傳》：「王者爲亂夢夢然。」《鄭箋》：「今民且危亡，視王者所爲，反夢夢然而亂無統理。」《孔疏》：「《釋訓》云：『夢夢，亂也。』上天無昏亂之事，故知天斥王也。」

既克有定，靡人弗勝。

克：能。朱熹《集傳》：「言瞻彼中林，則維薪維蒸，分明可見也。民今方危殆疾痛，號訴於天，而視天反夢夢然，若無意於分別善惡者。然此特值其未定之時爾。及其既定，則未有不爲天所勝者也。」

有皇上帝，伊誰云憎？

皇：朱熹《集傳》：「大也。」意偉大。有皇，即皇皇。伊：《鄭箋》：「當讀爲緊，緊猶是也。」疑問代詞前助詞。云：助詞。馬瑞辰《通釋》：「乃天能勝人而不肯止亂，不知天意果誰憎乎？此詩人念天之降亂，反覆推測而故作不解之詞。」

謂山蓋卑，為岡為陵。

蓋：通「盍」，何。卑：低。岡、陵：朱熹《集傳》：「山脊曰岡，廣平曰陵。」「廣平」指闊而平緩言，丘陵。綿延無盡。參見《天保》三章「如山如阜，如岡如陵」注並《釋名・釋山》。

民之訛言，寧莫之懲。

寧：竟。懲：朱熹《集傳》：「止也。……謂山蓋卑，而其實則岡陵之崇也。今民之訛言如此矣，而王猶安然莫之止也。」

召彼故老，訊之占夢。

故老：《毛傳》：「元老。」訊：《毛傳》：「問也。」占夢：朱熹《集傳》：

「官名。掌占夢者也。」見《春官・占夢》。陳奐《傳疏》:「古者有問夢之事，召元老問之占夢。」

具曰「予聖」，誰知烏之雌雄？

《毛傳》:「君臣俱自謂聖也。」《鄭箋》:「時君臣賢愚適同，如烏雌雄相似，誰能別異之乎？」朱熹《集傳》:「及其詢之故老、訊之占夢，則又皆自以為聖人。亦誰能別其言之是非乎？」朝政亂象無以復加。

謂天蓋高，不敢不局。

局:《毛傳》:「曲也。」指曲身。

謂地蓋厚，不敢不蹐。

蹐（jí）:《毛傳》:「累足也。」意後腳緊跟前腳。《說文》:「蹐，小步也。」局、蹐，意戒慎小心。朱熹《集傳》:「言遭世之亂，天雖高而不敢不局，地雖厚而不敢不蹐。」

維號斯言，有倫有脊。

號:朱熹《集傳》:「長言之也。」倫、脊:《毛傳》:「倫，道。脊，理也。」朱熹《集傳》:「其所號呼而為此言者，又皆有倫理而可考也。」

哀今之人，胡為虺蜴？

虺、蜴:虺，古書上說的一種毒蛇。蜴，即蜥蜴。朱熹《集傳》:「虺、蜴，皆毒螫之蟲也。……哀之今人，胡為肆毒以害人，而使之至此乎？」

瞻彼阪田，有菀其特。

阪:《爾雅・釋地》「陂者曰阪」，郭璞注:「陂（pō）陀不平。」《鄭箋》:「阪田，崎嶇墝埆（qiāoquè）之處。」墝埆，瘠薄。王充《論衡・率性》有「夫肥沃墝埆，土地之本性也」句。菀（yù）:朱熹《集傳》:「茂盛之貌。」有菀，即菀菀。特:朱熹《集傳》:「特生之苗也。」

天之扤我，如不我克。

扤（wù）:《毛傳》:「動也。」動搖。克:勝，戰勝。《鄭箋》:「我，我特苗也。天以風雨動搖我，如將不勝我。」朱熹《集傳》:「瞻彼阪田，猶有菀然之特。而天之扤我，如恐其不我克，何哉？亦無所歸咎之詞也。」

彼求我則，如不我得；

則：法則。朱熹《集傳》:「夫始而求之以爲法則，唯恐不我得也。」又于省吾《新證》:「則、敗古通。……『如』猶而也。『彼求我敗，如不我得』，言彼求敗我，而不我得也。我敗即敗我，倒語以叶韻耳。敗我謂毀傷我也。上言『天之扤我，如不我克』，言天之抈（yuè）我，而不我識也。意謂抈我者而不我識，敗我者而不我得也。」（p23、p24）於意克通「刻」，識知。抈，動，搖。

執我仇仇，亦不我力。

朱熹《集傳》:「及其得之，則又執我堅固如仇讎（chóu）然，然終亦莫能用也。求之甚艱而棄之甚易，其無常如此。」讎：辯問，駁難。

心之憂矣，如或結之。今茲之正，胡然厲矣！

結：鬱結。正：通「政」。厲：《毛傳》:「惡也。」朱熹《集傳》:「厲，暴惡也。……言我心之憂如結者，爲國政之暴惡故也。」

燎之方揚，寧或滅之？

燎：《鄭箋》:「火田爲燎。燎之方盛之時，炎熾熛（biāo）怒，寧有能滅息之者？言無有也，以無有，喻有之者爲甚也。」熛，飛迸的火焰。寧：乃。

赫赫宗周，褒姒滅之！

《毛傳》:「宗周，鎬京也。褒，國也。姒，姓也。有褒國之女，幽王惑焉，而以爲后。詩人知其必滅周也。」按：「宗周」不當僅在地理意義上理解，更是一個西周政權的指稱。《周書・多方》「惟五月丁亥，王來自奄，至於宗周」。陳夢家《西周金文中的都邑》:「據西周金文，宗周與『豐』、『鎬』不同地，而『宗周』乃宗廟所在之地。」即岐周。（《西周銅器斷代》，p371）

終其永懷，又窘陰雨。

終：既。永懷：深憂。窘：《毛傳》:「困也。」陰雨：喻其困境。

其車既載，乃棄爾輔。

《毛傳》:「大車重載，又棄其輔。」《鄭箋》:「以車之載物，喻王之任國事也。棄輔，喻遠賢也。」輔：大車兩旁的夾板。陳奐《傳疏》：「大車揜（yǎn，同「掩」）版置諸兩旁，可以任載。今大車既重載也，而又棄其兩旁之版，則所載必墮，此其顯喻也。」

載輸爾載，將伯助予！

載：前一載爲助詞，後一載指所載之物。輸：《鄭箋》：「墮也。」將、伯：《毛傳》：「將，請。伯，長也。」〔註 4〕《鄭箋》：「棄女車輔，則墮女之載，乃請長者見助，以言國危而求賢者，已晚矣。」朱熹《集傳》：「苟其載之既墮而後號伯以助予，則無及矣。」參見《白駒》三章「爾公爾侯，逸豫無期」注。

無棄爾輔，員于爾輻。

員（yún）：《毛傳》：「益也。」增益。輻：車輻。

屢顧爾僕，不輸爾載。

《鄭箋》：「屢，數也。僕，將車者也。顧猶視也，念也。」

終踰絕險，曾是不意？

《鄭箋》：「女（汝）不棄車之輔，數顧女僕，終是用踰度陷絕之險。女不曾以是爲意乎？」女，指周王。又朱熹《集傳》：「若能無棄爾輔，以益其輻，而又數數顧視其僕，則不墮爾所載，而踰於絕險，若初不以爲意者。蓋能謹其初，則厥終無難也。」

魚在于沼，亦匪克樂。

克：能。

潛雖伏矣，亦孔之炤。

炤（zhāo）：同「昭」。《鄭箋》：「池魚之所樂而非能樂，其潛伏於淵，又不足以逃，甚炤炤易見。以喻時賢者在朝廷，道不行無所樂，退而窮處，又無所止也。」又朱熹《集傳》：「魚在于沼，其爲生已蹙也。其潛雖深，然亦炤然而易見。言禍亂之及，無所逃也。」蹙，蹙促不能舒展。

憂心慘慘，念國之為虐。

《毛傳》：「慘慘，猶戚戚也。」

彼有旨酒，又有嘉殽。

《毛傳》:「言禮物備也。」旨：味美。見《魚麗》一章「君子有酒，旨且多」注。殽：通「肴」，指肉做的菜肴。

洽比其鄰，昏姻孔云。

洽：《毛傳》:「合。」用爲動詞。《左傳》僖公二十二年、襄公二十九年引《詩》作「協」，杜預注：「言王者爲政，先和協近親，則昏姻甚相歸附也。鄰，猶近也。」云：《毛傳》:「旋也。是言王者不能親親以及遠。」《孔疏》:「言幽王彼有旨酒矣，又有嘉善之殽矣，禮物甚備足矣，唯知以此禮物協和親比其鄰近之左右，與妻黨之昏姻甚相與周旋而已，不能及遠及人也。」又黃焯《平議》:「昏姻孔云者，謂與瑣瑣姻婭相周旋也。」周旋，親近。參見《節南山》四章「瑣瑣姻亞，則無膴仕」注。

念我獨兮，憂心慇慇。

《鄭箋》:「此賢者孤特自傷也。」〔註5〕慇慇（yīn）：朱熹《集傳》:「疾痛也。」

佌佌彼有屋，蔌蔌方有穀。

《毛傳》:「佌佌（cǐ），小也。蔌蔌（sù），陋也。」穀：祿。《孔疏》:「佌佌然之小人，彼已有室屋之富矣，其蔌蔌窶陋者方有爵祿之貴矣，王者厚斂重賦，寵貴小人，故使得如此也。」

民今之無祿，天夭是椓。

夭：殘害。是：代詞，這樣。椓：擊，引爲打擊、殘害。《毛傳》:「君夭之，在位椓之。」《孔疏》:「哀此下民，今日之無天祿，而王夭害之，在位又椓譖（zèn）之，是其困之甚也。」又陳奐《傳疏》:「《釋文》云：『夭，災也。』夭、椓二字連文，並有殘害侵削之義。」

哿矣富人，哀此惸獨。

《毛傳》:「哿（gě），可。獨，單也。」惸：同「煢」。惸獨，孤獨無依。《鄭箋》:「此言王政如是，富人已可，惸獨將困也。」又王引之《述聞》:「哿與哀爲對文，哀者憂悲，哿者歡樂也。……《毛傳》訓哿爲可，可亦快意愜心之稱。」

〔註 1〕「宣王之時有童謠，曰：『檿（yǎn）弧箕（jī）服（箙），實亡周國。』（韋昭注：「山桑曰檿。弧，弓也。箕，木名。服，矢房。」矢房即盛矢之器，箭囊）於是宣王聞之，有夫婦鬻是器者，王使執而戮之。府之小妾生女而非王子也，懼而棄之。此人也，收以奔褒。天之命此久矣，其又何可爲乎？《訓語》有之曰：『夏之衰也，褒人之神化爲二龍，以同於王庭（注：「褒人，褒君。共處曰同」），而言曰：「余，褒之二君也（注：「二先君」）。」夏后卜殺之與去之與止之（注：「止，留也」），莫吉。卜請其漦（chí）而藏之（注：「漦，龍所吐沫，龍之精氣也」），吉。乃布幣焉而策告之（注：「布，陳也。幣，玉帛也。陳其玉帛，以簡策之書告龍，而請其漦」），龍亡而漦在，櫝而藏之，傳郊之（注：「傳祭之郊」）。』及殷、周，莫之發也。及厲王之末（注：「末，末年，流彘之歲」），發而觀之，漦流於庭，不可除也。王使婦人不幃而譟（zào）之（注：「裳正幅曰幃。譟，讙〔huān〕呼」），化爲玄黿，以入於王府。府之童妾未既齓（chèn）而遭之（注：「既，盡也。遭，遇也。毀齒曰齓。未盡齓，毀未畢也。女七歲而毀齒。」乳齒落，生恒齒曰「毀齒」），既笄（jī）而孕（注：「女十五而笄」），當宣王時而生（注：「厲王流彘，共和十四年死。十五年，宣王立，立四十六年，幽王在位，十一年而滅」）。不夫而育，故懼而棄之。爲弧服者方戮在路，夫婦哀其夜號也，而取之以逸，逃於褒。褒人褒姁（xū）有獄（注：「褒姁，褒君」），而以爲入於王，王遂置之（注：「置，赦褒姁」），而嬖是女也，使至於爲后而生伯服（注：「以邪辟取愛曰嬖。使至，有漸之言也」）。」

《周書》中沒有「童謠」，製造和傳播「童謠」以期達到政治之目的，戰國人始爲之。「帝高陽之苗裔兮」的屈原，雖爲楚國大夫，但其實也就一自視甚高的文人而已，他還真相信了「宣王之時有童謠」，眞以爲褒姒而周幽誅。大概是要訴說楚懷王和鄭袖，《天問》中淚眼迷蒙地仰頭發問：「妖夫曳衒（xuàn，鬻），何號於市？周幽誰誅，焉得夫褒姒？」

中唐時期的柳宗元給答：「孺賊厥詵（shēn），爰檿其（箕）弧。幽禍挐（rú）以誇，憚褒以漁。淫嗜蔑（miè）殺，諫屍謗屠。孰鱗漦以徵，而化黿（大鱉）是辜！」（《天對》）「檿弧箕服」不過童謠之言；幽王罹誅，是他昏亂奢侈，侵褒而漁色，淫刑嗜殺。何以爲徵，而把周的滅亡歸罪於龍沫化黿呢？

「棄高明顯昭，而好讒慝暗昧，近頑嚚窮固，黜太子以怒西戎、申、繒，於彼以取其必弊焉可也；而言褒神之流禍，是好怪者之爲焉，非君子之所宜言也。」（《非國語・褒神》。見《柳河東集》卷十四、四十五）

〔註 2〕春秋戰國「百家爭鳴」中儒家的反應是激烈的，其「作言造語」更爲不擇手段。但始作俑於孔子，在敘寫「典籍」時無所不能作賤女性的思想心理十分複雜，也中國文化一個待探研的深遠之題。

〔註 3〕趙光賢《〈詩‧十月之交〉當爲七月之交說》:「如用夏正，正值隆冬，應當是大雪飛揚，而不僅是『繁霜』了。如用周正，則當冬至，尚未到小寒，繁霜是有可能的。」(《人文雜誌》，1992 年第 5 期）其實毛、鄭「正月」之解爲其「政教」說所需。正月或指夏曆正月，或指周曆正月。夏曆以正月爲歲首，周曆以夏曆十一月爲歲首。無論夏曆、周曆，一定氣候條件下出現「繁霜」都是有可能的，詩人見物起興而已。朱熹應該深知這一點，但他在解《詩》時不放過任何「理學」的機會:「霜降失節，不以其時，既使我心憂傷矣……」

〔註 4〕將，本義爲祭獻（象形左爲俎，右爲手獻肉），引爲祈求，再引申爲「請」。李宗侗《希臘羅馬古代社會研究序》:「古代主祭的人，即戰爭統帥軍隊的人，所以叫統帥的人爲『將』，因爲主持『將』祭的亦是他。」(《中國古代社會新研　歷史的剖面》，p24）

關於「伯」，李峰《西周考古的新發現和新啓示——跋許倬雲教授〈西周史〉》:「過去這二十年（按：李文作於 2010 年 1 月）考古發現的另一個重要啓示在於王畿和東部地區在體制上的不同。譬如，不管東方的諸侯在傳世文獻中怎樣稱呼，在考古發掘所得的青銅器銘文中他們均自稱爲『侯』，如燕侯、晉侯、應侯、邢侯、魯侯和滕侯等等（個別諸侯也稱『男』，如許男）。相反地，在陝西王畿地區的貴族宗族之長從未有稱『侯』，而常常是被稱爲『伯』，有時爲『仲、叔、季』，這些稱謂表明了他們在家族中的長幼順序。青銅器銘文語言中這種嚴格的區別說明，在周人的政治理念中，東部封國與西部宗族群體間存在著重要的差別，他們代表兩個完全不同的秩序：即地方封國是一個政治秩序，他是以西周國家作爲參照體系，而王畿地區『伯、仲、叔、季』是一個社會秩序，它是基於周人的倫理價值來規範宗族內部的權力和財產傳承的一個制度。換句話說，西周國家的這兩個地域是建立在不同的組織原則之上、而且以不同的方式進行管理的兩大社會和行政區間。」(許倬雲《西周史》，p385、p386）

《詩經》中凡言「伯」者，不管是王朝還是「內服」、「外服」，多爲荷負世業之重臣。如《召南‧甘棠》之「召伯」(武王弟召康公姬奭。《大雅‧江漢》四章言「文武受命，召公維翰」，《召旻》七章言「昔先王受命，有如召公」)，《小雅‧黍苗》之「召伯」(召康公姬奭十世後孫召穆公姬虎)，《大雅‧崧高》、《韓奕》之

「召伯」（召穆公）、「申伯」（申侯），《曹風・下泉》之「郇伯」（晉國大夫荀礫）等。

此詩「載輸爾載，將伯助予」、《邶風・旄丘》一、三章有「叔兮伯兮，何多日也」、「叔兮伯兮，靡所與同」，「伯」可能只是一個泛稱。而如《鄭風・蘀（tuò）兮》「叔兮伯兮，倡，予和女」、「叔兮伯兮，倡，予要女」者，「伯」成爲了一種借指。女，汝。

〔註5〕李峰《黨派之爭與空間的崩潰》「周王室的派系和政治鬥爭」：「詩人顯然是站在皇父這派人的立場上說話的（他原先可能是皇父的盟友之一），在無法同新的派系相處的情況下，被迫離開王室。

……（這些詩）共同提及了一個潛在的歷史背景或過程，並且這些背景或過程同樣得到了其他歷史著作的證明；因爲這個潛在的歷史背景或過程的存在，我們可以實際上將它們當作一組詩來加以釋讀。……這些詩有著深刻的政治觀點和歷史現實意義，而這都已經成爲周人文化記憶中的一個重要組成部分。它們顯示了幽王早年西周王室中曾經有過的一次激烈的政治爭鬥，結果皇父被迫隱退東部。這場爭鬥可能是圍繞著王室政策的控制權而展開的，爭鬥的雙方是年輕的幽王與宣王時期留下的前朝元老，同時還糾纏了兩個女人爲她們的兒子爭奪王位的爭鬥：一個是正統的周王室王后申后，另一個則是勢力逐日上升的褒姒。……（皇父隱退宜臼出逃）這兩起事件必定有聯系，俱源於皇父集團敗於幽王——褒姒集團的政治爭鬥。

……隨著鬥爭中皇父集團的失敗，西周政府的權力結構也逐漸按照一條完全由幽王掌控的政策路線進行重建。但周幽王對政敵的勝利不僅爲王室權威的重建創造了機會，同時也開啓了西周王朝滅亡的大門。」（《西周的滅亡——中國早期國家的地理和政治危機》，p242～p246）並見《節南山》〔註9〕。

小雅・十月之交

《毛序》以爲刺幽王，鄭玄以爲刺厲王。歷代均有考證者，更有當代「夏商周斷代工程」之論說等。其實在「詩歌」的意義上，「十月之交」出現的這次日食究竟時在何年並不重要。周人於特殊天象的恐懼是眞實的，但「日月告凶，不用其行」表明，「十月之交，朔月辛卯。日有食之，亦孔之醜」依然是寫作意義上之於「比興」的意象選取。〔註 1〕

詩人憂傷而絕望地敘說著西周政權之末世景況。而「黽（mǐn）勉從事，不敢告勞」、「我不敢傚我友自逸」，又似乎表明對王朝還報有最後一線之希望。如果《今本竹書紀年》幽王五年（前 777 年）「皇父作都于向」之紀是眞實的，那麼這位焦慮而忠誠的「君子」何曾想到，六年後西周就滅亡了。〔註 2〕

十月之交，朔月辛卯。

十月：《鄭箋》：「周之十月，夏之八月也。八月朔日，日月交會而日食，陰侵陽，臣侵君之象。日辰之義，日爲君，辰爲臣。」又朱熹《集傳》：「以夏正言之。」即夏曆。交：《毛傳》：「日月之交會。」朱熹《集傳》：「日月交會，謂晦朔之間也。」晦，陰曆每月月末的一天；朔，陰曆月初的一天。辛卯：以天干地支排列爲辛卯日。《鄭箋》：「辛，金也。卯，木也。又以卯侵辛，故甚惡也。」《孔疏》：「其日又是辛卯，辛是金，卯是木，金常勝木，今木反侵金，亦臣侵君之象。臣侵君，逆之大者。」

日有食之，亦孔之醜。

醜：《毛傳》：「惡也。」指日食程度，食分大小與時長。

彼月而微，此日而微。

《毛傳》：「月，臣道。日，君道。」《鄭箋》：「微謂不明也。彼月則有微，今此日反微，非其常，爲異尤大也。」又朱熹《集傳》：「微，虧也。彼月則宜有時而虧矣，此日不宜虧而今亦虧，是亂亡之兆也。」又林兆豐《隸經剩義》：「匪特幽王六年十月朔，食入交限，即前一月望，食亦入交限。此日而食，指十月朔食言。彼月麵食，又即指前一月望食言。」

今此下民，亦孔之哀。

《鄭箋》：「君臣失道，災害將起，故下民亦甚可哀。」

日月告凶，不用其行。四國無政，不用其良。

《鄭箋》：「告凶，告天下以凶亡之徵也。行，道度也。不用之者，謂相干犯也。四方之國無政治者，由天子不用善人也。」

彼月而食，則維其常。

維：助判斷。

此日而食，于何不臧！

於：通「籲」，歎詞。臧：善。《孔疏》：「又言日食爲大惡之事。彼月而食，雖象非理殺臣，猶則是其常道，今此日而反食，於何不善乎？……昭七年《左傳》晉侯問於士文伯曰：『《詩》所謂此日而食，于何不臧，何也？』對曰：『不善政之謂也。國無政，不用善，則自取謫於日月之災，故政不可不慎。』是也。」朱熹《集傳》：「凡日月之食，皆有常度矣。而以爲不用其行者，月不避日，失其道也。然其所以然者，則以四國無政，不用善人故也。如此則日月之食皆非常矣。而以月食爲其常，日食爲不臧者，陰亢陽而不勝，猶可言也；陰勝陽而掩之，不可言也。故《春秋》日食必書，而月食則無紀焉，亦以此爾。」按：朱熹所言日食、月食無關天體中太陽、地球、月球之關係；《春秋》所記日食三十六次。其中襄公二十一年九月、十月，二十四年七月、八月，皆「朔，日有食之」，或謬。

爗爗震電，不寧不令。

爗爗：閃電貌。震：雷。寧：安。令：善。《鄭箋》：「雷電過常，天下不安，政教不善之徵。」

百川沸騰，山冢崒崩。

《毛傳》：「沸，出。騰，乘也。山頂曰冢。」崒（zú）：《鄭箋》：「崒者，崔嵬。」崔嵬（wéi），有土石的山，又意高聳貌。《說文》：「崔，大高也。」「嵬，高不平也。」又王引之《述聞》：「崒，急也，暴也。言山冢猝然崩壞也。崒崩與沸騰相對。」〔註3〕

高岸為谷，深谷為陵。哀今之人，胡憯莫懲！

《鄭箋》：「憯，曾。懲：止也。變亂如此，禍亂方至，哀哉！今在位之人，何曾無以道德止之。」言無有止亂也。按：周人之「德」是之於周禮的遵循、踐履與自覺，而非鄭玄所謂「道德」。懲：止。憯，參見《節南山》二章「民言無嘉，憯莫懲嗟」注。

皇父卿士，番維司徒，家伯維宰（朱熹本作「家伯冢宰」），**仲允膳夫，棸子內史，蹶維趣馬，楀維師氏，豔妻煽方處。**

《鄭箋》：「皇父、家伯、仲允皆字（孔穎達：「皇父及伯、仲是字之義，故知皇父、家伯、仲允皆字」）。番、棸（zōu）、蹶、楀（jǔ）皆氏……司徒之職，掌天下土地之圖、人民之數，冢宰掌建邦之六典，皆卿也。膳夫，上士也，掌王之飲食膳羞。內史，中大夫也，掌爵祿廢置、殺生予奪之法。趣馬，中士也，掌王馬之政。師氏，亦中大夫也，掌司朝得失之事。六人之中，雖官有尊卑，權寵相連，朋黨於朝，是以疾焉。皇父則爲之端首，兼擅群職，故但目以卿士云。」〔註4〕維：助判斷。司徒，即「司土」。家伯，參見《節南山》〔註8〕引陳奐說。蹶音見《出車》三章「王命南仲，往城于方」注。宰，王室事務最高長官，但在西周中期以前其政治地位並不顯要。張亞初、劉雨《西周金文官制研究》歸納「宰」的職掌爲：(1)、管理王家內外，傳達宮中之命（蔡簋）。(2)、在錫命禮中作儐右或代王賞賜臣下（師遽方彝、師望簋等）。（p40、p41）膳夫，由管理王室膳食發展到管理周王個人事務，西周晚期成爲重要的參政者。〔註5〕內史，見《節南山》〔註3〕引《春官・內史》。趣馬，即青銅器銘文中的「走馬」，走、趣古通。《周書・立政》

有「虎賁、綴衣、趣馬、小尹、左右攜僕」句。〔註6〕師氏，于省吾《新證》:「毛公鼎:『師氏、虎臣。』錄卣:『女其以成周師氏戍於古自。』《牧誓》:『亞旅師氏。』箋謂掌司朝得失之事，非是。」(p24、p25）成周師氏即「周八師」之師氏。但《周書・顧命》師氏亦與「虎臣」並稱。「豔妻」句:《毛傳》:「豔妻，褒姒。美色曰豔。煽，熾也。」《鄭箋》:「后嬖寵方熾之時，並處位。言妻黨盛，女謁行之甚也。敵夫曰妻。……煽音扇，《說文》作『偏』，云:『熾盛也。』處，一本作『熾』，盛也。」《孔疏》:「此七人於豔妻有寵熾盛方甚之時，並處於位，由褒姒有寵，私請於王，使此七人朋黨於朝。言王政所以亂也。……《春秋緯》說湯遭大旱，以六事謝過，〔註 7〕其一云『女謁行與』。謁，請也，謂婦人有寵，謂用親戚，而使其言得行。今七人並處大位，言妻黨強盛，女謁行之甚也。《曲禮》云:『天子之妻曰后。』此不言后，而言妻，以其敵夫，故言妻也。妻之言齊，齊於夫也，雖天子之尊，其妻亦與夫敵也。」「豔妻」褒姒說本書不取。〔註8〕于省吾《新證》:「豔乃閻之叚字，應讀作爓（yàn)。猶魯詩煽之作扇也……左思《蜀都賦》注引《說文》:『爓，火焰也。』……妻、齊乃音訓。……然則豔妻煽方熾，謂爓皆煽方熾也，齊者總上七子而爲言也。七子擅權，烜（xuǎn）赫一時，言其氣爓之盛而方興也。詩人形容小人得勢鴟張之態，可謂盡致。」(p25）烜，盛大。鴟張，像鴟鳥張翼一樣，喻囂張。

抑此皇父，豈曰不時？胡為我作，不即我謀？徹我牆屋，田卒汙萊。

《毛傳》:「時，是也。下則污，高則萊。」意即田地低處積水，高處草穢荒蕪。《鄭箋》:「抑之言噫。『噫是皇父』，疾而呼之。女豈曰我所爲不是乎？言其不自知惡也。女何爲役作我，不先就與我謀，使我得遷徙，乃反徹毀我牆屋，令我不得趨農田，卒爲污萊乎？」是，善。作:勞作。徹:折，毀。

曰予不戕，禮則然矣。

《鄭箋》:「戕（qiāng)，殘也。言皇父既不自知不是，反云:我不殘敗女田業，禮，下供上役，其道當然。」朱熹《集傳》:「(皇父）又曰非我戕汝，乃下供上之常禮耳。」又于省吾《新證》:「漢石經及王肅本並作臧。臧，善也。戕、臧古通。……言彼謂予不善，以上下之禮揆之則然矣。蓋以皇父之尊，而謂予不善，予豈敢違禮反詰乎？諷刺皇父之意，深而婉矣。」（p26）

皇父孔聖，作都于向。

《今本竹書紀年》幽王五年「皇父作都於向」。《左傳・隱公十一年》杜預注：「軹（zhǐ）縣西有地名向上。」「向」在今河南濟源。又《襄公十一年》「諸侯會於北林，師於向」，注：「向，地在潁川長社縣東北。」或曰「向」在今河南尉氏縣西南（王先謙《集疏》）。

擇三有事，亶侯多藏。

亶：副詞，誠然。參見《祈父》三章「祈父，亶不聰」注。侯：助詞，維。藏：朱熹《集傳》：「蓄也。」《毛傳》：「皇父甚自謂聖。向，邑也。『擇三有事』，有司，國之三卿，信維貪淫多藏之人也。」《鄭箋》：「專權足己，自比聖人。作都立三卿，皆取聚斂之臣。言不知厭也。」三卿，指司徒、司馬、司空。〔註9〕

不憖遺一老，俾守我王。

《鄭箋》「憖（yìn）者，心不欲自強之辭。言盡將舊在位之人與之皆去，無留衛王。」俾：使。

擇有車馬，以居徂向。

《鄭箋》：「又擇民之富有車馬者，以往居於向也。」《孔疏》：「皇父非徒困苦邑人，又矜貪無厭。言皇父不自知，甚自謂己聖。而作都於向之時，則擇立三有事之卿，信維是貪淫多藏之人。擇此貪人爲卿，欲使聚斂歸己。其發向邑之時，盡將舊在位之人與之俱去，不肯憖然強欲遺留一老，使之守衛我王。又擇民之富有車馬者，令往居向邑。」又朱熹《集傳》：「但有車馬者，則悉與俱往，不忠於上，而但知貪利以自私也。」顧炎武：「王室方騷，人心危懼，皇父以柄國之大臣，而營邑於向。於是三有事之多藏者隨之而去矣，庶民之有車馬者隨之而去矣。蓋亦治西戎之已偪（逼），而王室之將傾也。以鄭桓公之賢，且寄孥於虢、鄶，則其時之國勢可知。然不顧君臣之義而先去，以爲民望，則皇父實爲之首。」（《日知錄》卷三）桓公事見《鄭語》、《鄭世家》。徂：往。

黽勉從事，不敢告勞。

黽勉：勤勉。《鄭箋》：「詩人賢者，見時如是，自勉以從王事，雖勞不敢自謂勞，畏刑罰也。」

無罪無辜，讒口囂囂。

《鄭箋》：「囂囂，眾多貌。時人非有辜罪，其被讒口見椓譖囂囂然。」

下民之孽，匪降自天。噂沓背憎，職競由人。

噂（zūn）、沓：《說文》：「噂，聚語也。」「沓，語多沓沓也。」《毛傳》：「噂猶噂噂，沓猶沓沓。職，主也。」《鄭箋》：「孽，妖孽，謂相爲災害也。下民有此害，非從天墮也。噂噂沓沓相對談語，背則相憎。逐爲此者，由主人也。」朱熹《集傳》：「競，力也。……專力爲此者，皆由讒人之口耳。」胡承珙《後箋》：「凡言相爭逐爲其事者，古語蓋謂之職競。」

悠悠我里，亦孔之痗。

《毛傳》：「悠悠，憂也。里，病也。痗（mèi），病也。」《鄭箋》：「里，居也。悠悠乎，我居今之世，亦甚困病。」

四方有羨，我獨居憂。

羨：《說文》：「羨，貪欲也。」有羨，即羨羨。《毛傳》：「羨，餘也。」《鄭箋》：「四方之人盡有饒餘，我獨居此而憂。」

民莫不逸，我獨不敢休。

《鄭箋》：「逸，逸豫也。」參見《白駒》三章「爾公爾侯，逸豫無期」注。休：止息。

天命不徹，我不敢傚我友自逸。

《毛傳》：「徹，道也。親屬之臣，心不能已。」《鄭箋》：「不道者，言王不循天之政教。」朱熹《集傳》：「眾人皆得逸豫而我獨勞者，以皇父病之，而被禍尤甚故也。然此乃天命之不均，吾豈敢不安於所遇，而必傚我友之自逸哉！」友：此指宗法政治鏈接中某個層級的職權者。參見《常棣》三章「每有良朋，況也詠歎」、五章「雖有兄弟，不如友生」、《沔水》一章「嗟我兄弟，邦人諸友」注。又張亞初、劉雨《西周金文官制研究》：「友也是古代職官中的一種稱呼。《尚書·牧誓》：『我友邦冢君』傳云：『同志爲友』。《說文》：『友，同志爲友，從二又相交友也』。《公羊傳》定公四年傳：『朋友相衛』，注云：『同盟曰朋，同志曰友』。在金文中僚與友並稱，僚友都是部屬，助手之稱。」（p59）童書業《春秋左傳研究》「宗法制與分封制」：「《書・盤庚》『至於婚友』，《詩・假樂》『燕及朋友』，傳：『朋友，群臣也。』《抑》：『惠于朋友』，《箋》謂王之諸侯。《六月》『飲御諸友』，《吉日》：『儦儦俟俟，或群或友，悉率左右，以燕天子。』似皆指同宗貴族也。《師坴鼎銘》『用司乃父官友』，《大鼎銘》『大以厥友守，……王乎善夫騣召大以氒友入攼』，《毛公鼎銘》『善效乃友正』……此等文中之『友』如非指族人，即指僚屬或同僚。」（p111。參見《殷周金文集成》02813、02807、02841）此「友」之說或於理解句中友字有啓示意義。

〔註 1〕這恰好給漢人提供了極好的關於「君道」、「臣道」和陰陽、五行說（集中體現在董仲舒《春秋繁露》）的表述機會。《基義》：「君臣、父子、夫婦之義，皆取諸陰陽之道。君爲陽，臣爲陰，父爲陽，子爲陰，夫爲陽，妻爲陰……是故臣兼功於君，子兼功於父，妻兼功於夫，陰兼功於陽，地兼功於天。」

〔註 2〕《今本竹書紀年》宣王二年（前 826 年）「錫太師皇父、司馬休父命」，六年（前 822 年）「王帥師伐徐戎，皇父、休父從王伐徐戎，次於淮」，幽王元年（前 781 年）「王錫太師尹氏皇父命」——

據此，李峰在《黨派之爭與空間的崩潰》「周王室的派系和政治鬥爭」中認爲：「幽王統治的十一年是中國歷史上變故不斷、殊不平靜的一個時期。王室的政治鬬爭交織著王室與一些地方諸侯國之間的衝突，同時再加上政治危機和自然災害之間的相互作用，幽王時期的整個情況顯得錯綜複雜。但最終引起西周王朝崩潰的政治混亂之根源卻是在宣幽兩世的權力交替。」

……皇父這個人物的歷史眞實性在西周金文中可以得到充分的證實，因爲他顯然是 1933 年在岐邑地區發現的一批青銅器的作器者（包括兩件函皇父鼎，四件函皇父簋以及函皇父盤）。鑒於他在宣王時期長期的任職以及顯赫的地位，到幽王重新冊命他爲『太師尹氏』時，皇父可能至少已近古稀之年。並且根據他長達四十四年擔當『太師』的資歷和早先的榮譽，毋庸置疑，皇父是幽王繼位時西周王室的一位核心人物。

……皇父在雒邑北面的向（今河南濟源）爲自己營建新邑，並且永久地離開宗周去那裏度其餘生……這是一件很不尋常的政治事件，這並非因爲一個年長的官員必須要退休，而是因爲，由於某種原因，他必須離開陝西王畿地區，將自己的住所永久地遷往遙遠的東部。西周歷史上唯一一次與此類似的事件可能是王朝建立之初，周公因爲與年輕的成王（背後得到召王的支持）之間的政治嫌隙而擇居東方。……同一年，王位的正當繼承人宜臼也被迫離開都城，前去申國避難。這又是一次極不尋常的政治事件。我認爲這是幽王統治歷史上的一個重要轉折點——西周末日的開始。皇父隱退東部是否標誌著這位受人敬重的王室大員平和而體面地讓出權力呢？抑或只是他屈辱地敗於政敵之手呢？遺憾的是我們的歷史著作中沒有提供有關皇父隱退的詳細內容。但在周人的文學作品中，我們看到了一些重要的線索，這些線索有助於我們理解那些在歷史著作中只是一筆帶過的事件描述。我們的資料顯示，後一種情況可能更屬實情。皇父隱退東方是《詩經・小雅・十月之交》的主題。……

……這首詩實際上揭示了地位顯赫的皇父與新近即位的幽王之間嚴重的政治裂痕，並且這一政治衝突最終迫使皇父離開周都。……詩人抱怨皇父，因爲在他看來，皇父不負責任地離開王都，使周王身邊少了保護之人，並且他的東遷造成了都城地區的騷亂和資源的流失。同時，詩人對皇父也明顯抱有同情之心，認爲他是政敵誹謗（52～56 行）及周王猜忌（11～12 行）的犧牲品。更重要的是，第 42～48 行顯示，許多王室元老都追隨皇父從周都撤離，一同遷往東部，這似乎暗示了宣王朝的老一代官員與幽王剛剛培植的新派系之間的一次決裂。第 45～46 行，『不慭遺一老，俾守我王』一句尤見皇父離開王都之時的憤懣之情。」

「從歷史文獻記載來看，從幽王五年到幽王八年（前 777～前 774），周王室經歷了一次重要的權力重建和政府改組。《國語・鄭語》提及一位叫虢石父的幽王派大臣，他是虢氏的族長，幽王晉升其爲『卿士』，而這個職位原本是屬於皇父的。我們不知道這次冊命的精確日期。但根據《今本竹書紀年》，幽王七年（前 775）虢人滅焦，很可能在皇父離開後不久，虢石父便開始在周宮廷中扮演重要的角色。我們同時還了解到，在幽王八年（前 774），正如《國語・鄭語》結尾處的一條記載告訴我們的，鄭桓公被冊命爲司徒。更重要的是，公元前 774 年，也就是王權合法繼承人宜臼出逃三年之後，褒姒的兒子伯服（或伯盤）正式被立爲太子。……

我們在此所討論的歷史著作雖然主要來自於戰國時期的文本，但在講述西周王室發生的一次較大的政治過渡時，卻與早些時候的《詩經》中的描述頗爲吻合。從這些歷史著作來看，至公元前 771 年，西周王室已經誕生了一個新的權力結構，它由四個主要人物組成：周王、褒姒、虢石父以及鄭桓公。根據《呂氏春秋》，與虢石父一同提到的祭公敦可能也是這個新政府中的一員，不過目前尚無其他資料可以證明這個說法。」見《呂氏春秋・當染》。

「褒姒」的確佐助了儒家及傳統的西周政治史觀。但除了「典籍」之敘寫，沒有可靠的資料能夠證明「褒姒」及其政治行爲。

李文同時認爲除皇父是函皇父器的作器者外，蹶就是《今本竹書紀年》宣王四年（前 824 年）「王命蹶父如韓」和《大雅・韓奕》中的蹶父，「仲允可能與曾經奉宣王之命出使山東齊國的仲山父有關或同人。番可能是宣王時期的一位重要官員番生的後代，著名的番生簋便是由番所作」，這些官員中的大多數爲皇父的政治盟友，而非如鄭玄所言是褒姒的追隨者。（《西周的滅亡——中國早期國家的地理和政治危機》，p233～p245）並見《節南山》〔註 9〕、《正月》〔註 5〕。

關於本詩和《大雅・常武》中的「皇父」，本書只引不論。陳奐《詩毛氏傳疏》：「卿士，三公中執朝政者，幽王時則皇父也。宣王之時，皇父爲大（太）師，與此皇父必是二人。《鄭語》史伯曰：『夫虢石父，讒諂巧從之人也，而立以爲卿士……』案史伯說幽王時事，與此詩正同，疑皇父即虢石父。」（「宣王之時皇父爲大師」指《大雅・常武》所言「大師皇父」。虢石父事又見《晉語一》、《周本紀》）

上世紀四十年代初《說文月刊》（第 2 卷第 3 期、10 期）刊發衛聚賢《函皇父諸器考釋》、傅斯年《再釋函皇父》、楊樹達《說函皇父》、衛聚賢《論函皇父》等諸文（2004 年香港明石文化國際出版有限公司集 10 冊影印出版《說文月刊》，僅錄《函皇父諸器考釋》殘篇和于右任《題函皇父鼎》）；其後董作賓有《函皇父諸器之年代》等。唐蘭論及函皇父簋，認爲詩中人事屬於幽王時期（《唐蘭先生金文論集》）。

〔註 3〕「百川」句意即河水騰湧暴漲，陵岸崩塌。《周語上》「幽王二年，西周三川皆震……是歲也，三川竭，岐山崩」，《今本竹書紀年》「幽王二年，涇、渭、洛竭，岐山崩」，《周本紀》引。所記「地震」當與《十月之交》句無關。阮元《十月之交四篇屬幽王說》：「梁虞𠠎，隋張胄元、唐傅仁均、一行，元郭守敬並推定此日食在周幽王六年，十月建酉，辛卯朔日入食限，載在史志。今以雍正癸卯上推之，幽王六年十月辛卯朔，正入食限。」也有認爲詩所描繪的日食應當出現於幽王元年，此不作考。𠂆，揚雄《方言》第十三注音「廓」。

〔註 4〕關於主掌六卿之事的「卿士」，楊寬《西周王朝的政權機構、社會結構和重要制度》:「金文的『卿事』，即是文獻的『卿士』，古『士』、『事』音義俱近。《說文》:『士，事也。』卿事或卿士，或者用作卿的通稱，如《尚書·洪範》說:『王省惟歲，卿士惟月，師尹惟日。』或者專指總領諸卿的執政大臣。如《詩經·小雅·十月之交》的『皇父卿士』，官職在司徒、太宰、膳夫、內史之上，當爲執政大臣。」(《西周史》，p321、p322)(見羅振玉《殷墟書契考釋》)

郭沫若《〈周官〉質疑》不認爲「卿士」即冢宰:「卿士當求之於《曲禮》之六大，不當求之於《周官》之六官。《曲禮》『天子建天官先六大，曰大宰、大宗、大史、大祝、大士、大卜，典司六典。天子之五官，曰司徒、司馬、司空、司士、司寇，典司五眾。』六大乃古之六卿，所謂『六事之人』。五官古只三官，曰司徒、司馬、司空，其職爲大夫。」「六大均在王之左右，故有左卿士右卿士之名。六大之上有兼攝群職者，爲冢卿，亦即所謂孤。孤若冢卿，可由六大中之一大兼領，自亦仍可稱爲卿士矣。」(《沫若文集》第十四卷，人民文學出版社，1963 年，p590～p592)

斯維至《兩周金文所見職官考》:「《周禮》以冢宰總攝百官云云，考之金文，了無痕跡。竊謂西周實爲卿事寮與太史僚共同執政。」(《斯維至史學文集》，p31)

〔註 5〕張亞初、劉雨《西周金文官制研究》歸納「膳夫」的職掌爲：掌四方賓客飲食之禮並及飲食的貯藏保管，傳達王命。前者爲其基本職能，後者說明膳夫越職參與政治，在西周晚期已有很大權勢。(p42、p43)

斯維至《兩周金文所見職官考》:「《周禮》冢宰下有膳夫，其職爲掌王之飲食膳饈，此於金文無徵。《大克鼎》云：『王呼尹氏冊命善夫克。王若曰:「克，昔先王既命汝出納朕命。」』則善夫爲出納王命，似與宰職相同。其他彝銘所見亦大致如是。」(《斯維至史學文集》，p4)又按《師晨鼎》「小臣」「善夫」「官犬」:「此銘小臣善夫官犬皆師晨之家臣，其繫屬自不可與王官同論。」(《斯維至史學文集》，p4)

李峰《西周晚期(中央)政府》「職官的變化」:「一個主要的變化發生在以宰爲首的王家行政管理中……膳夫一職逐漸活躍起來……膳夫最初負責周王及其家庭膳食；這一作用後來發展成總體負責周王個人事務的職官。也許正因如此，從西周晚期後段開始，膳夫漸漸開始對西周政府產生重要的影響。宰經常在冊命儀式上擔任右者，這從他作爲王家行政管理之首長身份可以很好地解釋，而膳夫卻從未在任何冊命儀式上擔任過右者，這個很有意義的對比暗示膳夫在王家行政管理中的地位可能並未得到正式的認可。但是，很明顯周王越來越信任與依靠他的個人侍從或代表者——膳夫。膳夫的政治作用可能在西周晚期之前就已開始顯露，因爲在一件極有可能鑄於西周中期晚段的大克鼎（集成 2836）銘中，記錄了膳夫克負責出入王命的職責，而這個職責通常應該是由宰來完成的，如蔡簋（集成 4340）銘所示。在上面提到的晉侯蘇鍾銘文中，膳夫是呼晉侯入王室接受周王對其進行軍功賞賜的人。在大鼎（集成 2807）中，膳夫駛呼大和大的隨從入王家內保衛周王，大因此被賞賜了 32 匹良駒。這些銘文都表明作爲周王的家內侍者，膳夫與周王有著密切的關係。尤爲重要的是，我們發現在西周晚期膳夫有時也在王廷之外履行使命，介入政府事務。例如，在早於大鼎三年且由同一人所鑄的大簋（集成 4299）中，膳夫豖代表周王宣布對大進行土地轉讓，然後將大帶到要轉讓給他土地的地方，大贈與膳夫豖豐厚的禮物作爲感謝。在新發現的吳虎鼎銘文中，膳夫丰生行使著相同的使命，並與司工雍毅一起，宣布並其實是監督對吳虎進行的土地轉讓（關於吳虎鼎，見《考古與文物》1998 年第 3 期）這些銘文充分證實了西周晚期膳夫的政治作用。」（《西周的政體——中國早期的官僚制度和國家》，p96、p97）

《大克鼎》紀「膳夫」名克者受到周王策命並賜其大量土地（多達七個地方）民人等，但並無功績表彰而只有克於其祖先的自贊自頌。周王若非獎賞這位「官三代」，便是一種寵信或更爲黑暗的政治交易行爲：周孝王是西周唯一沒有遵守嫡長子繼承制而即位的天子——周懿王姬囏死後本該由其太子姬燮繼位，但卻被其叔祖姬辟方（周孝王）取而代之了，握有操弄重權的總管家克或在其中起了關鍵性作用。

〔註 6〕走馬爲周官之「司馬」之屬，其地位有高低之分。張亞初、劉雨《西周金文官制研究》言「高者位近師氏，低者可以贈送」，「《周禮》只講職位較低的走馬」。（p20～22p）《元年師兌簋》、《三年師兌簋》（均西周晚期），被冊命的師兌爲輔助師龢父直接管理「左右走（趣）馬」、「五邑走（趣）馬」之副官。陳夢家認爲「師龢父」當爲司馬（《西周銅器總論・職官篇》），則其「走（趣）馬」之級別不會低。

《休盤》「益公右走馬休入門，立中廷，北向。王呼作冊尹錫休玄衣黹（zhǐ）純赤巿朱黃……」，郭沫若《兩周金文辭大系考釋》（152）：「走馬休當即《常武》之『程伯休父』，《毛傳》云『程伯休父始命爲大司馬』。以《周禮》大司馬之屬有趣馬，即此走馬。趣馬之職見於《詩》者其位頗高，……此走馬休必係走馬之長，雖非大司馬，然相去必不遠。」黹，刺繡。純，絲或絲織品。芾，通「韍」，即「蔽膝」，《斯干》八章有「朱芾斯黃，室家君王」句。

〔註 7〕見《荀子·大略》。《公羊傳·桓公五年》何休注：「政不一與？民失職與？宮室榮（崇）與？婦謁盛與？苞苴行與？讒夫倡與？」後多被徵引編撰。以商湯大旱事嚇唬「今上」，皇帝們還是有些害怕的，至少感覺不是滋味兒——全社會苞苴公行不說，皇帝自己也有直接賣官者。所以《春秋緯》在東漢漸被官方禁絕；加之其他「敏感話題」，《公羊傳》也不受待見。苞苴（bāojū），本義包裹用草袋，引爲賄賂。

〔註 8〕有趣的還是民國。有學人堅持認爲「豔妻」應作「豔后」。「豔妻煽方處」，應如《漢書·谷永傳》之「閻妻驕扇」，「是說這七個人均有美麗的太太在安居著……」（衛聚賢《函皇父諸器考釋》）而谷永是借「古之王」和「褒姒」，進諫漢成帝注意不要「失夫婦之紀，妻妾得意……」

〔註 9〕「有司」在典籍中通常爲掌事者之通稱，所謂「掌事曰司」，「凡言司者總其領也」。有，助詞。「有事」之稱猶典籍中諸侯稱「有國」、「有邦」等。王引之《經傳釋詞》：「有，語助也。一字不成詞，則加有字以配之。若虞夏殷周皆國名，而曰有虞、有夏、有殷、有周是也。推之他類亦多有此，故邦曰有邦，家曰有家，室曰有室，廟曰有廟，居曰有居……北曰有北，昊曰有昊（按：《巷伯》句）……梅曰有梅（《召南·摽有梅》句），的曰有的（《賓之初筵》句）……三事曰三有事。說經者未喻屬詞之例，往往訓爲有無之有，失之也。」

金文中的「三有司」稱司土、司馬、司工，如《盠方彝》，楊樹達《積微居小學述林》言「司徒即司土，非徒眾之謂也」，「司馬爲司武」，「司空即司工」。張亞初、劉雨《西周金文官制研究》：「在銘文中常見『參有司』之稱，即文獻上的三有司。這個固定的名詞專指司徒、司馬、司空這三種職官。周王朝有三有司，地方諸侯也有三有司。」（p58）斯維至《兩周金文所見職官考》認爲「西周之時實僅司徒、司馬、司空三事執政，固未嘗有《周禮》六官之事實也。」（《斯維至史學文集》，p25）

「三有司」是西周中央政府機構中最重要的核心職官組合，掌維持王朝之關鍵——財政稅賦、軍事武力和基本建設。李峰《緒論》：「『三有司』作爲『卿士僚』的首要職能執行者與眾多負責文書的史官一起，構成了西周政府的主體。」《西周中央政府的結構性發展》：「卿事寮中最重要的職官是三有司……司土的作用是管理王畿地區周王室主要財政來源——土地及相關事務；他也可能管理附屬於其負責土地上的人口。司工處理的是由周王室主導的公共工程事務，而司馬則負責軍事事務和地方治安。……銅器銘文說明，這些職官在西周早期就已經存在；雖然司土和司工的職能可能在一定程度上存在重疊，但官名字面上的含義大多符合銘文中對其作用的記載。」

「銘文說明三有司存在於西周行政的各個級別，卻沒有證據表明他們形成了一個獨立的命令與執行系統。相反，他們屬於不同層級的西周官員的行政機體。但是，他們在銘文中的頻繁出現表明西周政府的民事行政功能在西周中期已經得到了很好的發展。」

談到《十月之交》中的皇父卿士、番司徒、家伯宰、仲允膳夫、棸子內史，蹶趣馬，楀師氏等重臣時，「這些官員是那些曾占據西周中央政府最重要職位的官員。……巧合的是，這裡所列的職官剛好與西周晚期青銅器銘文所見內容相對應。這樣，我們可以把它看成是西周晚期中央政府中最有影響力的職官的一個列表。」（《西周的政體——中國早期的官僚制度和國家》，p24、p58、p59、p78、p95）

小雅・雨無正

朱熹引歐陽修（《詩本義》）「古之人於詩多不命題，而篇名往往無義例（按：指詩的主旨）。其或有命名者，則必述詩之意。如《巷伯》、《常武》之類是也。今《雨無正》之名，據序所言，與詩絕異，當闕其所疑」，元城劉氏「嘗讀《韓詩》有《雨無極》篇，序云『《雨無極》，正大夫刺幽王也』。至其詩之文，則比《毛詩》篇首多『雨無其極，傷我稼穡』八字」，以爲「劉說似有理」。「然第一二章本皆十句，今遽增之，則長短不齊，非詩之例。又此詩實正大夫離居之後，暬（xiè）御之臣所作。其曰『正大夫刺幽王』者，亦非是。且其爲幽王詩，亦未有所考也。」（《詩集傳》）

「元城劉氏」即北宋劉安世（號元城）。《元城語錄》卷中：「先生又曰：『漢四家詩各有短長，未易一概論。』某嘗記少年讀《韓詩》，有《雨無極》篇，序云『正大夫刺幽王也』，首云：『雨無其極，傷我稼穡。浩浩昊天，不駿其德。』如此類者，不可勝舉。因曰：『詩中云「正大夫離居」，豈非序所謂正大夫乎？』先生曰：『然。凡此事但欲吾友知耳，若又以先儒爲非，則啓後生穿鑿，害愈大矣。』」。（見《欽定四庫全書・元城語錄解》）

從其對話看，「嘗記少年讀《韓詩》有《雨無極》」當爲馬永卿語，「某」爲馬之自述。朱熹誤讀，或爲《語錄解》原序「馬永卿所著元城先生語錄」之故。（其後紀曉嵐等在編纂《四庫全書》時也提要「永卿方爲主簿，受學於安世，因撰集其語爲此書」）但無論是誰說的話，已經說明了宋人看到的《韓詩》中有一首《雨無極》，開首四句是「雨無其極，傷我稼穡。浩浩昊天，不駿其德」，《毛詩》中其前兩句闕如。漢人對待先秦文獻恣肆妄爲的態度於此可見一斑。

《毛序》:「《雨無正》,大夫刺幽王也。雨自上下者也,眾多如雨,而非所以爲政也。」《鄭箋》:「亦當爲刺厲王。王之所下教令甚多而無政也。正音政。」《孔疏》:「經無此『雨無正』之字,作者爲之立名,敘(序)又說名篇及所刺之意。雨是自上下者也,雨從上而下於地,猶教令從王而下於民。而王之教令眾多如雨,然事皆苛虐,情不恤民,而非所以爲政教之道,故作此詩以刺之。既成而名之曰《雨無正》也。」如是者說,在牽合《易》學的同時,也深受董仲舒說和讖緯「文化」之影響。試想,如果前面存在「雨無其極,傷我稼穡」八字,以上想要表達的意思,話又該怎麼說呢?「極」與「止」古義近字通,他們將「極」換成「止」。端詳一陣,用筆輕輕在上面再加上一橫,「極」而「止」,「止」而「正」,「正」而「政」——漢儒的聰明與心計。

其實,一如《十月之交》「日有食之,亦孔之醜。彼月而微,此日而微」,「雨無其極……浩浩昊天」仍然是一種意象,一種心境。《雲漢》之大旱尚有「大夫君子,昭假無贏」、「靡神不舉,靡愛斯牲」、「上下奠瘞(yì),靡神不宗」之祈禱的希望,此「旻天疾威」持續的淫雨天氣則不但使詩人的心情落到了最低谷,「鼠思泣血」之痛徹又表明王朝政治也已至無可逆轉的絕望地步。

從氣象的一般規律言,這場「降喪飢饉,斬伐四國」的致命連綿陰雨,與《十月之交》那次造成「百川沸騰,山冢崒崩。高岸爲谷,深谷爲陵」的特大暴雨相去未遠。事當東遷之前,或初。

浩浩昊天,不駿其德。降喪飢饉,斬伐四國。

《毛傳》:「駿,長也。穀不熟曰飢,蔬不熟曰饉。」《鄭箋》:「此言王不能繼長昊天之德,至使昊天下此死喪飢饉之災,而天下諸侯於是更相侵伐。」〔註1〕朱熹《集傳》:「降此飢饉,而殺伐四國之人。」

旻天疾威,弗慮弗圖。

旻(mín):《孔疏》:「上有昊天,明此亦昊天。定本作『昊天』,俗本作『旻天』,誤也。」疾威:《鄭箋》:「王既不駿昊天之德,今昊天又疾其政,以刑罰威恐天下而不慮不圖。」朱熹《集傳》:「疾威,猶暴虐也。」圖:思量。

舍彼有罪，既伏其辜。

伏：王引之《述聞》：「伏者，藏也、隱也。凡戮有罪者當聲其罪而誅之。今王之舍彼有罪也，則既隱藏其罪而不之發矣。蓋惟其欲舍有罪之人，是以匿其罪狀耳。」

若此無罪，淪胥以鋪。

淪胥：牽相。《毛傳》：「淪，率也。」《鄭箋》：「胥，相。」鋪：《鄭箋》：「徧（遍）也。言王使此無罪者見（被）牽率相引而徧得罪也。」又王引之《述聞》引王念孫：「（鋪）《韓詩》作痡，本字也，《毛傳》作鋪，借字也。……『淪胥以鋪』謂相率而入於刑，入於刑則病苦。」又于省吾《新證》：「『淪胥以鋪』應讀爲『淪胥以薄』，《國語・吳語》稱『今會日薄矣』，韋注訓薄爲迫，薄訓迫乃典籍中的常詁。『舍彼有罪，既伏其辜，若此無罪，淪胥以鋪』，『舍』應讀爲予……這是說，予彼有罪者，已伏其辜，而若此無罪者，也相牽率而入於危迫，迫與危義相因。」（p85）

周宗既滅，靡所止戾。

周宗：「宗周」之倒誤。陳夢家《西周金文中的都邑》：「『岐』爲大王至文王之都，『豐』爲文王所宅，『鎬』爲武王所營。既宅『豐』、『鎬』而舊都『岐周』尚存，周之宗廟在，故改稱『宗周』以別於東土新營的『成周』、『王（周）』。西周之末，『平王封（秦）襄公爲諸侯，賜之岐以西之地，曰戎無道、侵我岐、豐之地』，秦遂奄有『宗周』故地，故《詩・雨無正》曰『宗周既滅』。」（《西周銅器斷代》，p366。引文見《秦本紀》）參見《正月》八章「赫赫宗周，褒姒滅之」注。止：息。參見《祈父》一章「胡轉予于恤，靡所止居」注。戾：《毛傳》：「安也。」何楷《詩經世本古義》：「此二句設爲未然之語，言假若宗周既滅，則吾輩爲臣子者，將託身何所？」

正大夫離居，莫知我勩。

正大夫：即上大夫。《鄭箋》：「正，長也。」朱熹《集傳》：「周官八職，一曰正，謂六官之長，皆上大夫也。」《天官・宰夫》「掌百官府之徵令，辨其八職：一曰正，掌官法以治要；二曰師，掌官成以治凡；三曰司，掌官法以治目；四曰旅，掌官常以治數；五曰府，掌官契以治藏；六曰史，掌官書以贊治；七曰胥，掌官敘以治敘；八曰徒，掌官令以徵令」，鄭玄注：「別異諸官之八職，以備王之徵召所爲。」離居：朱熹《集傳》：「蓋以飢饉散去，而因以避饞譖之禍也。」勩（yì）：《毛傳》：「勞也。」

三事大夫，莫肯夙夜。

三事：即「三有司」：司徒（土）、司馬、司空（工）。〔註2〕參見《十月之交》六章「擇三有事，亶侯多藏」注。又朱熹《集傳》：「三事，三公也。大夫，六卿及中下大夫也。」〔註3〕參見《節南山》一章「赫赫師伊，民具爾瞻」注。莫肯夙夜：言無肯夙夜勤勞王事。于省吾《新證》：「經傳及金文凡言夙夜，皆寓早夜勤慎之意。」（p58）〔註4〕

邦君諸侯，莫肯朝夕。庶曰式臧，覆出為惡。

庶：庶幾。希冀意。式：助詞。臧：善。《毛傳》：「覆，反也。」《鄭箋》：「人見王之失所，庶幾其自改悔而用善人。反出教令，復爲惡也。」朱熹《集傳》：「庶幾曰王改而爲善，乃復出爲惡而不悛也。」

如何昊天！辟言不信。

辟：《毛傳》：「法也。」辟言即合乎法度之言。《鄭箋》：「如何乎昊天！痛而訴之也。爲陳法度之言不信之也。」

如彼行邁，則靡所臻。

臻：至。《鄭箋》：「我之言不見信，如行而無所至也。」

凡百君子，各敬爾身。

《鄭箋》：「凡百君子，謂眾在位者。」朱熹《集傳》：「凡百君子，指群臣也。」敬：慎。

胡不相畏，不畏于天？

《鄭箋》：「何爲上下不相畏乎？上下不相謂，是不畏於天。」朱熹《集傳》：「言如何乎昊天也，法度之言而不聽信，則如彼行往而無所底（抵）至也。然凡百君子，豈可以王之爲惡而不敬其身哉？不敬爾身，不相畏也；不相畏，不畏天也？」

戎成不退，饑成不遂。

戎：指戰事。吳闓生《會通》：「『戎成不退』，明指犬戎之禍而言。」遂：《毛傳》：「安也。」陳奐《傳疏》：「饑不安者，天降飢饉，民無所安定也。」又于省吾《新證》：「『饑成不遂』之遂應讀作墜……退與墜互文同義，《釋名・釋言語》謂『退，墜也』。此詩是說，戰事已成而不罷退，飢饉已成而不消失，意謂遭時多難，人禍與天災並至。」（p86）

曾我暬御，憯憯日瘁。

曾：副詞，乃。暬御：《毛傳》：「侍御也。」憯憯：憂貌。《鄭箋》：「但侍御左右小臣憯憂之，大臣無念者。」位卑未敢忘憂國。瘁：《毛傳》：「病也。」即憂病憔悴。

凡百君子，莫肯用訊。

訊：《鄭箋》：「告也。眾在位者，無肯用此相告語者。言不憂王之事也。」用，以。又馬瑞辰《通釋》：「訊讀如誶（suì），《韓詩》：『誶，諫也。』」

聽言則答，譖言則退。

聽言：順從之言。譖言：本意爲讒毀之言，此引爲進諫之言。馬瑞辰《通釋》：「言凡百君子莫肯用直諫，蓋以王好順從而惡諫譖，聞順從之言則答而進之，聞譖毀之言則退而不答。」又朱熹《集傳》：「雖王有問而欲聽其言，則亦答之而已，不敢盡言也。一有譖言及己，則皆退而離居，莫肯夙夜朝夕於王矣。」又于省吾《新證》：「聽與聖古通用……『聽言』應讀作聖言……聞聖善之言則答應之，聞譖謗之言則斥退之。」（p28）

哀哉不能言，匪舌是出，維躬是瘁。

是：指代詞，復指前置賓語。維：唯，只。《毛傳》：「哀賢人不得言，不得出是舌也。」王先謙《集疏》：「維以身盡瘁王事而已。」

哿矣能言，巧言如流，俾躬處休！

《毛傳》：「哿（gě），可也。可矣，世所謂能言也。巧言從俗，如水轉流。」《鄭箋》：「巧猶善也……如水之流，忽然而過，故不悖逆，使身居安休休然。亂世之言，順說爲上。」一說可，歡。「哿矣」與首句「哀哉」爲對文。參見《正月》十三章「哿矣富人，哀此惸獨」注。俾：

使。躬：身體。王先謙《集疏》：「能言之小人但聞其能言之巧，如流水然滔滔不絕，常使其身處於安閒之地，於事無裨也。」

維曰于仕，孔棘且殆。

于：往。棘：《鄭箋》：「急也。」險急。殆：朱熹《集傳》：「危也。」

云不可使，得罪于天子。

使：從。

亦云可使，怨及朋友。

《孔疏》：「賢者在朝，進退多難。我今所言，維曰往仕乎？往仕自是其理。但居今之世，往仕則甚急迮（按：迮音 zé，《說文》「迮，迫也」）且危殆矣。何者？仕在君朝，則當從君命。王既邪淫，動皆不可。我若執正守義，不從上命，則天子云我不可使，我將得罪於天子。我若阿諛順旨，亦既天子云此人可使，我則怨及於朋友。朋友之道，相切以善，今從君爲惡，故朋友怨之。」王引之《述聞》：「使者，從也。亦，語詞。此言王之出令不正，我言『不可從』，則得罪於天子，言『可從』，則是助君爲惡，心怨及朋友也。」朋友：指眾親族者，其義與現代語「朋友」不同。及者，至也。至於「朋友」，則「朋友」之上者皆「怨」也。〔註 5〕參見《常棣》三章「每有良朋，況也詠歎」、五章「雖有兄弟，不如友生」、《沔水》一章「嗟我兄弟，邦人諸友」、《十月之交》八章「天命不徹，我不敢傚我友自逸」注。李宗侗「同食祭肉與神共感」爲「朋友字的起因」，最具卓識。

謂爾遷于王都，曰予未有室家。

遷：還。《毛傳》：「賢者不肯遷於王都也。」朱熹《集傳》：「當是時，言之難能，而仕之多患如此。故群臣有去者，有居者。居者不忍王之無臣，己之無徒，則告去者，使復還於王都。去者不聽，而託於無家以拒之。」

鼠思泣血，無言不疾。

《毛傳》：「無聲曰泣血。無所言而不見疾也。」疾：痛徹。《鄭箋》：「鼠，憂也。」鼠即「癙」，見《正月》一章「哀我小心，癙憂以痒」注。

昔爾出居，誰從作爾室？

《毛傳》:「遭亂世，義不得去。思其友而不肯反（返）者也。」《鄭箋》:「往始離居之時，誰隨爲女作室？女猶自作之耳。今反以無室家距（拒）我。恨之辭。」朱熹《集傳》:「至於憂思泣血，有無言而不痛疾者，蓋其懼禍之深至於如此。然所謂無家者，則非其情也，故詰之曰：昔爾之去也，誰爲爾作室者，而今以是辭我哉！」

〔註 1〕《雅》詩中類似的解釋，是鄭玄在實施儒家「正君心」之工程項目。《論語・顏淵》:「政者，正也。子帥以正，孰敢不正？」《孟子・離婁上》:「人不足與適（適音 zhé，同讁，讁責）也，政不足間（議）也；唯大人爲能格（糾正）君心之非。君仁，莫不仁；君義，莫不義；君正，莫不正。一正君而國定矣。」《漢書・董仲舒傳》:「孔子曰『德不孤，必有鄰』，皆積善累德之效也。及至後世，淫佚衰微，不能統理群生，諸侯背畔，殘賤良民以爭壤土，廢德教而任刑罰。刑罰不中，則生邪氣；邪氣積於下，怨惡畜於上。上下不和，則陰陽繆盭（按：盭音 lì。或作「繆戾」，錯亂，違背）而嬌孽生矣。此災異所緣而起也。」「爲人君者，正心以正朝廷，正朝廷以正百官，正百官以正萬民，正萬民以正四方。四方正，遠近莫敢不壹於正，而亡有邪氣奸其間者。是以陰陽調而風雨時，群生和而萬民殖，五穀孰而草木茂，天地之間被潤澤而大豐美，四海之內聞盛德而皆徠臣，諸福之物，可致之祥，莫不畢至，而王道終矣。」朱熹言「天下事有大根本，有小根本，正君心是大本」(《朱子語類》卷一百○八)，「天下國家之大務，莫大於恤民，而恤民之實在省賦，省賦之實在治軍，若夫治軍省賦以爲恤民之本，則又在夫人君正其心術以立綱紀而已矣。董子所謂正君心以正朝廷……」(《朱子文集》卷十一)

儒家主張大一統，擔心臣民不順，也擔心君心不「正」，所以借解經辛苦以「正」之。從春秋末開始，漢唐宋儒都在試圖「正君心」，但效果如何眾所周知。

參見李存山《程朱的「格君心之非」思想》(《中國社會科學院研究生院學報》，2006 年第 1 期)、向世陵《芻議漢儒到宋儒的「正君心」說》(《社會科學戰線》，2011 年第 3 期)。

〔註 2〕張亞初、劉雨《西周金文官制研究》:「『三事』也稱三事大夫，古事、吏同字，三事即三吏。」(p57、p58) 王國維《釋史》於「史」「事」「吏」

三字有詳考。「史為掌書之官，自古為要職……持書者謂之史，治人者謂之吏，職事謂之事。此蓋出於秦漢之際，而《詩》《書》之文尚不甚區別。」(《觀堂集林》卷六)

李宗侗《希臘羅馬古代社會研究序》:「不只史事吏最古是一個字，士亦與同是一字。《牧誓》:『是以為大夫卿士』,《洪範》:『謀及卿士』,《顧命》:『卿士邦君』,《商頌》:『降予卿士』,《左傳》隱三年:『鄭武公、莊公為平王卿士』,《毛公鼎》、《小子師敦》、《番生敦》皆作卿士，《卜辭》作卿史。周卿士中有司徒、司馬、司空，《詩・雨無正》稱為三事。」(《中國古代社會新研　歷史的剖面》, p46)

〔註 3〕胡承珙在《毛詩後箋》中不以為然:「上言『正大夫』，為長官之大夫，當指六卿之長，其中即兼三公，不得又以『三事』為三公。下文『邦君諸侯』是統言，此亦不當以『三公』與『大夫』分為二。三事大夫，疑為在內卿大夫之總稱，對下『邦君』句為在外諸侯之統稱。」

楊寬在《西周王朝的政權機構、社會結構和重要制度》中同意胡承珙「三事大夫」就是《周書・立政》「作三事」之說(「任人」是任事之官，「準夫」是平法之官，「牧」謂養民之官)，認為:「《雨無正》所說『三事大夫』，是指王畿以內統治的官吏，即《尚書・酒誥》所謂『內服』;所說『邦君諸侯』，是指王畿以外統治四方的諸侯，即《尚書・酒誥》所謂『外服』。」(《西周史》, p325)

〔註 4〕《召南・采蘩》三章「被之僮僮，夙夜在公」，馬瑞辰《毛詩傳箋通釋》:「夙夜為朝暮之稱，亦為早敬之稱。以其時天尚未旦，而執事有恪，因謂之夙夜。《周語》曰:『夙夜，恭也。』……《詩》中言『夙夜』不一，有兼指朝暮言者，《陟岵》『行役夙夜無已』之類是也;有專指夙興言者，此詩『夙夜在公』及他詩『豈不夙夜』、『夙夜敬止』、『庶幾夙夜』、『我其夙夜』、『莫肯夙夜』皆是也。」《商頌・那》有「自古在昔，先民有作。溫恭朝夕，執事有恪」句;「夙夜，恭也」見《周語下》「晉羊舌肸聘周論單靖公敬儉讓諮」;「豈不夙夜」為《召南・行露》句;「夙夜敬止」為《周頌・閔予小子》句，「庶幾夙夜」為《振鷺》句，「我其夙夜」為《我將》句。

西周冊命金文中多見「夙夜」(夙夕)一詞，勉被任者。如《大克鼎》「敬夙夜用事，勿廢朕命」、《伯晨鼎》「用夙夜事，勿灋(廢)朕命」、《蔡簋》「敬夙夕勿灋(廢)朕命」等銘文。之於「詩」之寫作，「夙夜」一詞在《詩經》中自《周頌》至《國風》，時間跨越大概三百五十年左右。無論居廟堂之上，還是奔走於阡陌閭巷，抑或「死生契闊」之疆埸，「夙夜在公」、「用夙夜事」和「豈弟君子」，都是周人曾經令人感佩的精神高度。

〔註 5〕童書業《春秋左傳研究》「宗法制與分封制」引《左傳・桓公二年》師服所曰和《襄公十四年》「是故天子有公，諸侯有卿，卿置側室，大夫有貳宗，士有朋友，庶人、工、商、皂、隸、牧、圉，皆有親昵，以相輔佐也」，認爲「下言『自王以下各有父兄子弟以補察其政』，則『朋友』理亦應是士之宗族成員，『朋友』即『隸子弟』也」。又引《毛公鼎》「以乃族干（捍）吾（敔）王身」、《師訇簋》「率以乃友干（捍）兿（禦）王身」，認爲「朋友」古義爲族人。「《大戴禮記・曾子制言》:『父母之仇不與同生，兄弟之仇不與聚國，朋友之仇不與聚鄉，族人之仇不與聚鄰。』孔廣森《注》:『族人者，謂絕族者。』以『朋友』介於『父母』、『兄弟』與『族人』之間，可見其親屬關係介於『兄弟』與『絕族之人』之間，亦當爲同宗之人也。又《易經》、《詩經》中尚有若干『朋友』字，意義不甚明，或與後世之所謂『朋友』同義。然《楚語》『於是乎合其州鄉朋友、婚姻，比爾兄弟、親戚』，與金文語相近，恐仍是族人之義。」（p111、p112）「絕族」，《禮記・大傳》孔穎達疏：「『絕族』者，謂三從兄弟同高祖者。」「三從兄弟」，即同一高祖不同曾祖之族兄弟。

朱鳳瀚在《西周貴族家族的規模與組織結構》中兩相對比並考西周青銅器銘文，也認爲「士之朋友是指其子弟，包括同輩與晚輩族人」。（《商周家族形態研究》，p292～p297）

小雅・小旻

朱熹引蘇氏曰：「《小旻》、《小宛》、《小弁》、《小明》四詩皆以小名篇，所以別其爲小雅也。其在《小雅》者謂之小，故其在《大雅》者謂之《召旻》、《大明》，獨《宛》、《弁》闕焉，意者孔子刪之矣。雖去其大而其小者猶謂之小，蓋即用其舊也。」（蘇轍《詩經集傳》卷十一）

此說無據，倘類《大明》「文王有明德，故天覆命武王也」（《毛序》），孔子當不會刪《宛》、《弁》之大者；此說有理，四小者皆「刺詩」和「大夫悔仕於亂世」（《毛序》），若復有其大者，孔子自然會斟酌取捨。

《爾雅・釋天》「秋爲旻天」，郭璞注：「旻猶愍（mǐn）也，愍萬物彫（diāo）落。」邢昺疏：「《詩》（按：《王風・黍離》）傳云：「蒼天，以體言之，尊而君之，則稱皇天；元氣廣大，則稱昊天；仁覆閔（憫）下，則稱旻天；自上降監，則稱上天；據遠視之蒼蒼然，則稱蒼天……」

如此，可以明白訓解「經典」辭義的《爾雅》爲什麼也是儒家所謂十三經之一了，原來工具書裏也有大政治，章太炎所謂「《爾雅》者，釐正故訓，綱維群籍之書也」（《小學略說》）。

於是《虞書・大禹謨》「（舜）帝初於歷山，往於田，日號泣於旻天於父母」，僞孔傳：「仁覆愍下謂之旻天。」《周書・多士》「弗弔，旻天大降喪於殷」，傳：「稱天以愍下，言愍道至者，殷道不至，故旻天下喪亡於殷。」在雅詩最後一首《召旻》中，《毛序》「旻，閔也，閔天下無如召公之臣也」，上天是仁憫的，憫天下爲臣者再沒有像召公那樣的了。

二雅中有「旻天疾威」句者凡三：《雨無正》、《小旻》和《召旻》。前者之「旻」毛未傳，鄭箋「今昊天又疾其政」，孔穎達也認爲旻是「昊」之誤

（見《雨無正》一章「昊天疾威，弗慮弗圖」注）；本篇之「旻」毛未傳，《鄭箋》「旻天之德，疾王者以刑罰威恐萬民」；〔註1〕《召旻》之「旻」毛未傳，鄭未箋，孔未疏。

《雨無正》「旻天疾威」與《小旻》、《召旻》之「旻天疾威」字句同，沒有道理前者正其爲「昊」而後二者如其字。「旻天疾威」無論句子本身還是置於全詩，「旻」字都很難將其與「秋天」、「仁閔」聯繫起來，此詩之「旻」仍應視爲「昊」之誤——

自《節南山》始，涉「昊天」者，《節南山》「不弔昊天」二、「昊天不傭」、「昊天不惠」、「昊天不平」，《雨無正》「浩浩昊天」、「如何昊天」，《巧言》「悠悠昊天」、「昊天已威」、「昊天泰幠（hū）」，《蓼莪》「昊天罔極」，《板》「昊天曰明」、「昊天曰旦」，《抑》「昊天孔昭」、「昊天不忒」，《雲漢》「昊天上帝」三，「瞻仰昊天」三，《瞻卬》「瞻卬昊天」、「藐藐昊天」……皆爲亂世凶年呼祈之詞，反映的是內外交困、風雨飄搖中的王朝之大無奈。

較之《國風》的抒情性表達，《雅》詩更多的則是透著某種隱忍的低調敘說。而觀之《小旻》，權力、權暴的無約束性、無規則性和不確定性，已無形化爲人們一種潛在的、深層的極度心理恐懼。「禮」也罷，履禮之「德」也罷，抑或以「君子」相勉和倡導「豈弟」、「威儀」等，於詩中事皆已無補。

旻天疾威，敷于下土。

旻：當爲「昊」。敷：《毛傳》：「布也。」黃焯《平議》：「『敷于下土』，謂天災流行，禍亂遍作，即《雨無正》之『降喪飢饉，斬伐四國』也。」西周晚期的「師訇簋」有「哀才（哉），今日天疾畏（威）降喪」銘。

謀猶回遹，何日斯沮？

猶：朱熹《集傳》：「謀。」迴遹（yù）：《毛傳》：「回，邪。遹，辟。」辟即僻。邪僻，乖謬不正。斯：助詞。沮（jǔ）：止。《鄭箋》：「今王謀爲政之道，回辟不循旻天之德，已甚矣。心猶不悛，何日此惡將止？」

謀臧不從，不臧覆用。

《鄭箋》：「臧，善也。謀之善者不從，其不善者反用之。」覆：反。

我視謀猶，亦孔之邛。

邛（qióng）：《毛傳》：「病也。」《鄭箋》：「我視王謀爲政之道，亦甚病天下。」又朱熹《集傳》:「大夫以王惑於邪謀，不能斷以從善，而作此詩。言旻天之疾威，布於下土，使王之謀猶邪辟，無日而止。謀之善者則不從，而其不善者反用之。故我視其謀猶，亦甚病也。」

潝潝訿訿，亦孔之哀。

潝潝（xī）、訿訿（zǐ）:朱熹《集傳》:「潝潝，相和也，訿訿，相詆也。」方玉潤《原始》引曹粹中曰:「潝潝然相和者，黨同而無公是；訿訿然相毀者，伐異而無公非。」

謀之其臧，則具是違；謀之不臧，則具是依。

是：指代詞，復指前置賓語「臧之謀」、「不臧之謀」。具：同「俱」。違：違背。

我視謀猶，伊于胡底！

《鄭箋》:「于，往。厎，至也。謀之善者俱背違之，其不善者依就之。我視今君臣之謀道，往行之將何所至乎？言必至於亂。」又朱熹《集傳》:「言小人同而不和，其慮深矣。然於謀之善者則違之，其不善者則從之，亦何能有所定乎？」《論語・子路》有「君子和而不同　小人同而不和」句。伊：助詞。厎音見《祈父》二章「胡轉予于恤，靡所厎止」注。

我龜既厭，不我告猶。

龜：指占卜用龜。猶：《毛傳》:「道也。」又《鄭箋》:「猶，圖也。卜筮數而瀆龜，龜靈厭之，不復告其所圖之吉凶。言雖得兆，占繇不中。」繇，占卜辭。參見《杕杜》四章「卜筮偕止，會言近止，征夫邇止」注。

謀夫孔多，是用不集。

是用：是以，因此。集：朱熹《集傳》:「成也。……謀夫眾則是非相奪而莫適所從，故所謀終亦不成。」

發言盈庭，誰敢執其咎？

朱熹《集傳》:「蓋發言盈庭，各是其是，無肯任其責而決之者。」咎：責任。

如匪行邁謀，是用不得于道。

邁：行。《鄭箋》：「君臣之謀事如此，與不行而坐圖遠近，是於道路無進於跬（kuǐ）何以異乎？」跬，舉足曰跬，即半步。一說匪，彼。

哀哉為猶，匪先民是程，匪大猶是經。維邇言是聽，維爾言是爭。

《毛傳》：「古曰在昔，昔曰先民。程，法。經，常。猶，道。邇，近也，爭爲近言。」朱熹《集傳》：「先民，古之聖賢也。……言哀哉今之爲謀，不以先民爲法，不以大道爲常，其所聽而爭者，皆淺末之言。」又于省吾《新證》：「《莊子・應帝王》『以己出經式義度』，王念孫云『義讀爲儀』。經式、儀度皆謂法度也。按此詩『匪大猶是經』，言非大道是法也。」（p29）維：唯，只。是：指代詞，復指前置賓語。

如彼築室于道謀，是用不潰于成。

《毛傳》：「潰，遂也。」《鄭箋》：「如當路築室，得人而與之謀所爲，路人之意不同，故不得遂成也。」是用：是以，因此。朱熹《集傳》：「古語曰：『作捨道邊，三年不成。』蓋出於此。」

國雖靡止，或聖或否。民雖靡膴，或哲或謀，或肅或艾。

《毛傳》：「靡止，言小也。人有通聖者，有不能者，亦有明哲者，有聰謀者。艾（yì），治也。有恭肅者，有治理者。」艾通「乂」。《鄭箋》：「膴，法也。言天下諸侯，今雖無禮，其心性猶有通聖者，有賢者。民雖無法，其心性猶有知者，有謀者，有肅者，有艾者。王何不擇焉，置之於位而任之爲治乎？《書》曰：『睿作聖，明作哲（晢），聰作謀，恭作肅，從作乂。』〔註 2〕詩人之意，欲王敬用五事，以明天道，故云然。」又朱熹《集傳》：「止，定也。聖，通明也。膴，大也，多也……言國論雖不定，然有聖者焉，有否者焉。民雖不多，然有哲者焉，有謀者焉，有肅者焉，有艾者焉。」膴，參見《節南山》四章「瑣瑣姻亞，則無膴仕」注。

如彼泉流，無淪胥以敗。

無：助詞。淪胥：相率。《鄭箋》：「淪，率也。王之爲政，當如原泉之流，行則清。無相牽率爲惡，以自濁敗。」又朱熹《集傳》:「雖有善者，不能自存，將如泉流之不反（返），而淪胥以至於敗矣。」朱熹訓「淪」爲陷。

不敢暴虎，不敢馮河。

暴、馮（píng）:《毛傳》:「馮，陵（凌）也。徒涉曰馮河，徒博曰暴虎。」

人知其一，莫知其他。

《毛傳》:「他，不敬小人之危殆也。」《鄭箋》:「人皆知暴虎、馮河立至之害，而無知當畏慎小人能危亡也。」

戰戰兢兢，如臨深淵，如履薄冰。

《毛傳》:「恐陷也。」

〔註 1〕此亦儒家「正君心」者說。《論語・爲政》:「道之以政，齊之以刑，民免而無恥；道之以德，齊之以禮，有恥且格。」《孟子・梁惠王上》「（使民）養生喪死無憾，王道之始也」,「王如施仁政於民，省刑罰，薄賦稅……『仁者無敵』」;《公孫丑上》「行仁政而王，莫之能禦也」,「人皆有不忍人之心（憐憫體恤之心）。先王有不忍人之心，斯有不忍人之政矣。以不忍人之心，行不忍人之政，治天下可運之掌上」。

然而「仁政」和「王道」在先秦和兩漢都沒有出現。以漢爲言，董仲舒「親見四世之事」（西漢惠帝、文帝、景帝、武帝），鄭玄值東漢桓帝、靈帝、少帝、獻帝時——三百多年兩漢王朝經歷了無數事：中央與封國互爭，「文景之治」,「昭、宣中興」，王莽篡權，豪強結集，外戚、宦官輪番干政，黃巾起義，董卓專權，軍閥混戰……正所謂「興，百姓苦，亡，百姓苦」，皇帝們一個個注重的是包括武力在內的政治權術，沒有誰有暇去「正」自己的「君心」。他們不相信孟子的「仁者無敵」說，更沒有被董仲舒的「災異之變」嚇唬住。參見《雨無正》〔註 1〕。

（《春秋繁露・必仁且智》「災者，天之譴也，異者，天之威也，譴之而不知，乃畏之以威，詩云：『畏天之威。』殆此謂也。凡災異之本，盡生於國家之失，國家之失乃始萌芽，而天出災害以譴告之；譴告之，而不知變，乃見怪異以驚駭之；驚駭之，尚不知畏恐，其殃咎乃至」）

〔註2〕《周書・洪範》「九疇」之二：「五事：一曰貌（僞孔傳：「容儀」），二曰言（傳：「詞章」），三曰視（傳：「觀正」），四曰聽（傳：「察是非」），五曰思（傳：「心慮所行」）。貌曰恭（傳：「儼恪」），言曰從（傳：「是則可從」），視曰明（傳：「必清審」），聽曰聰（傳：「必微諦」），思曰睿（傳：「必通於微」）。恭作肅（傳：「心敬」），從作乂（傳：「可以治」），明作晢（zhé 哲。傳：「照了」），聰作謀（傳：「所謀必成當」），睿作聖（傳：「於事無不通謂之聖」）。」

孔穎達疏：「『貌』是容儀，舉身之大名也，『言』是口之所出，『視』是目之所見，『聽』是耳之所聞，『思』是心之所慮，一人之上有此五事也。貌必須恭，言必可從，視必當明，聽必當聰，思必當通於微密也。……貌能恭，則心肅敬也。言可從，則政必治也。視能明，則所見照晢也。聽能聰，則所謀必當也。思通微，則事無不通，乃成聖也。」

朱熹言「豈作此詩者，亦傳箕子之學也與（歟）？」（《詩集傳》）「人君修身，使貌恭，言從，視明，聽聰，思睿，則身自正」。（《朱子語類》卷七十九）

小雅・小宛

以封建士大夫的道德修養來解說周人之「德」，是中國歷史敘事的一個重大大誤區。周人之「德」即之於「周禮」的自覺，所謂「威儀」不過履禮之外在綜合體現。於「天命靡常」有著清醒的認識，所以《周書》反覆「敬德」、「明德」、「以德配天」、「惟德是輔……」

然而一切「周禮」之生發、施行皆以宗法爲綱，「親親」與「制度」相悖而形成了一個無法走出的政治怪圈。《詩經》所反映的現實，果然應驗了《周書》中的焦慮與預感。

「我心憂傷，念昔先人」者明白，「各敬爾儀」已不能解決「天命不又」的問題。「周禮」雖在而情況卻變得越來越壞——「威儀」之下者「德」、「德」之下者「禮」變得蒼弱不堪。表現在「詩」之寫作，《雅》詩中每每可見「宛彼鳴鳩，翰飛戾天」一類極度悲情表達。

宛彼鳴鳩，翰飛戾天。

《毛傳》:「宛，小貌。……翰，高。戾，至也。」

我心憂傷，念昔先人。

先人：祖先。

明發不寐，有懷二人。

明發：《毛傳》:「發夕至明。」《禮記・祭義》引《詩》鄭玄注：「明發不寐，謂夜至旦也。」《孔疏》:「王既才智褊（biǎn）小，將顛覆祖業，故我心爲之憂傷，追念在昔之先人文王、武王也。以文、武創業垂統，有此天下。今將亡滅，故憂之也。又言憂念之狀，我從夕至明開發以來，不能寢寐。有所思者，唯此文、武二人。將喪其業，故思念之甚。」又朱熹《集傳》:「二人，父母也。」〔註1〕

人之齊聖，飲酒溫克。

《毛傳》:「齊，正。克，勝也。」《鄭箋》:「中正通知之人，飲酒雖醉，猶能溫藉自持以勝。」《孔疏》:「中正謂齊，通智謂聖。聖者，通也。《大司徒》注云:『聖通而先識。』是也。此經與下相對，齊爲中正，則童昏者邪僻而不正。以聖對不知，是聖者通智也。『蘊藉』者，定本及箋作『溫』字。舒瑗〔註2〕云:『苞裹曰蘊。』謂蘊藉自持含容之義。經中作『溫』者，蓋古字通用。《內則》說子事父母云:『柔色以溫之』，鄭亦以溫爲藉義。」童昏，《晉語四》「聾聵不可使聽，童昏不可使謀」，韋昭注:「童，無智。昏，暗亂也。」王引之《述聞》:「齊聖，聰明睿智之稱也，與下文『彼昏不知』相對。齊者，知慮之敏也。」

彼昏不知，壹醉日富。

知：智。壹：同「一」。富：朱熹《集傳》:「猶甚也。」

各敬爾儀，天命不又。

《毛傳》:「又，復也。」《鄭箋》:「今女君臣，各敬慎威儀，天命所去，不復來也。」又朱熹《集傳》:「各謹爾之威儀，天命已去，將不復來，不可以不恐懼也。」參見《湛露》四章「豈弟君子，莫不令儀」注。

中原有菽，庶民采之。

中原：即原中。菽（shū）：豆之稱。此指豆葉。《毛傳》:「菽，藿也。」參見《白駒》二章「皎皎白駒，食我場藿」注。庶：眾。朱熹《集傳》:「中原有菽，則庶民采之矣，以興善道人皆可行也。」

螟蛉有子，蜾蠃負之。

螟蛉（mínglíng）：即稻螟蛉、棉蛉蟲、菜粉蝶的幼蟲。蜾蠃（guǒluǒ）：即蜾蠃蜂，捕食稻螟蛉等鱗翅目昆蟲的幼蟲，並將產卵管刺入螟嶺體內負之置於窠，卵孵化成蟲後以螟蛉體作其食料。古人誤以蜾蠃蜂負螟蛉養其爲子。陳奐《傳疏》:「負之即孚育之，非謂持之也。」有：

助詞。句言蜾蠃負螟蛉以爲子，非謂蜾蠃負螟蛉之子。

教誨爾子，式穀似之。

《鄭箋》:「式，用。穀，善也。今有教誨女之萬民用善道者，亦似蒲盧言將得而子也。」蒲盧，即蜾蠃。《禮記・中庸》「夫政也者，蒲盧也」，鄭玄注:「蒲盧，蜾蠃謂土蜂也。《詩》曰:『螟蛉有子，蜾蠃負之。』螟蛉，桑蟲也。蒲盧取桑蟲之子，去而變化之，以成爲己子。政之於百姓，若蒲盧之於桑蟲然。」後以「蒲盧」喻之於百姓之教化。又朱熹《集傳》:「螟蛉有子，則蜾蠃負之，以興不似者可教而似也。教誨爾子，則用善而似之可也。善也，似也，終上文兩句所興而言也。戒之以不惟獨善其身，又當教其子使爲善也。」

題彼脊令，載飛載鳴。

題:《毛傳》:「視也。」《鄭箋》:「題之爲言視睇也。」脊令:即鶺鴒。載:《鄭箋》:「載之言，則也。則飛則鳴，翼也口也，不有止息。」

我日斯邁，而月斯征。

《鄭箋》:「我，我王也。邁、征皆行也。王日此行，謂日視朝也。而月此行，謂月視朝也。先王制此禮，使君與群臣議政事，日有所決，月有所行，亦無時止息。」又朱熹《集傳》:「視彼脊令，則且飛而且鳴矣。我既日斯邁，則汝亦月斯征矣。言當各務努力，不可暇逸取禍，恐不及相救恤也。夙興夜寐，各求無辱於父母而已。」

夙興夜寐，無忝爾所生。

忝（tiǎn）:《毛傳》:「辱也。」所生：指先祖。《孔疏》:「言視彼脊令之鳥，尚則飛則鳴，既飛以翼，又鳴以口，翼也口也，無有止息之時。況人之處世，其可自捨！視此脊令，以爲喻節，故我王當日此行，行視朝之禮；又而月此行，行視朔之政，與群臣議政事，日有所決，月有所行，亦如脊令無肯止息時也。故當早起夜臥行之，無辱汝所生之父祖已。」

交交桑扈，率場啄粟。

交交：朱熹《集傳》:「往來之貌。」桑扈：鳥名。朱熹《集傳》:「桑扈，竊脂也，俗稱青觜（zī），肉食，不食粟。」何楷《古義》:「竊脂者，淺白色也。今二月四間採桑之時，見有小鳥灰色，眼下正白，俗稱白鵊（jiá）鳥是也。」見《爾雅・釋鳥》。率：循，沿著。《鄭箋》:「竊脂肉食，今無肉而循場啄粟，失其天性，不能以自活。」

哀我填寡，宜岸宜獄。握粟出卜，自何能穀？

《毛傳》:「填（tiǎn），盡。岸，訟也。」填通「殄」，窮盡，困苦。《鄭箋》:「仍得曰宜。自，從。穀，生也。可哀哉！我窮盡寡財之人，仍有獄訟之事，無可以自救，但持粟行卜，求其勝負，從何能得生？」《孔疏》:「時政苛虐，民多枉濫。此人數遭之，在上以爲此實有罪，宜其當然。由其仍得，故曰宜也。……是貧者無財自救，但持粟以求卜者，問得勝負。世必無從得活，故可哀也。」枉濫，謂枉錯淫濫，使無辜受害。又朱熹《集傳》:「塡與瘨（diān）同，病也。岸，亦獄也。《韓詩》作犴（àn）。鄉亭之繫曰犴，朝廷曰獄。扈不食粟，今則率場啄粟也。病寡不宜岸獄，今則宜岸宜獄矣。言王不恤鰥寡，喜陷之於刑辟也。然不可不求所以自善之道，故握持其粟，出而卜之曰：何自而能善乎？言握粟，以見其貧窶（jù）之甚。」刑辟，刑法；刑律。朱熹意穀，善。

溫溫恭人，

《毛傳》:「溫溫，和柔貌。」恭：恭謹。

如集于木。

《毛傳》:「恐隊（墜）也。」

惴惴小心，如臨于谷。

《毛傳》:「恐隕也。」谷：指深谷。

戰戰兢兢，如履薄冰。

《鄭箋》:「衰亂之世，賢人君子雖無罪猶恐懼。」

〔註 1〕將「二人」解爲文、武王和「父母」皆無據。也不會是指「周公」、「召公」。

〔註 2〕舒瑗（yuàn），南北朝時期人，著《毛詩義疏》。《隋書・經籍志》有紀。

小雅・小弁

孟子講《小弁》之怨，「親親也。親親，仁也……《小弁》，親之過大者也。親之過大而不怨，是愈疏也。」（《告子下》）不過以其一貫的機敏向學生暢想他的「性善論」罷了。生活在戰國時期的他何嘗不知，天子、諸侯、大夫陷入錯綜複雜的利益糾葛之中，「親親」已不再，何以「仁」？〔註1〕

《毛序》「《小弁》，刺幽王也。大子之傅作焉」，《孔疏》：「太子，謂宜咎（臼）也。幽王信褒姒之讒，放逐宜咎。〔註2〕其傅親訓太子，知其無罪，閔其見逐，故作此詩以刺王……太子不可作詩以刺父，自傅意述而刺之。」

「大子之傅作焉」大概是爲了顧及「父子君臣之道」。以《楚語上》、《左傳》桓公六年、閔公二年、文公六年、成公九年、十八年、襄公十九年、二十六年、二十七年、昭公十九年所紀，所謂「師」、「保」、「大師」、「少師」、「傅」、「大傅」、「少傅」之職在春秋中期才趨於活躍。〔註3〕「紙上談兵」的《周禮》「師氏」、「保氏」列屬「地官」，所設尊官不過中、下大夫；《文王世子》之說，那是漢代儒生們的才學展示——末世天子周幽王的兒子可曾有過專職老師？

曠野裏的「舜」號泣於天，是以期父母還能聞得而召喚他回家。而幽王時連鎬京也就要被申侯聯合鄫國和犬戎攻破了。「宗周」不再，縱使斷腸，又哭給誰聽？回到何處？《小弁》事，不止西周晚期，按在周幽王頭上沒有任何依據。

弁彼鸒斯，歸飛提提。

《毛傳》：「興也。弁（pán），樂也。鸒，卑居。卑居，雅烏也。提提，群貌。」《鄭箋》:「樂乎!彼雅烏出食在野甚飽,群飛而歸提提然。興者,喻凡人之父子兄弟,出入宮庭,相與飲食,亦提提然樂。」鸒:《爾雅·釋鳥》郭璞注:「小而多群,腹下白。」鸒音見《沔水》〔註1〕。斯:語助詞。又朱熹《集傳》:「弁,飛拊(fǔ)翼貌……提提,群飛安閒之貌。」拊,擊,拍。

民莫不穀,我獨于罹。

《鄭箋》:「穀,養。于,曰。罹,憂也。天下之人,無不父子相養者。我大子獨不,曰以憂也。」曰,助詞。一說穀,善。于,處於。朱熹《集傳》:「民莫不善,我獨於憂,則鸒斯之不如也。」

何辜于天,我罪伊何?

伊:助詞。《毛傳》:「舜之怨慕,日號泣於旻天、於父母。」《孔疏》:「毛意嫌子不當怨父以訴天,故引舜事以明之。言舜之怨慕父母之時,日往於田,號泣訴於旻天、於我之父母也。言爲我父母而不愛我,故怨之。《孟子》云……引此者,言大舜尚怨,故太子亦可然也。」朱熹《集傳》:「『何辜于天,我罪伊何』者,怨而慕也。舜號泣於旻天曰:『父母之不我愛,於我何哉?』蓋如此矣。『心之憂矣,云如之何』,則知其無可奈何而安之之辭也。」見《孟子·萬章上》。趙岐注:「言舜自怨遭父母見惡之厄而思慕也。」「《書》曰:『舜生三十徵庸,三十在位。』在位時尚慕,故言五十也。」見《舜典》。徵庸,徵召任用。朱熹集注:「怨慕,怨己之不得其親而思慕也。」

心之憂矣,云如之何?

云:助詞。

踧踧周道,鞫為茂草。

《毛傳》:「踧踧(dí),平易也。周道,周室之通道。鞫,窮也。」《孔疏》:「踧踧然平易者,周室之通道也。今曰窮盡爲茂草矣。茂草生於道則荒。」參見《節南山》五章「昊天不傭,降此鞫訩」注。

我心憂傷,惄焉如擣。假寐永歎,維憂用老。心之憂矣,疢如疾首。

《毛傳》:「惄,思也。擣,心疾也。」惄音見《南山有臺》讀注。《鄭箋》:「不脫衣冠而寐曰假寐。疢(chèn)猶病也。」朱熹《集傳》:「擣,舂也……踧踧周道,則將鞠爲茂草矣;我心憂傷,則惄焉如擣矣。精神憒眊(kuìmào),至於假寐之中而不忘永歎。憂之之深,是以未老而老也。疢如疾首,則又憂之甚矣。」惄,憂思。維:唯。或曰助語氣。用:連詞,而。疢,熱疾。憒眊,昏亂糊塗。

維桑與梓,必恭敬止。

維:助語氣。《毛傳》:「父之所樹,己尚不敢不恭敬。」樹,用爲動詞。朱熹《集傳》:「桑、梓,二木。古者五畝之宅,樹之牆下,以遺子孫,給蠶食、具器用者也。」見《孟子・梁惠王上》。止:之,指代詞,指「維桑與梓」。一說止,語詞。

靡瞻匪父,靡依匪母。不屬于毛,不離于裏。

《毛傳》:「毛在外陽,以言父。裏在內陰,以言母。」朱熹《集傳》:「瞻者,尊而仰之。依者,親而倚之。屬,連也。毛,膚體之餘氣末屬也。離,麗也。裏,心腹也。屬,連也。毛,膚體之餘氣末屬也。……言桑梓父母所植,尙且必加恭敬,況父母至尊至親,宜莫不瞻依也。然父母之不我愛,豈我不屬於父母之毛乎?豈我不離於父母之裏乎?」又《鄭箋》:「此言人無不瞻仰其父取法則者,無不依恃其母以長大者。今我獨不得父皮膚之氣乎?獨不處母之胞胎乎?何曾無恩於我?」離通「麗」,附。參見《魚麗》一章「魚麗于罶,鱨鯊」注。裏(lǐ):本意衣之內層。一作「里」。

天之生我,我辰安在?

《毛傳》:「辰,時也。」《鄭箋》:「此言我生所值之辰,安所在乎?謂六物之吉凶。」〔註 4〕朱熹《集傳》:「無所歸咎,則推之於天,曰:豈我生時不善哉!何不祥至是也?」

菀彼柳斯,鳴蜩嘒嘒。

菀:茂盛貌。《鄭箋》:「柳木茂盛則多蟬。」參見《正月》七章「瞻彼阪田,有菀其特」注。蜩(tiáo):蟬。

有漼者淵，萑葦淠淠。

漼（cuǐ）：《毛傳》：「深貌。」有漼，即漼漼。萑（huán）：蘆屬，初生名「菼（tǎn）」，幼曰「蒹（jiān）」，長稱「萑」。淠淠（pèi）：盛多貌。

譬彼舟流，不知所屆。

譬：比，如。屆：至。

心之憂矣，不遑假寐。

遑：《鄭箋》：「暇也。」

鹿斯之奔，維足伎伎。

斯：句中助詞。維：助語氣。伎伎（qí）：《毛傳》：「舒貌。謂鹿之奔走，其足伎伎然舒也。」又馬瑞辰《通釋》：「維足伎伎，蓋言鹿善從其群，見前有鹿則飛行以奔之。」

雉之朝雊，尚求其雌。

雊（gòu）：《鄭箋》：「雉鳴也。……雉之鳴，猶知求其雌。」

譬彼壞木，疾用無枝。

壞：傷病。《鄭箋》：「木內有疾，故無枝也。」用：而。

心之憂矣，寧莫之知。

寧：《鄭箋》：「寧猶曾也。」朱熹《集傳》：「鹿斯之奔，則維足伎伎然。雉之朝雊，亦知求其妃匹。今我獨見棄逐，如傷病之木，憔悴而無枝，是以憂之而人莫之知也。」

相彼投兔，尚或先之。行有死人，尚或墐之。

《毛傳》：「墐（jìn，殣），路冢也。」《鄭箋》：「相，視。投，掩。行（háng），道也。視彼人將掩兔，尚有先驅走之者。道中有死人，尚有覆掩之成其墐者。言此所不知，其心不忍。」朱熹《集傳》：「投，奔。……相彼被逐而投人之兔，尚或有哀其窮而先脫之者。道有死人，尚或有哀其暴露而埋藏之者。蓋皆有不忍之心焉。」

君子秉心，維其忍之。心之憂矣，涕既隕之。

朱熹《集傳》：「秉，執；隕，墜也。……曾視投兔死人之不如，則其秉心亦忍矣。是以心憂而涕隕也。」

君子信讒，如或醻之。君子不惠，不舒究之。

朱熹《集傳》:「言王惟讒是聽，如愛醻爵，得即飲之。曾不加惠愛舒緩，而究察之。夫苟舒緩而究察之，則讒者之情得矣。」

伐木掎矣，析薪扡矣。

掎（jǐ）:《說文》:「掎，偏引也。」《毛傳》:「伐木者掎其巔，析薪者隨其理。」即用繩子牽拽樹的頂部以掌控其倒向。扡（chǐ）：依木材紋理劈柴。《毛傳》:「析薪者隨其理。」朱熹《集傳》:「皆不妄挫折之。」

舍彼有罪，予之佗矣。

佗：《毛傳》:「加也。」負加。朱熹《集傳》:「今乃舍彼有罪之譖人，而加我以非其罪，曾伐木析薪之不若也。」譖，讒。

莫高匪山，莫浚匪泉。君子無易由言，耳屬于垣。

《毛傳》:「浚，深也。」《鄭箋》:「山高矣，人登其巔。泉深矣，人入其淵。以言人無所不至，雖逃避之，猶有默存者焉。由，用也。王無輕用讒人之言，人將有屬耳於壁而聽之者，知王有所受之，知王心不正也。」又朱熹《集傳》:「山極高矣，而或陟其巔；泉極深矣，而或入其底。故君子不可易於其言，恐耳屬於垣者，有所觀望左右而生讒譖也。」

無逝我梁，無發我笱。

逝：往。陳奐《傳疏》:「《爾雅》:『之、逝，往也。』三義相近而微有別。逝，往也，往猶去也。逝，之也，之猶至也。」梁：河中捕魚之設，以石壘砌之。《邶風・谷風》三章「無逝我梁，無發我笱（gǒu)」，朱熹《集傳》:「梁，堰石障水而空其中，以通魚之往來者也。」發：借爲拔。《谷風》三章同句陸德明《釋文》引《韓詩》:「發，亂也。」笱：竹製捕魚器具，口有倒刺，魚能進而不得出。參見《魚麗》一章「魚麗于罶，鱨鯊」注。

我躬不閱，遑恤我後！

躬：身。閱：容。遑：暇。恤：顧惜，擔憂。《鄭箋》:「……讒言不止，我死之後，懼復有被讒者，無如之何。故自決云：『我身尚不能自容，何暇乃憂我死之後也？』」〔註 5〕

〔註 1〕《中庸》中魯哀公問政，「孔子」大概是要說「修身」和「仁政」，言「仁者，人也，親親爲大」，並且將「親親」視爲理國九項原則之一：「凡爲天下國家有九經，曰：修身也，尊賢也，親親也，敬大臣也，體群臣也，子庶民也，來百工也，柔遠人也，懷諸侯也。」

〔註 2〕「放逐宜咎」是事件，也是故事。《晉語一》「史蘇論獻公伐驪戎勝而不吉」：「周幽王伐有褒，褒人以褒姒女焉，褒姒有寵，生伯服，於是乎與虢石父比，逐大子宜臼而立伯服。大子出奔申，申人、鄫人召西戎以伐周，周於是亡。」《左傳・昭公二十六年》孔穎達疏引誤爲「《周語》」，「書傳多說其事，此其本也。」

戰爭既然已經取得了勝利，又何來「不吉」？此不論《國語》是左丘明作（史遷《報任安書》、《漢書・藝文志》）還是劉歆篡改，但看得出明顯是儒家爲「驪姬亂晉」所作的鋪墊。（再看《周語》中「富辰諫襄王以狄伐鄭及以狄女爲后」，他們同時對女性充滿了極端的仇視）

故事編得不是很高明。史蘇和里克、郭偃、士蔿（wěi）幾個你唱他和在眾大夫前借卜占之言排訐（jié）晉獻公，《左傳》套路，漢人手法。史蘇並舉「昔夏桀伐有施，有施人以妺喜女焉，妺喜有寵，於是乎與伊尹比而亡夏。殷辛伐有蘇，有蘇氏以妲己女焉，妲己有寵，於是乎與膠鬲比而亡殷」，於史無考無據。夏無文字，無紀；殷商呢？有文字，卻也無紀——周人在《周書・牧誓》中也只簡言「今商王受惟婦言是用」（僞《泰誓下》「作奇技淫巧以悅婦人」），到是漢人就說得有鼻子有眼：史遷在《殷本紀》中云「（帝紂）好酒淫樂，嬖於婦人。愛妲己，惟妲己之言是從」，劉向《列女傳・孽嬖傳》有關「末喜」、「妲己」之杜撰，《帝王世紀》「妺喜好聞裂繒之聲而笑，桀爲發繒裂之，以順適其意」，《古本竹書紀年》「末喜氏以與伊尹交，遂以間夏」——除後者外，包括造《國語》者，哪一項沒有漢人參與呢？而所謂《紀年》者，其來歷也頗顯蹊蹺「複雜」。

或曰《今本竹書紀年》帝辛九年「王師伐有蘇，獲妲己以歸」——且不論《紀年》的眞僞（大抵不離抽錄類書、古注，匯輯「典籍」），那其中是沒有妲己「與膠鬲比而亡殷」之紀的。

在漢儒想來，女子既見獲，便一定「有寵」。加之早些時候史遷所敘，於是又有了《紀年》幽王五年「王世子宜臼出奔申」，八年「王立褒姒之子曰伯服，以爲太子」，十一年「申人、鄫人及犬戎入宗周，弒王及鄭桓公……」（此處匯輯《周本紀》、《鄭世家》十分明顯）及《昭公二十六年》杜預（西晉）注「幽王后申姜，生大子宜臼。王幸褒姒，生伯服，欲立之而殺大子……」唐人孔穎達疏引後，便完全是像模像樣的「歷史」了。

〔註 3〕延續至秦時，「傅」的地位不容小覷，《商君列傳》所紀也說明了問題：「令行於民期年，秦民之國都言初令之不便者以千數。於是太子犯法。衛鞅曰：『法之不行，自上犯之。』將法太子。太子，君嗣也，不可施刑，刑其傅公子虔，黥其師公孫賈。」學生既然是老師教出來的，那麼出了問題，就代學生受刑吧。

〔註 4〕《左傳・昭公七年》「公曰：『何謂六物？』對曰：『歲、時、日、月、星、辰是謂也』」，孔穎達疏：「孫炎曰：『四時一終曰歲，取歲星行一次也。年取年穀一熟。』是言歲即年也。時謂四時，春夏秋冬也。日謂十日，從甲至癸也。月從正月至十二月也。星，二十八宿也。辰謂日月所會，一歲十二會，從子至亥也。《周禮・馮相氏》：『掌十有二歲、十有二月、十有二辰、十日、二十有八星之位。』」

〔註 5〕「無（毋）逝我梁，無（毋）發我笱。我躬不閱，遑恤我後」，又見於《邶風・谷風》三章。「風」晚於「雅」詩，但兩者出現完全相同的字句，其背後應該有一個持續的故事傳播。《何人斯》一、二、四章分別又有「胡逝我梁，不入我門」、「胡逝我梁，不入唁我」、「胡逝我梁，祇攪我心」句。「無逝我梁，無發我笱」應該包含著豐富的、空間感很強的生產、生活甚至社會風俗全息。但相關資料的缺失，使得後人無從考究和還原其眞實情形。

小雅・巧言

《虞書・堯典》說帝堯「允恭克讓，光被四表，格於上下。克明俊德，以親九族。九族既睦，平章百姓。百姓昭明，協和萬邦」，僞《仲虺之誥》也有「志自滿，九族乃離」之附會。九族者，上自高祖，下至玄孫。以天子嫡長子繼位眾子爲諸侯、諸侯嫡長子繼位眾子爲大夫、大夫嫡長子繼位眾子爲士，「九族」已是很大的「家國」和政權了。《堯典》中所以言帝堯「親九族」，是爲了證明宗法制的歷史淵源——這是先人留下的規矩。〔註 1〕

骨子裏遺存著氏族社會父系家長制的自覺，所以以血緣關係進行政治分配成了克商後的首選。在「封建親戚以藩屛周……扞（捍）禦侮者莫如親親」的認識之下，封「文之昭」十六國，「武之穆」四國，「周公之胤」六國（《左傳・僖公二十四年》），家天下遂成……但事情遠非設想得那般簡單，政權伊始便有管、蔡、霍三叔作難犯亂。宗法體制是改不了的，又沒有能力建立中央集權，於是「親親」的同時想到了「德」，《周書・洪範》「予攸好德，汝則賜之福……」〔註 2〕

《周書》中的「周公思想」終歸過時。注定要惡化的政治生態表現在小、大《雅》如《巧言》等相關的篇章裏，一眼望去，滿紙蒼涼。

悠悠昊天，曰父母且。

且（jū）：語助詞。

無罪無辜，亂如此幠。

幠：《毛傳》：「大也。」朱熹《集傳》：「大夫傷於讒，無所控告，而訴之於天曰：悠悠昊天，爲人之父母，胡爲使無罪之人，遭亂如此其大也？」幠音見《小旻》讀注。

昊天已威，予慎無罪。昊天泰幠，予慎無辜。

《鄭箋》：「已、泰，皆言甚也。」泰，一本作「大」。愼：《毛傳》：「誠也。」誠然。朱熹《集傳》：「昊天之威已甚矣，我審無罪也；昊天之威甚大矣，我審無辜也。此自訴而求免之詞也。」

亂之初生，僭始既涵。

僭（zèn）：通「譖」，讒言。涵：《毛傳》：「容也。」胡承珙《後箋》：「僭與譖通。謂亂之初生由於譖訴始入，王既受而涵之。」譖訴，譖，誣陷中傷。訴，述。譖訴即讒毀攻訐。又于省吾《新證》認爲涵通「陷」，「『僭始既涵』應讀爲譖始既陷。言初亂之時，譖言既傾陷之。故下接以『亂之又生，君子信讒』。蓋發言者陷之於始，聽言者信之於終，此大夫之所以傷於讒也。」（p29）

亂之又生，君子信讒。

《鄭箋》：「君子，斥在位者也。在位者信讒人之言，是復亂之所生。」

君子如怒，亂庶遄沮。

《毛傳》：「遄（chuán），疾。沮，止也。」《鄭箋》：「君子見讒人如怒責之，則此亂庶幾可疾止也。」沮，參見《小雅・小旻》一章「謀猶回遹，何日斯沮」注。

君子如祉，亂庶遄已。

祉：《毛傳》：「福也。」《鄭箋》：「福者，福賢者，謂爵祿之也。如此，則亂亦庶幾可疾止也。」意即任用賢者。

君子屢盟，亂是用長。

是用：是以。《毛傳》：「凡國有疑，會同則用盟而相要也。」《鄭箋》：「屢，數也。盟之所以數者，由世衰亂多相違背。時見曰會，殷見曰同，非此時而盟謂之數。」時見，諸侯非規定期間朝見天子。《春官・大宗伯》鄭玄注：「時見者，言無常期。」《孔疏》：「言凡國有疑，謂於諸侯群臣有疑，不相協，則在會同之上用盟禮，告盟而相要束。《司盟職》曰：『凡邦國有疑會同，則掌其盟約之載，及其禮儀，北面詔明神。』是也。」「司盟」爲《周禮》秋官之屬。又朱熹《集傳》：「盟，邦國有疑，則殺牲歃血，告神以相要束也。」要，約。參見《黃鳥》二章「此邦之人，不可與明」注。

君子信盜，亂是用暴。

盜：《鄭箋》：「謂小人也。《春秋傳》曰：『賤者窮諸盜。』」見《公羊傳・文公十六年》。小人，即指讒者。暴：嚴粲《詩緝》：「驟進也。」

盜言孔甘，亂是用餤。

餤（dàn）：《毛傳》：「進也。」朱熹《集傳》：「讒言之美，如食之甘。使人嗜之而不厭，則亂是用進矣。」

匪其止共，維王之邛。

止：助詞。共：通「供」。維：助語氣。《鄭箋》：「邛，病也。小人好爲讒佞，既不共其職事，又爲王作病。」《孔疏》：「此小人好爲讒佞者……維與王之爲病害也。」朱熹《集傳》：「然此讒人不能供其職事，徒以爲王之病而已。夫良藥苦口而利於病，忠言逆耳而利於行。維其言之甘而悅焉，則其國豈不殆哉？」參見《小旻》一章「我視謀猶，亦孔之邛」注。又《韓詩外傳》引《詩》作「匪其止恭」，《禮記・緇衣》引《詩》鄭玄注：「言臣不止於恭敬。」於詩義殊遠。

奕奕寢廟，君子作之。秩秩大猷，聖人莫之。他人有心，予忖度之。躍躍毚兔，遇犬獲之。

《毛傳》：「奕奕，大貌。秩秩，進知也。莫，謀也。毚（chán）兔，狡兔也。」《鄭箋》：「此四事者，言各有所能也。因己能忖度讒人之心，故列道之爾。猷，道也。大道，治國之禮法。遇犬，犬之馴者，謂田犬也。」《孔疏》：「讒人爲讒，自謂深密。此言己能知之。言奕奕然高大之寢廟，君子之人所能制作之。秩秩然者進智之大道，聖德之人能謀立之。彼他人而有讒佞之心，我能忖度而知之。躍躍然者跳疾之狡兔，遇値犬則能獲得之。」又朱熹《集傳》：「秩秩，序也。莫，定也。……奕奕寢廟，則君子作之。秩秩大猷，則聖人莫之。以興他人有心，則予得而忖度之。而又以躍躍毚兔，遇犬獲之比焉。反覆興比，以見讒人之心，我皆得之，不能隱其情也。」猷，法則，謀略。僞《周書·君陳》有「爾有嘉謀嘉猷」句。寢廟：正殿稱廟，後殿稱寢。此處泛指宗廟。《禮記·月令》「寢廟畢備」，鄭玄注：「凡廟前曰廟，後曰寢。」孔穎達疏：「廟是接神之處，其處尊，故在前。寢，衣冠所藏之處，對廟爲卑，故在後。但廟制有東西廂，有序牆，寢制惟室而已，故《釋宮》云『室有東西廂曰廟，無東西廂有室曰寢』是也。」序，《說文》：「東西牆也。」參見王國維《明堂廟寢通考》（《觀堂集林》卷三），王氏以爲寢宮、太廟、明堂、太室並爲一。

荏染柔木，君子樹之。往來行言，心焉數之。

《毛傳》：「荏染，柔意也。柔木，椅、桐、梓、漆也。」〔註3〕《鄭箋》：「此言君子樹善木，如人心思數善言而出之。善言者，往亦可行，來亦可行，於彼亦可，於己亦可，是之謂行也。」

蛇蛇碩言，出自口矣。

《毛傳》：「蛇蛇（yí），淺意也。」《鄭箋》：「碩，大也。大言者，言不顧其行，徒從口出，非由心也。」胡承珙《後箋》：「凡欺謾者，雖爲大言，而其器量實淺，故毛以蛇蛇爲淺意，鄭以碩言爲大言也。」

巧言如簧，顏之厚矣。

《鄭箋》：「顏之厚者，出言虛僞而不知慚於人。」《孔疏》：「言荏染柔忍之木，君子之人所樹之也。言君子樹木，必身簡擇，取善木然後樹之。喻往來可行之言，亦君子口所出之也。言君子出言，必心焉思數，知善而後出之。小人則不然，蛇蛇然淺意之大言，徒出自口矣，都不由於心。得言即言，必不思數也。巧爲言語，結構虛辭，速相待合，如笙中之簧，聲相應和，見人不知慚愧，其顏面之容甚厚矣。」又朱熹《集傳》：「行（háng）言，行道之言也。數，辨之。蛇蛇，安舒貌。碩，大也。謂善言也。顏厚者，頑不知恥也。荏染柔木，則君子樹之也；往來行言，則心能辨之矣。若善言出於口者，宜也；巧言如簧，則豈可出於口哉？言之徒可羞愧，而彼顏之厚，不知以爲恥也。孟子曰：『爲機變之巧者，無所用恥焉。』其斯人之謂與（歟）？」（見《孟子·盡心上》）俞樾《平議》：「行言，輕浮之言。小人之言輕浮無根，故謂之行言。曰往來者，正見其無定也。」

彼何人斯，居河之麋。

《毛傳》:「水草交謂之麋。」《鄭箋》:「何人者，斥讒人也。賤而惡之，故曰『何人』。」斯：語助詞。麋（méi）：通「湄」。陸德明《釋文》:「本又作湄。」

無拳無勇，職為亂階。

《毛傳》:「拳，力也。」陳奐《傳疏》:「拳亦勇也。……拳、勇本才力之美稱。」《鄭箋》:「言無力勇者，謂易誅除也。職，主也。此人主為亂作階，言亂由之來也。」階：王念孫《廣雅疏證》:「猶因也。」意根源。

既微且尰，爾勇伊何？

《毛傳》:「骭（gàn）瘍為微，腫足為尰（zhǒng）。」骭：小腿骨。瘍：潰疾。微：當「癓（wēi）」之借字，足瘡。伊：助詞，用於疑問代詞前。

為猶將多，爾居徒幾何？

猶：《鄭箋》:「猶，謀。將，太也。女作讒佞之謀太多，女所與居之眾幾何人，素能然乎？」《孔疏》:「疾讒佞之人謂之何人，言彼何人斯，居在於河之麋際，既無拳力，又無勁勇，亦易誅除耳，而敢主為此亂之階梯也？此人既腳骭有微之疾，而足跗且有尰之疾。爾假有勇，伊何能為？況復無之！而汝敢為此惡，汝作為讒佞之謀大多，汝所與聚居之徒眾幾何許人，而能為此？怪其言多且巧，疑其眾教之也。」又朱熹《集傳》:「言此饞人居下濕之地，雖無拳勇可以為亂，而饞口交鬥，專為亂之階梯。又有微尰之疾，亦何能勇哉？而為讒謀則大且多如此，是必有助之者矣。然其所與居之徒眾幾何人哉？言亦不能甚多也。」

〔註1〕《大禹謨》是東晉梅氏之偽文。而「五帝」之「黃帝」、「顓頊」、「帝嚳」者，則是包括史遷在內的漢儒為維護秦漢帝制之發明。

〔註2〕傅斯年《性命古訓辯證》總《尚書》之「周誥」理論：「凡求固守天命者，在敬，在明明德，在保人民，在慎刑，在勤治，在毋忘前人艱難，在有賢

輔，在遠憸人，在秉遺訓，在察有司；毋康逸，毋酣於酒，事事託命於天，而無一事舍人事而言天，祈天永命，而以爲惟德之用。」但我們所知道的歷史不是這樣。

〔註 3〕《毛傳》之「柔意」當指柔韌之意。《大雅・抑》九章有「荏染柔木，言緡（mín）之絲」句；《鄘風・定之方中》「樹之榛栗，椅桐梓漆，爰伐琴瑟」，鄭玄注：「樹此六木於宮者，曰其長大可伐以爲琴瑟。」「琴瑟」在《雅》詩和《風》詩中多次出現。在民族文化志和音樂史的意義上，《詩經》時代的琴瑟鼓鳴是存在的。

小雅・何人斯

公元前 551 年孔子出生的時候，西周已滅亡二百一十九年，「禮樂」早已壞崩，「滔滔者天下皆是也」（《論語・微子》）。孔子「四體不勤，五穀不分」，迫於生計最後以帶學生爲生，「七十二賢」之一的子夏說出了「賢賢異色」之類的話（《學而》。何晏注引孔安國：「言以好色之心好賢則善」），孔子聽得很開心，以爲說的就是讓自己無限心儀的西周；秦丞相呂不韋集門客撰《呂氏春秋》，《長見》：「呂太公望封於齊，周公旦封於魯，二君者甚相善也。相謂曰：『何以治國？』太公望曰：『尊賢上（尚）功。』周公旦曰：『親親上（尚）恩。』」

「尊賢上功」和「親親上恩」自西周兩位舉足輕重的人物口中道出，主題很明確，於其政權而言也是好願望（儘管能成王功者無一例外摧殘生靈，殺人無數）。至西漢，淮南王劉安等編《淮南子・齊俗訓》又襲《長見》之故事；更有《周禮》和《禮記》所抽象出的無數華采章句：《天官・大宰》「以八統詔王馭萬民，一曰親親，二曰敬故，三曰進賢，四曰使能，五曰保庸，六曰尊貴，七曰達吏，八曰禮賓」，《中庸》「故爲政在人，取人以身，修身以道，修道以仁。仁者人也，親親爲大；義者宜也，尊賢爲大……凡爲天下國家有九經：曰修身也，尊賢也，親親也，敬大臣也，體群臣也，子庶民也，來百工也，柔遠人也，懷諸侯也……」

宗法政治之西周，既是「親親爲大」，「敬故」尚有可能，但「進賢」就是儒家的想像，因爲只有任人唯親才是合「禮」的。《漢書・劉屈氂（máo）傳》「夫親親任賢，周唐之道也」——既以「親親」爲用人的法則和前提，又如何能夠「任賢」呢？〔註 1〕讀如《小旻》、《小宛》、《小弁》、《何人斯》、《巷伯》者，見得儒家之於西周編造了太多的謊言。

《周書·泰誓中》「雖有周親，不如仁人」，《武成》「列爵惟五，分土惟三（僞孔傳：「爵五等，公、侯、伯、子、男。列地封國，公侯方百里，伯七十里，子男五十里，爲三品」）。建官惟賢，位事惟能」，《蔡仲之命》「皇天無親，唯德是輔」（《左傳·僖公五年》引）。三篇皆梅氏僞文。無從、也不敢直諫，便託古，希望皇帝能夠任用「賢者」。〔註2〕

彼何人斯，其心孔艱。

斯：語助詞。孔艱：王先謙《集疏》：「謂其心深而甚難察。」

胡逝我梁，不入我門？

《鄭箋》：「逝，之也。梁，魚梁也。」之，往。參見《小弁》八章「無逝我梁，無發我笱」注。

伊誰云從？維暴之云。

伊：助詞。暴：不詳。舊多解暴國暴公，但於詩無明文可考。《毛序》：「《何人斯》，蘇公刺暴公也。暴公爲卿士而譖蘇公焉，故蘇公作是詩以絕之。」《鄭箋》：「譖我者，是言從誰生乎？乃暴公之所言也。」譖言，指後一「云」字。前「云」，助詞。王先謙《集疏》：「所從者誰？惟從暴之言耳。」

二人從行，誰為此禍？胡逝我梁，不入唁我？始者不如今，云不我可！

《鄭箋》：「二人者，謂暴公與其侶也。女相隨而行見王，誰作我是禍乎？時蘇公以得譴讓也。女即不爲，何故近之我梁，而不入弔唁我乎？」譴讓，譴責，責備。又朱熹《集傳》：「二人，暴公與其徒也。唁，弔失位也。言二人相從而行，不知誰譖己而禍之乎？既使我得罪矣，而其逝我梁也，又不入而唁我。汝始者與我親厚之時，豈嘗如今不以我爲可乎？」可：贊同。

彼何人斯，胡逝我陳？

《毛傳》：「陳，堂塗（途）也。」《鄭箋》：「堂塗者，公館之堂塗也。

女即不爲，何故近之我館庭，使我得聞女之音聲，不得睹女之身乎？」王先謙《集疏》:「蓋室南有堂，堂下有階，東西階及門之塗以甓甃（pìzhòu）之，是謂之堂塗，亦謂之陳。」甓，磚。甃，用磚修治，砌，壘，鋪。堂塗即堂下至門的磚路。參見《考工記・匠人》。

我聞其聲，不見其身。不愧于人，不畏于天？

《鄭箋》:「女今不入唁我，何所愧畏乎？」朱熹《集傳》:「在我之陳，則又近矣。聞其聲而不見其身，言其蹤跡之詭秘也。不愧於人，則以人爲可欺也。天不可欺，汝獨不畏於天乎？奈何其譖我也。」

彼何人斯，其為飄風。

飄風:《毛傳》:「暴起之風。」朱熹《集傳》:「言其往來之疾，若飄風然。」《爾雅・釋天》:「回（廻）風爲飄。」旋風。

胡不自北，胡不自南？胡逝我梁，祇攪我心？

祇:《鄭箋》:「適也。」注「衹音支」，當爲「祗」之誤。朱熹《集傳》:「自北自南，則與我不相值也。今則逝我之梁，則適所以攪亂我心而已。」相值，猶相遇。衹，參見《我行其野》三章「成不以富，亦衹以異」注。

爾之安行，亦不遑舍。爾之亟行，遑脂爾車？壹者之來，云何其盱！

朱熹《集傳》:「安，徐。遑，暇。舍，息。亟，疾。盱（xū），望也。字林云:『盱，張目也。』……言爾平時徐行猶不暇息。而況亟行，則何暇脂其車哉？今脂其車，則非亟也，乃託以亟行而不入見我，則非其情矣。何不一來見我，如何使我望汝之切乎？」

爾還而入，我心易也。

還:《鄭箋》:「行反也……女行反入見我，我則解說也。」反即「返」。易:《毛傳》:「說（yuè）。」即悅。朱熹《集傳》:「言爾之往也，既不入我門矣。倘（tǎng）還而入，則我心猶庶乎其說也。」倘，倘。

還而不入，否難知也。

否:馬瑞辰《通釋》:「蓋語助詞，『否難知』言難知也。詩蓋謂還而不入，則其情叵測難知。」

壹者之來，俾我祇也。

祇（qí）:《鄭箋》:「安也……一者之來見我，我則知之，是使我心安也。」朱熹《集傳》:「何不一來見我，而使我心安乎？」又《毛傳》:「祇，病也。」意通「疷（qí）」。

伯氏吹壎，仲氏吹篪。

伯：即「伯、仲、叔、季」之序首。壎、篪：皆樂器名。壎陶製六孔，篪竹製八孔，類笛。《毛傳》:「土曰壎，竹曰篪。」朱熹：《集傳》:「伯氏吹壎而仲氏吹篪，言其心相親愛，而聲相應和也。」又《鄭箋》:「伯仲喻兄弟也。我與女恩如兄弟，其相應和如壎篪。以言俱爲王臣，宜相親愛。」

及爾如貫，諒不我知。

《鄭箋》:「及，與。」朱熹《集傳》:「如貫，如繩之貫物也。言相連屬也。諒，誠也。……與汝如物之在貫，豈誠不我知而譖我哉？」

出此三物，以詛爾斯。

三物：《毛傳》「豕、犬、雞也。民不相信則盟詛之。」朱熹《集傳》:「刺其血以詛盟也。……苟曰誠不我知，則出此三物以詛之可也。」又《鄭箋》:「諒，信也。我與女俱爲王臣，其相比次，如物之在繩索之貫也。今女心誠信，而我不知，且共出此三物，以詛女之此事。爲其情之難知，已又不欲長怨，故設之以此言。」〔註3〕參見《巧言》三章「君子屢盟，亂是用長」注。

為鬼為蜮，則不可得。

蜮（yù）:《毛傳》:「短狐也。」《說文》:「短狐也。似鱉，三足，以氣射害人。」朱熹《集傳》:「江淮水皆有之，能含沙以射水中人影，其人輒病，而不見其形也。……言汝爲鬼爲蜮，則不可得而見矣。」

有靦面目，視人罔極。

靦（tiǎn）:《說文》:「靦，面見人也。」徐灝《注箋》:「王氏念孫曰：靦之本義爲人面貌。而慚赧之義，即由是而生。故靦有懷慚義，亦有不知愧怍（zuò）義。」慚赧（nǎn），因羞愧、羞慚而臉紅。有靦，即靦靦。罔：無。視人罔極：馬瑞辰《通釋》：「古示字都借作視。極，中也。『視人罔極』，謂示人以罔中，即下文所謂反側也。」黃焯《平議》：「罔極於詩中凡數見，《氓》、《園有桃傳》皆以爲『無中』，『無中』即失道之謂。此云罔極，即前數章『何人』之事。詩意蓋云，女靦然人之面目，乃示人以失道之行乎？」視，參見《鹿鳴》二章「視民不恌，君子是則是傚」注。

作此好歌，以極反側。

《毛傳》：「反側，不正直也。」黃焯《平議》：「反側猶云反覆。……『極』有中正義，又有止義。『以極反側』，猶云以正其反側之心，以止其反側之行耳，此所以云『好歌』也。」又朱熹《集傳》：「是以作此好歌，以究極爾反側之心也。」

〔註 1〕「任賢」在政治格局、生產關係和權力結構發生重大改變的春秋後期和戰國時期。但盛行的養士之風不等同於「任賢」。算不得「賢」者又豈止孟嘗君門客雞鳴狗盜者？王安石甚至認爲「孟嘗君特雞鳴狗盜之雄耳」。(《讀〈孟嘗君傳〉》。《孟嘗君傳》即《史記・孟嘗君列傳》)

〔註 2〕豈不知在任何「王治」之下，不用多，天子、皇帝身邊三五親近者就可以攪動大局。只要他們存在，「賢者」和異己就永遠是理所當然並難逃其咎的受難者。後世專制政權和獨裁統治大抵若此，「天下之權，歸於內豎，賢人君子，進不容於朝，退不容於野」。蘇東坡《大臣論》：「天下不幸而無明君，使小人執其權……夫小人者，必先得於其君而自固於天下，是故法不可擊。擊之而不勝身死，其禍止於一身。擊之而勝，君臣不相安，天下必亡。」「天下之權，在於小人，君子之欲擊之也，不亡其身，則亡其君。然則是小人者，終不可去乎！」

〔註 3〕《周書・無逸》「民否則厥心違怨，否則厥口詛祝」，孔穎達疏：「『詛祝』，謂告神明令加殃咎也。以言告神謂之『祝』，請神加殃謂之『詛』。」《左傳・隱公十一年》孔穎達疏：「詛者，盟之細，殺牲告神，令加之殃咎。」參見《黃鳥》讀注及〔註 3〕。

小雅・巷伯

「巷伯」是編《詩》者加稱之，即《周禮》中的「寺人」。〔註 1〕你無法想像一個以奄（閹）人、黥（音 qíng，臉上刺字塗墨）人、刵（音 èr，割掉耳朵）人、劓（音 yì，割掉鼻子）人、刖（音 yuè，砍掉雙腳）人服務於宮廷的政權，其心理的陰暗面積究竟有多大，陰暗的程度有多深？以「奄人」爲例，《周禮》序官「天官」之「酒人」十，「漿人」五，「籩人」一，「醢人」一，「醯人」二，「鹽人」二，「冪人」一，「內小臣」奄上士四，「寺人」五，「內司服」一，「縫人」二；又有「閽（hūn）人」（王宮每門四人，王五門。御苑行宮同）、「內豎」（倍寺人之數）；「地官」之「舂（chōng）人」二，「饎人」二，「槀（gǎo）人」八；「春官」之「守祧」八（女祧每廟二人）。〔註 2〕《詩經》所見，除本詩外，《大雅・瞻卬》「匪教匪誨，時維婦寺」，《秦風・車鄰》「未見君子，寺人之令……」

以《周書・呂刑》看，「宮」首先是一種刑法。〔註 3〕是有罪被「宮」而成爲了「奄人」，還是被選拔爲「奄人」而後被「割勢」？也無法確切這些「奄人」是來自天子的遠屬族人「庶民」，還是被征服土地上的「人鬲（gé）」、〔註 4〕「民獻」，還是戰爭中直接獲來的俘虜？在一個動不動就將人剁成肉醬的時世，也許，「割勢」是一件很平常的事情。

無需設想究竟是用鐵器還是青銅，刀子的形狀，鋒利的程度，存活率能有多少等等。但那「撲哧」一刀子下去，閹割的又豈止是人性，疼痛的又豈止是文化——西周始，東周而西漢，至東漢，龐大的「奄人」群體活躍於朝廷（和帝始宦官集結對抗外戚而專權，桓、靈時兩次血雨腥風的「黨錮之禍」），那是怎樣的一道「文化」風景？〔註 5〕

「凡百君子，敬而聽之」〔註6〕——兩千幾百年前的語句，聽去竟有後世中國北方地區打著牛肩胛骨的說唱「數來寶」的味道。這位衰老的巷伯，佝僂著自己的殘缺之軀，觀得朝中人事，開腔頗顯悲涼。

萋兮斐兮，成是貝錦。

《毛傳》:「萋、斐，文章相錯也。貝錦，錦文也。」文，紋。《鄭箋》:「喻讒人集作己過以成於罪，猶女工之集彩色，以成錦文。」《孔疏》:「女工集彼眾彩而織之，使萋然兮，斐然兮，令文章相錯，以成是貝文，以為其錦也。以興讒人集己諸過而構之，令過惡相積，故成是愆狀以為己罪也。實無罪，而讒之使得重刑，故傷之。」愆，罪過。是：代詞。

彼譖人者，亦已大甚。

譖：讒毀。大：通「太」。《鄭箋》:「大甚者，謂使已得重罪也。」

哆兮侈兮，成是南箕。

哆（chǐ）:《毛傳》:「哆，大貌。」口張大貌。侈：《孔疏》:「哆者言其寬大哆哆然，故為大貌。……侈者，因物而大之名。」馬瑞辰《通釋》:「哆、侈皆狀箕星舌廣之貌。」箕：二十八宿東方七宿之一，四星相連成簸箕形。南箕，即南天之箕星。

彼譖人者，誰適與謀？

適：《鄭箋》:「往也，誰往就女謀乎？」又朱熹《集傳》:「適，主也。誰適與謀，言其謀之閟（bì）也。」閟，隱密。又于省吾《新證》:「適、敵古通……《爾雅・釋詁》:『敵，當也。』……『誰適與謀』，言當誰與謀也。」(p8)

緝緝翩翩，謀欲譖人。

緝緝（qī）:通「咠咠（qì）」，耳語竊竊貌。《毛傳》:「緝緝，口舌也。」翩翩：《毛傳》:「往來貌。」

慎爾言也，謂爾不信。

朱熹《集傳》:「譖人者自以為得意矣，然不慎爾言，聽者有時而悟，且將以爾爲不信矣。」

捷捷幡幡，謀欲譖言。

《毛傳》:「捷捷，猶緝緝也。幡幡，猶翩翩也。」又朱熹《集傳》:「捷捷，儇（xuān）利貌。幡幡，反覆貌。」儇，便捷貌。

豈不爾受，既其女遷。

豈不爾受:「豈不受爾」之倒句。既:終。遷:《毛傳》:「去也。」朱熹《集傳》引王氏曰:「上好譖，則固將受女（汝）。然好譖不已，則遇譖之禍，亦既遷而及女矣。」

驕人好好，勞人草草。

朱熹《集傳》:「好好，樂也。草草，憂也。驕人譖行而得意，勞人遇譖而失度，其狀如此。」

蒼天蒼天，視彼驕人，矜此勞人！

矜:哀憐。王先謙《集疏》:「呼天而訴王也。欲其視察彼驕人而矜憫此勞人。」

彼譖人者，誰適與謀？取彼譖人，投畀豺虎。

畀:予。

豺虎不食，投畀有北。有北不受，投畀有昊！

北:朱熹《集傳》:「北方寒涼不毛之地也。」有:詞頭。昊:指昊天。《鄭箋》:「付與昊天制其罪也。」

楊園之道，猗于畝丘。

《毛傳》:「楊園，園名。猗，加也。」畝丘:即田畝山丘。

寺人孟子，作為此詩。

《毛傳》:「寺人而曰孟子者，罪已定矣，而將踐刑，作此詩也。」《鄭箋》:「寺人，王之正內五人。作，起也。孟子起而爲此詩，欲使衆在位者慎而知之。」朱熹《集傳》:「寺人，內小臣。蓋以讒被宮而爲此官也。孟子，其字也。」「以讒被宮」說無考。

凡百君子，敬而聽之。

〔註 1〕《毛傳》:「巷伯，奄官。」《天官・寺人》:「掌王之內人及女宮之戒令，相道其出入之事而糾之。若有喪紀、賓客、祭祀之事，則帥女宮而致於有司，佐世婦治禮事。掌內人之禁令，凡內人弔臨於外，則帥而往，立於其前而詔相之。」女宮，因罪或從坐而入宮服役的女子，實爲俘虜中適合從其事者。鄭玄注:「女宮，刑女之在宮中者。」世婦「掌祭祀、賓客、喪紀之事，帥女宮而濯摡，爲齍盛。及祭之日，涖陳女宮之具，凡內羞之物。掌弔臨於卿大夫之喪」。摡（gài），同「漑」。齍（zī），通「粢」。《說文》:「齍，黍稷在器以祀者。」內羞，注:「房中之羞。」賈公彥疏:「謂糗餌粉餈。」糗（qiǔ）餌，將米麥炒熟磨粉製成的食品。粉餈（糍 cí），用稻、黍米粉做成的食品，上黏豆屑。孫詒讓正義:「內羞，皆穀物，女宮所共（供）。」羞，饈。「掌弔」句：注:「王使往弔。」

《左傳・襄公九年》「令司宮、巷伯儆宮」，杜預注:「司宮，奄臣；巷伯，寺人，皆掌宮內之事。」孔穎達疏:「《釋宮》云:『宮中巷謂之壼（kǔn）。』孫炎曰:『巷，舍間道也。』王肅云:『今後宮稱永巷。』是巷者，宮內道名。伯，長也。是宮內門巷之長也。《周禮》內小臣，其次即有寺人，故知巷伯是寺人也；又以《詩》篇名《巷伯》，經云:『寺人孟子，作爲此詩。』故知巷伯、寺人一也。」

顧棟高《毛詩類釋・釋宮室》:「天子有六寢，路寢一，在前；小寢五，在後。路寢以聽政，小寢以燕息。六寢之北有六宮，后、夫人與嬪御居之。從宮達寢有永巷，宮中之長巷也。后、夫人由此以進御於君，質明告去。眾妾則見星而往，見星而還。寺人守之，男不入，女不出。《詩》所稱巷伯，是寺人之長。伯，長也。」（卷十二）「六寢」見《天官・宮人》。

張亞初、劉雨《西周金文官制研究》:「寺爲內史之僚友。內史是宮廷內隨王左右的史官，與後世的內小臣有相近之處。所以寺這一職官與後世的閹官寺人可能有關。……寺人是內宮之閹臣，是管理王宮內宮女的小官吏，是世婦的助手。但裘衛鼎之寺人𩰫卻參與了裁決訴訟案件的活動，這似乎表明，在西周寺人的活動並不完全局限於宮內。」（p43）

〔註 2〕《穀梁傳・襄公二十九年》:「閽，門者也，寺人也。」《周禮》孫詒讓正義:「內豎或亦以奄爲之，然不盡用奄也。」

〔註 3〕「墨辟疑赦（僞孔傳:「疑則赦從罰」），其罰百鍰，閱實其罪（傳:「使與罰名相當」）。劓辟疑赦，其罰惟倍，閱實其罪。剕（fèi）辟疑赦，其罰倍差（傳:「刖足曰剕。倍差謂倍之又半，爲五百鍰」），閱實其罪。宮辟疑赦（傳:「宮，淫刑也。男子割勢，婦人幽閉，次死之刑」），其罰六百鍰，閱實其罪。大辟疑赦，其罰千鍰，閱實其罪。」《康誥》、《多方》等也數見「劓刵」、「劓割」等。墨、劓、剕、宮等刑名在人類歷史同時期當屬中國西周所獨有。但更早的古埃及和兩河流域之東方王朝也見類似者，如「文明古國」古巴比倫《漢謨拉比法典》等，而古埃及刑法則更爲殘酷。

〔註 4〕臧振《白家甲的家族公社》:「西周文獻稱被賜人口爲『人鬲』，郭沫若推測稱鬲乃取其色黑；嫌此解迂曲者不在少數，然迄今未見更恰當的解釋。竊以爲鬲乃古時炊具，一鬲之粥恰夠一人食用。庶民家中添了一丁即須添一鬲……古之稱人鬲，猶今之稱人口；不同者，鬲爲庶民專用，因而成爲賤稱；士以上，想必用甗，宴饗之時更有青銅鼎、盤、簋、豆之屬。」（原載《陝西師範大學學報》哲社版，1987 年第 3 期）甗音 yǎn。

添丁添鬲頗具歷史「立體」感，「庶民家中」的眞實情況就成爲一個史學期待。

〔註 5〕史遷在《報任安書》中悲憤地說:「悲莫痛於傷心，行莫醜於辱先，詬莫大於宮刑。刑餘之人，無所比數，非一世也，所從來遠矣……」事實上用於刑法的閹割雖在隋朝開皇時被廢止過，但直至明清仍有施行。「明太祖」朱元璋頒佈《大誥》，除斷手、剁指、挑筋、刖足、斬趾、去膝等外，仍有閹割之刑。

而「奄人」者，在中國則一直延續到了 20 世紀初，比之凌遲之刑、人殉之制、纏足之俗等毫不遜色。臭名昭著的明代「東廠」、「西廠」、劉瑾、魏忠賢和晚晴的安德海、李蓮英等，又標明歷史上多少「奄人」曾是影響中國政治的朝廷舉足輕重之人物——專制與極權之下「奄人」因近侍於主王而成爲「暬御」而擅勢。佞寵小人當道，落寞的便是剛正之君子，所謂「卑鄙是卑鄙者的通行證，高尚是高尚者的墓誌銘」。

〔註 6〕《雨無正》「凡百君子，各敬爾身」、《大雅・雲漢》「大夫君子，昭假（gé）無贏」、《鄘風・載馳》「大夫君子，無我有尤」等，「君子」之指稱對象不一，但作詩者的心境相近。「凡百君子」，作詩者的無奈呼辭。

小雅・谷風

方玉潤因襲漢儒理解《詩經》中的「朋友」：〔註 1〕「凡人處世，當患難恐懼時，則思朋友，遇安樂無事日，則謝交遊。受人大德，轉瞬不記，遭小人怨，終身難忘者，比比皆是，而詩固云爾也，亦身受其怨而不能自己焉耳。」（《詩經原始》）至晚清得此「患難恐懼」、「謝交遊」、「受人大德」、「遭小人怨」之感受，儒家思想已主導中國社會兩千三百多年了。

在一個王權社會裏，人生撲面迎來的就是「處世」之問題。投機和網絡人際又成爲「處世」之最有效手段——利用和巴結「公權」達到私利目的所要支出的成本最小，成效最高。而「思朋友」、「受人大德」之類，又包含了多少蠅營狗苟暗中之交易！〔註 2〕

一如其他《雅》詩中的其他「朋友」，《谷風》中的「維予與女」也並不是「同門同志」之關係。詩歌語言的隱喻與指代，無法辨別他們究竟是同僚還是同一宗門之下者，但可以肯定是屬於同一利益共同體之下的「予」「汝」。以「忘我大德，思我小怨」之「大德」看，詩中人級別不會太低，至少不是《左傳・襄公十四年》「士有朋友」（《桓公二年》作「士有隸子弟」）士之宗族成員。周人將宗法制過於自信和理想化，在實際的操作和運行中，雖則「親親」，雖則「禮」，但人心澆漓——「無草不死，無木不萎」之作比，以《今本竹書紀年》所紀周厲王、周宣王時旱象，或爲作詩人所親歷情景。

習習谷風，維風及雨。

《毛傳》:「興也。風雨相感，朋友相須。」相須（需），相依存。《鄭箋》:

「習習，和調之貌。東風謂之谷風。興者，風而有雨則潤澤行，喻朋友同志則恩愛成。」〔註3〕

將恐將懼，維予與女。

《鄭箋》:「將，且也。恐、懼，喻遭厄難勤苦之事也。當此之時，獨我與女爾。謂同其憂務。」維：唯，只。憂務，爲國事憂慮而勤勞。

將安將樂，女轉棄予。

《毛傳》:「言朋友趨利，窮達相棄。」轉：反而。《鄭箋》:「朋友無大敵則不相遺棄。今女以志達而安樂，棄恩忘舊，薄之甚。」

習習谷風，維風及頹。

《毛傳》:「頹，風之焚輪者也。風薄相扶而上，喻朋友相須而成。」王先謙《集疏》:「風輪與扶搖皆風之名詞，焚喻其暴，輪喻其迴。」迴旋上升的風。與「谷風」均見《爾雅・釋天》;《說文》:「飆，扶搖風也。」維：助語氣。

將恐將懼，寘予于懷。

寘（zhì）：同「置」。《鄭箋》:「置我于懷，言至親己也。」

將安將樂，棄予如遺。

《鄭箋》:「如遺者，如人行道遺忘物，忽然不省存也。」

習習谷風，維山崔嵬。無草不死，無木不萎。

《毛傳》:「崔嵬，山巔也。雖盛夏萬物茂壯，草木無有不死葉萎枝者。」崔嵬，參見《十月之交》三章「百川沸騰，山冢崒崩」注。《鄭箋》:「此言東風生長之風也，山巔之上，草木猶及之。然而盛夏養萬物之時，草木枝葉猶有萎槁者。以喻朋友雖以恩相養，亦安能不時有小訟乎？」

忘我大德，思我小怨。

朱熹《集傳》:「習習谷風，維山崔嵬，則風之所被者廣矣。然猶無不死之草，無不萎之木。況於朋友，豈可以忘大德而思小怨乎？」德：履「禮」而謂之「德」。

〔註 1〕《毛序》:「《谷風》，刺幽王也。天下俗薄，朋友道絕焉。」

〔註 2〕韓非子認識到了相關的問題:「爲故人行私謂之『不棄』，以公財分施謂之『仁人』……枉法曲親謂之『有行』……行惠取眾謂之『得民』。不棄者，吏有奸也；仁人者，公財損也……有行者，法制毀也……」(《八說》) 但他是「法家」，力挺的終究還是權力意志和君權——先秦諸子又有哪一個不是呢？連「兼相愛」、「非天命」的墨子也不例外。

而儒家的「厚」、「和」、「義」、「忠」則直接堵截和融解了社會公平和正義；「恩」、「惠」、「恤」、「施」等詞匯，也只有在王權和與之相對應生產關係下產生——本人之所有，奪之而又「恤」之「施」之，何「恩」何「惠」？後世專制政治之下，更無產生任何權利、義務對等思想之可能。鋪天蓋地的「經典」無一例外地之於各種政權之政治取向的「道德」而言，而非之於公平正義。

〔註 3〕《邶風・谷風》一章「習習谷風，以陰以雨。黽勉同心，不宜有怒……」《毛傳》:「習習，和舒貌。……陰陽和而谷風至，夫婦和則室家成，室家成而繼嗣生。言黽勉者，思與君子同心也。」《鄭箋》:「所以黽勉者，以爲見譴怒者，非夫婦之宜。」

不同時世、不同心志且分屬「風」、「雅」的作品並以「習習谷風」起興，與其共同的生存體驗和心理感受相關，但更多反映的是周人骨子裏於天地自然的依戀與敬畏——訴諸風物的情感表達已成一種「文化」沿襲。此種「修辭」對後世文學創作的影響是深遠的。除「楚辭」之表現外，漢樂府出現了「我欲與君相知，長命無絕衰。山無陵，江水爲竭，冬雷震震，夏雨雪，天地合，乃敢與君絕……」

小雅・蓼莪

春將出而至初冬天才從勞作的田野歸來，雖或初有「家庭」之倫理，但遠遠還不具備能夠支持「孝敬」父母的條件，甚至是心理條件。何況「欲報之德，昊天罔極」、「民莫不穀，我獨何害」也不是「氓」和「野人」的視角，他們除被「教之稼穡」外，〔註1〕不需要知道的太多。

詩中的「我」，既不是《地官・遂人》之「六遂」農業生產承擔者的居民，也不是《大司徒》之「六鄉」享有相關政治權利的「國人」，而依然是宗法制之下的政治集團之屬，是屬於較高層級的「貴族」。

父母者，「室家」之尊者也。在《楚茨》第五章中，我們看到了一個宗子家族在一次祭祀先祖活動中的成員：家族長（宗子）主祭者「孝孫」，家族長之妻「君婦」，家族長的父輩「諸父」（大宗宗子下的諸小宗），家族長的同輩親族成員「兄弟」；在《斯干》第一、二章和《周頌・豐年》、《載芟》、《良耜》中，又可看到了西周「貴族」家族的居住模式和「詩意地棲居」的生活、生產場景——這無疑是令人豔羨的。

但《蓼莪》中的「我」，顯然其與生俱來的權益被削弱，甚至開始被「剝奪」了。似乎是宗法社會結構和生產關係開始改變之信號。

蓼蓼者莪，匪莪伊蒿。

蓼蓼：《毛傳》：「長大貌。」又何楷《古義》：「蓼，戴桐云：草蒼蒨（qiàn）貌。蓋蓼本屬菜名，故以蒼蒨象其色。」蒼蒨，蒼翠深密。蓼爲一年生草木植物，生水邊或淺水中。「蓼」作植物名音 liǎo。莪：莪蒿。馬瑞辰《通釋》：「莪蒿即茵陳蒿之類。常抱宿根而生，有子依母之象，故詩人藉以起興。李時珍云『莪，抱根叢生，俗謂之抱娘蒿』是也。」
伊：助詞。

哀哀父母，生我劬勞。

《鄭箋》:「哀哀者，恨不得終養父母，報其生長己之苦。」又朱熹《集傳》:「莪，美菜也。蒿，賤草也。……言昔謂之莪，而今非莪也，特蒿而已。以比父母生我以爲美材，可賴以終其身，而今乃不得其養以死。於是乃言父母生我之劬勞，而重自哀傷也。」〔註2〕

蓼蓼者莪，匪莪伊蔚。

蔚：蒿的一種，牡蒿。又名齊頭蒿。《孔疏》引《陸疏》:「牡蒿也，三月始生。七月華，華似胡麻華而紫赤。八月爲角，角似小豆角，銳而長，一名馬薪蒿。」

哀哀父母，生我勞瘁。

瘁：《鄭箋》:「病也。」

缾之罄矣，維罍之恥。

罄：《毛傳》:「盡也。」罍：大腹小口的酒器。《爾雅・釋器》郭璞注：「罍形似壺，大者受一斛。」《鄭箋》:「瓶小而盡，罍大而盈。言爲罍恥者，刺王不使富分貧、眾恤寡。」又朱熹《集傳》:「瓶資於罍而罍資瓶，猶父母與子相依爲命也。故瓶罄矣，乃罍之恥，猶父母不得其所，乃子之責。」

鮮民之生，不如死之久矣。

鮮：《毛傳》:「寡也。」朱熹《集傳》:「所以窮獨之民，生不如死也。」又馬瑞辰《通釋》引阮元「古鮮聲近斯，遂相通借」,「《爾雅・釋言》:『斯，離也。』《方言》:『斯，離也。』……《說文》:『斯，析也。』斯民當謂離析之民，猶《易》言『旅人』也。民人離析，不得終養，故言生不如死。」

無父何怙？無母何恃？

怙：依靠。

出則銜恤，入則靡至。

朱熹《集傳》:「蓋無父則無所怙，無母則無所恃，是以出則中心銜恤，入則如無所歸也。」銜：含。又《鄭箋》:「恤，憂。靡，無也。孝子之心，怙恃父母，依依然以爲不可斯須無也。出門則思之而憂，旋入門又不見，如入無所至。」

父兮生我，母兮鞠我。

鞠：《毛傳》:「養。」

拊我畜我，長我育我，

拊：撫愛。王先謙《集疏》:「三家，拊作撫。」畜：養，愛恤。

顧我復我，出入腹我。

顧、復：嚴粲《詩緝》:「謂顧之又顧，是反覆不能暫捨，愛之至也。」腹：《鄭箋》:「懷抱也。」

欲報之德，昊天罔極！

《鄭箋》:「之，猶是也。欲報父母是德，昊天乎我心無極。」《孔疏》:「我今欲報父母是勞苦之德，昊天乎心無已也。常所憶念，無有已時，故言己痛切之情，以告於天。」又朱熹《集傳》:「罔，無。極，窮也。言父母之恩如此，欲報之以德，而其恩之大，如天無窮，不知所以爲報也。」按：極，本義指房屋正樑正中至高處之「棟」，《說文》:「極，棟也。」此處或指中正、公平、準則，言遭遇處境。王引之《述聞》卷六：「『昊天罔極』，猶言『昊天不傭』、『昊天不惠』，朱子所謂『無所歸咎而歸之天也。』」參見《何人斯》八章「有靦面目，視人罔極」注。〔註3〕

南山烈烈，飄風發發。民莫不穀，我獨何害！

朱熹《集傳》:「烈烈，高大貌。發發，疾貌。穀，善也。南山烈烈，則飄風發發矣。民莫不善，而我何爲遭此害也哉？」又《鄭箋》:「民人自苦見役，視南山則烈烈然，飄風發發然，寒且疾也……言民皆得養其父母，我獨何故，睹此寒苦之害。」參見《四章》「彼何人斯，其爲飄風」注。

南山律律，飄風弗弗。

《毛傳》:「律律，猶烈烈也。弗弗，猶發發也。」

民莫不穀，我獨不卒！

朱熹《集傳》:「卒，終也。言終養也。」又《鄭箋》:「我獨不得終養父母，重自哀傷也。」

〔註 1〕《地官・遂人》「以歲時稽其人民，而授之田野，簡其兵器，教之稼穡」,《遂師》「巡其稼穡而移用其民，以救其時事」，鄭玄注:「移用其民，使轉相助，救時急事也。四時耕耨（nòu）斂艾（yì 刈）芟，地之宜晚早不同，而有天期地澤風雨之急。」《遂大夫》「以歲時稽其夫家之眾寡、六畜、田野，辨其可任者與其可施捨者，以教稼穡，以稽功事」;《縣正》「趨其稼事而賞罰之」;《酇長》「趨其耕耨，稽其女功」;《里宰》「以歲時合耦於鋤，以治稼穡，趨其耕耨，行其秩敘，以待有司之政令，而征斂其財賦」。參見《地官・大司徒》、《小司徒》、《夏官・大司馬》、《豳風・七月》、《孟子・梁惠王上》。

〔註 2〕歷代解詩者於「先言他物以引起所詠之辭」之起興句，出於主旨之取捨而作了較大差別、甚至是完全不同的解釋。事實上「起興」之心理十分複雜，所詠之「他物」也是詩人長期情感積澱後的選擇——詩人獨特的個人感受和內心最隱秘的、甚至是無意識的東西或某種情結，他人是無法眞正體味和抵達的。清人沈德潛《說詩晬語》(卷上):「《鴟鴞》詩連下十『予』字，《蓼莪》詩連下九『我』字，《北山》詩連下十二『或』字。情至，不覺音之繁，辭之複也。」

〔註 3〕《詩》中數見「罔極」,《何人斯》末章「視人罔極」、《青蠅》二、三章「讒人罔極」、《大雅・民勞》三章「以謹罔極」、《魏風・園有桃》二章「謂我士也罔極」等，所解因詩而異。《衛風・氓》「士也罔極，二三其德」,《毛傳》:「極，中也。」屈萬里《詩經詮釋》言「罔極，猶言無良，《詩》中凡言『罔極』者皆此義」，似不盡然。

小雅・大東

將《大東》入編《詩經》，對於力挺周王朝和周禮的孔子以及儒家來說，應該是件十分難為情的事情。好在漢時有將話說得圓通者，《毛序》:「《大東》，刺亂也。東國困于役而傷於財，譚大夫作是詩以告病焉。」《鄭箋》:「譚國在東，故其大夫尤苦征役之事也……」

以《春秋》魯莊公十年（前 684 年，當春秋周莊王時。十年前的公元前 694 年曾發生「王子克之亂」）紀事附會《大東》，沒有任何歷史依據。《春秋三傳》當中，《公羊傳》、《穀梁傳》只據經言「齊師滅譚，譚子奔莒」，而《左傳》則演義為「齊侯之出也，過譚，譚不禮焉。及其入也，諸侯皆賀，譚又不至。冬，齊師滅譚，譚無禮也」——又是漢儒的筆法與口氣，徑直將問題歸之於「禮」；以《春秋》所紀為線索，圍繞「禮」而講故事，這也是《左傳》在儒家陣營裏從來就比《公羊傳》和《穀梁傳》要有權威的最主要原因。〔註 1〕

《逸周書・大聚解》「闢開修道，五里有郊，十里有井，二十里有舍……」託言周公講聚民營邑興財貨之事，卻見得周人已深知交通之於政治的重要性。大凡有新入領地或收復疆域者，自都城而往之闢一條車馬大道，是其統治之必需；而況「此天下之中，四方入貢道里均」（《周本紀》）。〔註 2〕

詩中如砥之「周道」，將東人之痛長長地拉伸，延展。而截取以祭祀場景中的一幕「有饛簋飧，有捄棘匕」為起興，表現了東人之最痛心者——曾經的「天下」就這樣被西人奪取了。〔註 3〕

有饛簋飧，有捄棘匕。

饛（méng）：《毛傳》：「滿簋貌。」有饛，即饛饛。簋：食器。《說文》：「簋，黍稷方器也。」飧（sūn）：《毛傳》：「熟食，謂黍稷也。」捄（qiú）：長而彎曲貌。有捄，即捄捄。棘：酸棗樹。匕：長柄勺。朱熹《集傳》：「棘匕，以棘爲匕，所以載鼎肉而升之於俎也。」

周道如砥，其直如矢。

砥：磨刀石。借喻周道之平坦。矢：箭。

君子所履，小人所視。

履：朱熹《集傳》：「行。」小人：朱熹《集傳》：「下民也。」參見《采薇》五章「君子所依，小人所腓」注。

睠言顧之，潸焉出涕。

睠（juàn）：《毛傳》：「睠，反顧也。潸，涕下貌。」言：助詞。朱熹《集傳》：「周道如砥，則其直如矢。是以君子履之，而小人視焉。今乃顧之而出涕者，則以東方之賦役，莫不由是而西輸於周也。」《後漢書・劉陶傳》「其危猶舉函牛之鼎，絓（掛）纖枯之末，詩人所以眷然顧之，潸焉出涕者也」，睠引作「眷」。

小東大東，杼柚其空。

朱熹《集傳》：「小東大東，東方大小之國也。自周視之，則諸侯之國皆在東方。杼，持緯者也。柚受經者也。空，盡也。」杼，織布用的梭子。柚，承卷經線的木柚，在織布架的上方。「杼柚」此處指布匹的生產，代指財物。按：「小東大東」當以鎬京爲中心言，東方之國近者小東，遠者大東。小東大東並含「遠近」意。惠周惕《詩說》：「言東國之遠近也。」〔註4〕又《鄭箋》：「小也、大也，謂賦斂之多少也。小亦於東，大亦於東，言其政偏，失砥矢之道也。譚（按：《序》云「東國困于役而傷於財，譚大夫作是詩以告病焉」）無他貨，維絲麻耳，今盡杼柚不作也。」參見《六月》〔註3〕。

糾糾葛屨，可以履霜。

糾糾：纏結貌。葛屨（jù）：葛鞋。葛的纖維可織布、製繩。

佻佻公子，行彼周行。既往既來，使我心疚。

朱熹《集傳》:「佻，輕薄不奈勞苦之貌。公子，諸侯之貴臣也。周行（háng)，大路也。疚，病也。言東方小大之國，杼柚皆已空矣，至於以葛屨履霜。而其貴戚之臣，奔走往來，不勝其勞，使我心憂而病也。」

有冽氿泉，無浸穫薪。

冽：清冽寒涼。有冽，即冽冽。氿（guǐ）:《毛傳》:「側出曰氿泉。」穫薪：指砍下的柴。《毛傳》:「穫，艾也。」艾通「刈」。

契契寤歎，哀我憚人。

契契：《毛傳》:「憂苦也。」寤：醒來。憚（dàn）:《毛傳》:「勞也。」

薪是穫薪，尚可載也。哀我憚人，亦可息也。

《鄭箋》:「『薪是穫薪』者，析是穫薪也。尙，庶幾也。庶幾析是穫薪，可載而歸，蓄之以爲家用。哀我勞人，亦可休息，養之以待國事。」

東人之子，職勞不來。

東人：泛指被西人所征服者。職：《鄭箋》:「主也。」來：《毛傳》:「勤也。」馬瑞辰《通釋》:「勞來之來本作勤。《爾雅》:『勞、來，勤也。』《釋文》:『來，本又作勑。』《說文》:『勑（lài 徠），勞勑也。』《廣雅》:『勑，勤也。』今經典通借作來。古以勤勞爲勤，慰其勤勞亦爲勤，故《傳》訓來爲勤，而《箋》以不來爲『不見謂勤』也。」朱熹《集傳》:「來，慰撫也。」《禮記．中庸》「修身也，尊賢也……來百工也，柔遠人也」，王引之《述聞》:「來，讀爲『勞來』之『來』，謂勸勉之也。」

西人之子，粲粲衣服。

《毛傳》:「西人，京師人也。粲粲，鮮盛貌。」《鄭箋》:「東人勞苦而不見謂勤，京師人衣服鮮潔而逸豫。」

舟人之子，熊羆是裘；

《鄭箋》:「舟當作『周』，裘當作『求』，聲相近故也。」馬瑞辰《通釋》:「周人與私人相對成文。……私人即小人，則周人宜訓爲大人……周人爲大人，猶周行或謂大道。……裘，古本作求，後人始加衣作『裘』，以別於求乞之求……古未聞以熊羆爲衣裘者，且此句對『百僚是試』言，非對『粲粲衣服』言也。」「舟人之子，熊羆是裘」指田獵言。是：指代詞，復指前置賓語。又《毛傳》：「舟人，舟楫之人。熊羆是裘，言富也。」

私人之子，百僚是試。

《毛傳》：「私人，私家人也。是試，用於百官也。」朱熹《集傳》：「私人，私家皁隸之屬也。」于省吾《新證》：「詩人言西人已包括周人所分封的異姓和同姓，而周人則專指姬姓言之，私人則指周人私家的徒屬言之。」（p89）此「私人」即《大雅·崧高》三章「王命傅御，遷其私人」之私人，私屬家臣。僚：官。《魯語下》「閔馬父笑子服景伯」：「今吾子之教官僚，曰陷而後恭，道將何爲？」韋昭注：「同官曰僚。」而張亞初、劉雨《西周金文官制研究》言「僚是屬官之稱」，「銘文中的卿事寮、太史僚就是指卿士與大夫及其僚屬，在一定的意義上講，也可以看作是兩種政府機構。」（p59）試：任用。

或以其酒，不以其漿。

朱熹《集傳》：「言東人或饋之以酒，而西人曾不以爲漿。」漿，指酢漿（一種有酸味的飲料）。

鞙鞙佩璲，不以其長。

鞙鞙（xuān）：同琄琄（xuàn），佩玉貌。朱熹《集傳》：「長貌。……東人或與之以鞙然之佩，而西人曾不以爲長。」璲（suì）：《毛傳》：「瑞也。」《鄭箋》：「佩璲者，以瑞玉爲佩，佩之鞙鞙然。」

維天有漢，監亦有光。

維：助語氣。漢：《毛傳》：「天河也。」此處指浩瀚星空。監：《鄭箋》：「視也。」

跂彼織女，終日七襄。

跂：《毛傳》：「隅貌。」《孔疏》：「孫毓云：『織女三星，跂然如偶。』然則三星鼎足而成三角，望之跂然，故云隅貌。」跂，本意踮起腳，如《荀子·勸學》「吾嘗跂而望矣」所言。襄：《毛傳》：「反也。」反同「返」。《孔疏》：「襄，反者，謂從旦至暮七辰而復反於夜也。」又朱熹《集傳》:「蓋天有十二次，日月所止舍。……自卯至酉，〔註5〕當更七次也。……維天之有漢，則庶幾其有以監我。而織女之七襄，則庶乎其能成文章以報我矣。無所赴訴，而言維天庶乎其恤我耳。」監，臨，照臨。

雖則七襄，不成報章。睆彼牽牛，不以服箱。東有啟明，西有長庚。有捄天畢，載施之行。

報章:指織布之梭引緯線往來形成的紋理。戴震《考證》:「報者，復也，往來之謂也。」《古詩十九首・迢迢牽牛星》有「終日不成章，泣啼淚如雨」句。睆:《毛傳》:「明星貌。」參見《杕杜》一章「有杕之杜，有睆其實」注。服、箱:《毛傳》:「服，牝服（車箱兩旁橫木）也。箱，大車之箱也。」《鄭箋》:「以，用也。牽牛不可用於牝服之箱。」啓明、長庚:二者爲同一顆星，晨現東方稱啓明，昏現西方稱長庚。《毛傳》:「日旦出謂明星爲啓明，日既入謂明星爲長庚。庚，續也。」天畢:即畢星。指二十八宿西方七宿之畢宿。朱熹《集傳》:「狀如掩兔之畢。」指一種稱「畢」的長柄捕兔用網。載:則。行（háng）:行列。朱熹《集傳》:「言彼織女不能成報我之章，牽牛不可以服我之箱，而啓明、長庚、天畢者，亦無實用，但施之行列而已。至是則知天亦無若我何矣。」朱熹於「報」的理解不同。

維南有箕，不可以簸揚。

維:助語氣。箕:即二十八宿東方七宿之箕宿，四星聯成簸箕形。《孔疏》:「言南箕、北斗者，案二十八宿連四方爲名者，唯箕、斗、井、壁四星而已……箕、斗並在南方之時，箕在南而斗在北，故言南箕北斗也。」

維有北斗，不可以挹酒漿。

斗:即二八宿北方七宿之斗宿，也稱南斗，有星六。朱熹《集傳》:「箕、斗二星，以夏秋之間，見於南方。云北斗者，以其在箕之北也。……南斗柄固指西，若北斗而西柄，則亦秋時也。」按:季節不同，北斗現於天空的時間和方位不同，斗柄東而春，南而夏，西而秋，北而冬。

挹（yì）：舀。

維南有箕，載翕其舌。

翕：《毛傳》：「合也。」按：使用簸箕時兩手握其兩側，胳膊彎曲一上一下簸揚，箕舌似張合貌。又《鄭箋》：「翕，猶引也。」

維有北斗，西柄之揭。

揭：舉。朱熹《集傳》：「言南箕既不可以簸揚其糠粃，北斗既不可以挹酌酒漿，而箕引其舌，反若有所吿噬。斗西揭其柄，反若有所挹取於東。是天非徒無若我何，乃亦若助西人而見困。甚怨之詞也。」沈德潛《說詩晬語》：「大東之詩，歷數天漢牛斗諸星，無可歸咎，無可告訴，不得不悵望於天……司馬子長云：『勞苦倦極，未嘗不呼天。』得之矣。」（見《屈原列傳》）

〔註 1〕《公羊傳》雖也反映的是儒家的思想觀念，但對君主之惡行還是持一定的批評和譴責態度的。《定公四年》楚王殺大臣伍子胥之父，「曰：事君猶事父也，此其爲可以復仇奈何？曰：父不受誅（何休「罪不當誅也」），子復仇可也。父受誅，子復仇，推刃之道也（何休「一往一來曰推刃」）。」肯定伍子胥應該向楚王報殺父之仇。這是不得了的問題！「君討臣，誰敢仇之？君命，天也」（《左傳》），君可無理殺臣，臣子豈可較眞？「約談」、「誡勉」又找不到具體的作者（時間跨度自春秋、戰國至西漢），又查封不了，便以「冷落」作處理。「臣復君仇」自此也成了儒學中的一個「事件」。

〔註 2〕《詩經》中多少驕驕「四牡」載驅載馳於「倭遲」、「踧踧」的「周道」上。但文獻、特別是金文鮮見相關西周交通之紀（僅厲王時期的《散氏盤》現「單道」、「原道」、「周道」等）。《地官・遺人》等有涉，但參考價値有限。

《遂人》「凡治野，夫間有遂，遂上有徑；十夫有溝，溝上有畛（zhěn）；百夫有洫（xù），洫上有塗（途）；千夫有澮（kuài），澮上有道；萬夫有川，川上有路，以達於畿……」（鄭玄注：「徑、畛、塗、道、路，皆所以通車徒於國都也。徑容牛馬，畛容大車，塗容乘車一軌，道容二軌，路容三軌」）

《考工記》「經塗九軌，環塗七軌，野塗五軌……環塗以爲諸侯經塗，野塗以爲都經塗……」諸侯國內的「國道」與王都環城路同寬，城中道與王都郊野大道同寬。一軌指可經過一駕馬車。

〔註 3〕《邶風・簡兮》:「簡兮簡兮，方將萬舞。日之方中，在前上處。碩人俁俁，公庭萬舞。有力如虎，執轡如組。左手執龠，右手秉翟（dí）。赫如渥赭（wòzhě），公言錫爵。山有榛，隰有苓。云誰之思？西方美人。彼美人兮，西方之人兮。」吳闓生《詩意會通》:「舊評：極傷心事，作極得意語，謔浪笑傲，旁若無人。」傷心的是東人，得意的是西人，這是征服者與被征服者永恆的故事。

《國風》多自春秋早中期，三百多年的時間仍未能將歷史的傷痛抹平。《簡兮》、《大東》和《大雅・文王》「上帝既命，侯于周服……殷士膚敏，祼將於京。厥作祼將，常服黼（fŭ）冔（xú）」等，這些詩（句）的作者當中不乏殷商之後裔，他們顯然在周王朝並也非「下民」而是高層——眼看本王朝也日漸式微，訴之以「詩」，心底時時泛起一種久遠的、流淌在血液裏的曾經的淒涼。

〔註 4〕傅斯年《大東小東說——兼論魯、燕、齊初封在成周東南後乃東遷》:「大東在何處，詩固有明文。《魯頌・閟宮》『奄有龜蒙，遂荒大東』，已明指大東所在，即泰山山脈迤南各地，今山東境，濟南泰安迤南，或兼及泰山東部，是也。譚之地望在今濟南。譚大夫奔馳大東小東間，大東既知，小東當亦可得推知其地望。吾比較周初事蹟，而知小東當今山東濮縣（按：今屬河南范縣）河北濮陽（今屬河南）大名（今屬河北）一帶，自秦漢以來所謂東郡者也。……齊、魯、燕初封於此，以爲周瀚，亦固其所。徇周初封建之疆，南不逾於陳、蔡，毛鄭所謂文王化行江漢者，全非事實，開南國者召伯虎也。東方者，殷商之舊，人文必高，而物質必豐。平定固難，若既平定之後，佐命大臣願賜土於其地，以資殷富，亦理之常。」(《民族與古代中國史》，上海古籍出版社，2012 年，p93～p102)

〔註 5〕一晝夜十二辰依次爲：子時（23～1 時）、丑時（1～3 時）、寅時（3～5）時）、卯時（5～7 時）、辰時（7～9 時）、巳時（9～11 時）、午時（11～13 時）、未時（13 時～15 時）、申時（15 時～17 時）、酉時（17～19 時）、戌時（19～21 時）、亥時（21～23 時）

小雅・四月

「竄伏其域，懷憂苦毒，愁思沸鬱」（王逸《楚辭章句・九歌序》）者不止屈原，在他之前中國的政治角逐中早已開始有人被放逐，只不同的是，《四月》時還是一個宗法政治的時代。

西周之政治制度不可能有「陶片放逐法」，去留之決定權也不在「公民」而在某個層面上的「主子」手裏。放逐的原因絕不會是某人「危害了公民自由」，而很可能是「主子」為了一塊土地，數千人口，幾件玉器或幾匹良馬，甚至一隻珍禽異獸等。在等級森嚴的周禮之下，作歌的「君子」也沒有「犯上」和「僭越」的機會，「謠諑」和「各興心而嫉妒」倒是可能——從「滔滔江漢，南國之紀」的借喻和「盡瘁以仕，寧莫我有」之「告哀」看，他的「美政」理想破滅了。《四月》者，屈原之前的中國流寓文學。

較之於其後專制主義與中央集權後的殺頭和誅連，放逐算是溫和之舉了。這位忠藎（jìn）於「主子」卻終被出局者，「亂離」中，依是唯念「先祖」。而「爰其適歸」者，依然指望有所歸適也——即便在西周晚期的宗法社會，放棄仍然意味著將無歸屬。

四月，北方黃河中游地區已漸次染綠，江、漢流域則早已是一片葱葱鬱鬱的景象。而於詩中人來說，卻是一個傷心季節的開始。「忽反顧以遊目兮，將往觀乎四方……」但離開了「家國」，他是沒有任何地方可落腳的，還遠不是春秋戰國「尚賢」之時世，還是「家天下」。

四月維夏，六月徂暑。

四月、六月：指夏曆四月、六月。朱熹《集傳》：「四月、六月，亦以夏正數之，建巳、建未之月也。此亦遭亂自傷之詩。言四月維夏，則六月徂暑矣。我先祖豈非人乎，何忍使我遭此禍也？無所歸咎之詞也。」維：助判斷。徂：《毛傳》：「往也。六月火星中，暑盛而往矣。」《孔疏》：「言四月維始立夏矣，未甚暑。至六月乃極暑矣。」火，星名，一曰「大火」。火星中，指黃昏時火星在南方天中。《禮記·月令》：「季夏六月，昏，大火中。」

先祖匪人，胡寧忍予？

匪人：王夫之《稗疏》：「其云匪人者，猶非他人也。……不與己親者，或謂之他，或謂之人，皆疏遠不相及之詞。」胡：何。寧：乃。又陳奐《傳疏》：「胡、寧皆何也。『先祖匪人，胡寧忍予』，言先祖其人，何忍予而降禍亂也？與《雲漢》『父母先祖，胡寧忍予』文義相同。」忍予：忍心於我。嚴粲《詩緝》：「何其偏忍於我而不見救？」

秋日凄凄，百卉具腓。

凄凄：《毛傳》：「涼風也。」具：俱。腓：通「痱」。《毛傳》：「腓，病也。」指草木枯萎。

亂離瘼矣，爰其適歸？

瘼（mò）：《毛傳》：「病也。」指疾苦。爰：何處。朱熹《集傳》：「亂離瘼矣，則我將何所適歸乎哉？」

冬日烈烈，飄風發發。

《鄭箋》：「烈烈，猶栗烈也。發發，疾貌。言王爲酷虐慘毒之政，如冬日之烈烈矣。其亟急行於天下，如飄風之疾也。」參見《蓼莪》五章「南山烈烈，飄風發發」注。栗烈，即凜冽。

民莫不穀，我獨何害！

《鄭箋》：「穀，養也。民莫不得養其父母者，我獨何故睹此苦寒之害？」又朱熹《集傳》：「穀，善也。夏則暑，秋則病，冬則烈，言禍亂日進，無時而息也。」

山有嘉卉，侯栗侯梅。

侯：《鄭箋》：「維也。」助詞，助語氣。

廢為殘賊，莫知其尤。

廢：《毛傳》：「忲（shì）也。」忲，習慣於。尤：《鄭箋》：「過也。」《孔疏》：「在位之人，慣習爲此殘賊之行，以害於民，莫有自知其所行爲過惡者。」

相彼泉水，載清載濁。我日構禍，曷云能穀？

載：則。日：每日。構：《鄭箋》：「猶合集也。」穀：善。朱熹《集傳》：「相彼泉水，猶有時而清，有時而濁，而我乃日日遭害，則曷云能善乎？」

滔滔江漢，南國之紀。

江、漢：指長江、漢水。漢水爲長江最大支流，在今武漢入長江。紀：朱熹《集傳》：「綱紀也。」林義光《通解》：「謂江漢之水，綱紀南方之眾流，使之歸海。」

盡瘁以仕，寧莫我有。

寧：乃，竟。參見一章「先祖匪人，胡寧忍予」注。有：親善。馬瑞辰《通釋》：「詩人蓋傷已之盡力勞病以事國，而不見親友於上也。」按：《王風·葛藟》二章「謂他人母，亦莫我有」，王引之《述聞》：「有，謂相親有也。」寧莫我有，即「寧莫有我」之倒文。又朱熹《集傳》：「有，識有也。滔滔江漢，猶爲南國之紀。今也盡瘁以仕，而王何其不我有哉？」

匪鶉匪鳶，翰飛戾天。

鶉、鳶：朱熹《集傳》：「鶉，鵰（雕）也。鳶，亦鷙鳥也。其飛上薄雲漢。」翰：《鄭箋》：「高。」戾：至。

匪鱣匪鮪，潛逃于淵。

鱣（zhān）：大的鯉魚。鮪（wěi）：似鯉而大者。朱熹《集傳》：「鶉鳶則能翰飛戾天，鱣鮪則能潛逃於淵。我非是四者，則亦無所逃矣。」又

《鄭箋》:「言雕鳶之高飛,鱣鮪之處淵,性自然也。非雕鳶能高飛,非鯉鮪能處淵,皆驚駭辟害爾。喻民性安土重遷,今而逃走,亦畏亂政故。」又陳奐《傳疏》:「匪,彼也。」參見《小旻》三章「如匪行邁謀,是用不得于道」注。

山有蕨薇,隰有杞桋。

蕨:蕨菜。薇:一種野菜,俗稱野豌豆。隰:低濕的地方。杞:枸杞。桋(yí):《毛傳》:「赤楝(liàn)也。」《陸疏》:「楝葉如柞,皮薄而白,其木理赤者爲赤楝。一名桋,白者爲楝。其木皆堅韌,今人以爲車轂。」《鄭箋》:「此言草木尚各得其所,人反不得其所,傷之也。」

君子作歌,維以告哀。

維:助語氣。《鄭箋》:「告哀,言勞病而訴之。」《孔疏》:「言山之有蕨薇之菜,隰之有杞桋之木,是菜生於山,木生於隰,所生皆得其所,以興人生處於安樂以得其所。」朱熹《集傳》:「山則有蕨薇,隰則有杞桋。君子作歌,則維以告哀而已。」

小雅・北山

周人滅商後開拓東土，定鼎中原，廣封子弟功臣，在《荀子・儒效》、《左傳・僖公二十四年》、《昭公二十八年》、《周語中》「富辰諫襄王以狄伐鄭及以狄女為后」韋昭注、《呂氏春秋・觀世》、《周本紀》、《齊太公世家》、《管蔡世家》、《世族譜》等，可以看到各種各樣的記載和說法。〔註1〕

但是相當部分的「王土」，並非實際佔領而只是政治上的領屬。《定公四年》有一段十分重要的文字！〔註2〕所言雖出自《左傳》故事中人物（祝佗）之口，但大體符合歷史，體現西周宗族社會形態形成的同時，也反映了周人克商後於掌管「天下」的政治態度與實際能力——雖則分封而授土、授民，授車旗、器物、典策，但「封於殷虛，皆啓以商政，疆以周索」，「封於夏虛，啓以夏政，疆以戎索……」魯、衛為殷遺民之國，晉為夏遺民之國，作為王畿地區的重要封國也不過沿襲舊政以維持之，更遠之處的「外服」，又能在多大程度上「昭周公之明德」呢？

但是一種致命的負面情緒開始在士子、大夫們中間彌漫，「維其棘矣」的「王事」看不到頭。

陟彼北山，言采其杞。

陟：升，引為「登」。言：助詞。

偕偕士子，朝夕從事。

偕偕：姚際恒《通論》：「同也。時行役之人非一人。」士子：《毛傳》：「有王事者也。」〔註3〕

王事靡盬，憂我父母。

盬：止，息。參見《四牡》一章「王事靡盬，我心傷悲」注。

溥天之下，莫非王土。率土之濱，莫非王臣。

《毛傳》：「溥，大。率，循。濱，涯也。」王先謙《集疏》：「三家，溥作普。」《鄭箋》：「此言王之土地廣矣，王之臣又眾矣，何求而不得，何使而不行！」

大夫不均，我從事獨賢。

《毛傳》：「賢，勞也。」《孔疏》：「以此大夫怨己勞於事，故以賢為勞。」馬瑞辰《通釋》：「《廣雅・釋詁》：『賢，勞也。』……賢亦勞也，賢勞猶言劬勞……賢之本義為多，《小爾雅》：『賢，多也。』《說文》：『賢，多才也。』……事多者必勞，故賢為多即為勞。《周官・司勳》『事功曰勞，戰功曰多』，多與勞對文則異，散文則通。」鍾惺《詩經評點》：「『獨賢』字不必深解，『嘉我未老』三句，似為『獨賢』二字下一注腳。」〔註 4〕

四牡彭彭，王事傍傍。

《毛傳》：「彭彭然不得息，傍傍然不得已。」胡承珙《後箋》：「《廣雅》：『旁旁，盛也。』傍與旁通。事多而不得已，亦盛之義。古人言旁皇、傍徨，皆促遽不能自已之意。」參見《出車》三章「出車彭彭，旂旐央央」注。

嘉我未老，鮮我方將。

《毛傳》：「將，壯也。」《鄭箋》：「嘉、鮮皆善也。王善我年未老乎？善我方壯乎？何獨久使我也？」又朱熹《集傳》：「鮮，少也，以為少而難得也。」

旅力方剛，經營四方。

旅：朱熹《集傳》：「旅與『膂（lǚ）』同。言王之所以使我者，善我之未老而方壯，旅力可以經營四方爾。」膂力，指力量。又《毛傳》：「旅，眾也。」《鄭箋》：「王謂此事眾之氣力方盛乎？何乃勞苦使之經營四方？」

或燕燕居息，

《毛傳》:「燕燕，安息貌。」

或盡瘁事國。

《毛傳》:「盡力勞病，以從國事。」

或息偃在牀，或不已于行。

偃（yǎn）:仰望。行音 háng。

或不知叫號，或慘慘劬勞。

《孔疏》:「或不知叫號者，居家用逸，不知上有徵發呼召者。」又朱熹《集傳》:「不知叫號，深居安逸，不聞人聲也。」

或棲遲偃仰，或王事鞅掌。

棲遲:遊息。鞅掌:《毛傳》:「失容也。」《鄭箋》:「鞅，猶何也。掌，謂捧持以趨走，言促遽也。」朱熹《集傳》:「言事煩勞，不暇爲儀容也。」

或湛樂飲酒，或慘慘畏咎。

湛:馬瑞辰《通釋》:「此詩『湛樂』及《抑》詩『荒湛于酒』，皆酖（dān）字之假借。」《說文》:「酖，樂酒也。」酖音，同「耽」，沉溺。參見《鹿鳴》三章「鼓瑟鼓琴，和樂且湛」注。

或出入風議，或靡事不為。

《孔疏》:「或出入風議，謂閑暇無事，出入放恣，議量時政者。」朱熹《集傳》:「出入風議，言親信而從容也。」

〔註 1〕顧頡剛、史念海《周滅殷後之東方封國》考《史記》和《左傳》所紀封國，「知當武王滅紂而後，酆、鎬以東，今河南、山東、山西、河北諸省，固已布滿周之封國矣。」（《中國疆域沿革史》）

〔註 2〕「昔武王克商，成王定之，選建明德，以藩屏周。故周公相王室，以尹天下（杜預注:「尹，正也」），於周爲睦。分魯公以大路、大旂（注:「大路，金路，錫同姓諸侯車也」)，夏后氏之璜，封父之繁弱（注：「封父，古諸侯也。繁弱，大弓名」)，殷民六族，條氏、徐氏、蕭氏、索氏、長勺氏、尾勺氏，使帥其宗氏，輯其分族，將其類醜（注：「醜，眾也」)，以法則周公，用即命於周（注：「即，就也」)。是使之職事於魯，以昭周公之明德。分之土田陪敦（按：陪敦即「附庸」)，祝、宗、卜、史，備物、典策，官司、彝器；因商奄之民（注：「商奄，國名也……或迸散在魯，皆令即屬魯懷柔之」)，命以伯禽，而封於少皞（hào）之虛（注：「少皞虛，曲阜也，在魯城內」)。分康叔以大路、少帛、綪茷、旃旌、大呂，殷民七族，陶氏、施氏、繁氏、錡氏、樊氏、饑氏、終葵氏；……命以《康誥》，而封於殷虛，皆啓以商政，疆以周索（注：「皆，魯、衛也。啓，開也，居殷故地，因其風俗，開用其政，疆理土地以周法。索，法也」)。分唐叔以大路，密須之鼓，闕鞏（按：指闕鞏國所產鎧甲），沽洗（鍾名），懷姓九宗，職官五正。命以《唐誥》，而封於夏虛，啓以夏政，疆以戎索（注：「夏虛，大夏，今大原晉陽也。亦因夏風俗，開用其政。大原近戎而寒，不與中國同，故自以戎法」)。」

〔註 3〕古事、士通。《說文》：「士，事也。」士子即「事子」，勞事者。《左傳・昭公七年》孔穎達疏：「士者事也，言能理庶事也。」《白虎通義・爵》：「士者事也，任事之稱也。」

李宗侗《希臘羅馬古代社會研究序》：「士是最古時王下的官。最古時邦境甚狹，邦政甚簡，或者有些邦裏只有王及士。王所管名曰政，士所管名曰事。《酒誥》：『有正有事』，以正（政）與事對舉。《國差甔》亦云『立事』。孔子對冉求亦說『其事也』，以對冉求所說『政』。鄭君《注》：君之教令爲政，臣之教令爲事（《論語・子路》篇)。」(《中國古代社會新研　歷史的剖面》，p46）甔音 dān，引文原作古文字𦈜，春秋時齊器。參《雨無正》〔註 2〕。「士」有其演變過程。

《夏官・司士》：「掌國中之士治，凡其戒令……凡祭祀，掌士之戒令，詔相其法事（賈公彥疏：「謂告語並擯相其行禮之事」)……凡會同，作士從（注：「謂可使從於王者」……作士適四方使（注：「士使，謂自以王命使也。」疏：「使士與行夫等共行」)，爲介（按：指大夫的副使，助手。《儀禮・聘禮》鄭玄注：「眾介者，士也」)。大喪，作士掌事（注：「謂奠斂之屬」)，作六軍之士執披（注：「作，謂使之也。披，柩車行，所以披持棺者，有紐以結之，謂之戴。……結披必當棺束，於束繫紐」)；凡士之有守者，令哭無去守（注：「守官不可空也」)。

國有故，則致士而頒其守（按：召集之而重新分配職責）。凡邦國，三歲則稽士任而進退其爵祿（疏：「據其所任治而進退其爵祿。」稽，考核）。」國中凡祭祀、會同、出使、賓客、喪紀、軍旅等大小職事，受「司士」安排，皆由「士」來擔任和奔波。但《周禮》的可信度是有限的，「三歲則稽士任而進退其爵祿」之說也表明其十有八九是漢人附會。

如果將詩中的「士子」理解爲「在職的官吏」，那麼也絕不是「公務員」而是血緣政治鏈接中具有宗法關係的某種身份人物在作詩時的指稱——他們的地位不一定很低，與「宗子」之關係也不一定很遠。此「士」或包括「天子、諸侯、卿、大夫、士、庶人」序列之「士」，但不唯其「士」。

〔註4〕《詩經》中的「賢」字非儒家所言之「賢」。侯外廬《中國古代國民晚出與賢人考——特別的自由民路徑》：「中國古代的聖哲和希臘古代的哲人不同，前者是氏族貴族的先王傳稱，後者是氏族制度消滅以後的有教養的國民的稱號。從西周到宣王中興，在變風變雅裏哲字的下降，首先表現在人們懷疑聖哲和先王是一體的，後來哲便應用到功臣甚至於「民」的品質，但是那還不是普及的道德性能，因爲西周社會仍然被氏族君子的舊人群束縛著，沒有典型的國民（或市民）。

賢字出現很晚，在卜辭和銘文裏都不曾見到過。《周書》的眞實文獻裏只有一個賢字，在《君奭》篇出現：『在祖乙，時則有若巫賢。』巫賢是人名，舊注說他是這句話的上文所說的巫咸的兒子。《尚書》其他篇章裏的聖賢字，因爲那些文章寫下來的時代很晚，是不可靠的。

古文獻的《詩經·周頌》沒有賢字，《大雅·生民之什》的《行葦》篇突然出現一個賢字：『敦（雕）弓既堅，四鍭（鏃矢）既鈞。舍（發矢）矢既均（中），序實以賢（賢讀下玲反，說賢所射多中）。』這篇說的是讌會，讌會裏有射禮。參加讌會的人按照射中多的叫做賢，這是很符合古代游牧和戰爭的傳統的。古代諸侯亦叫做射侯，士便是武士。賢士拿射中做標準，這是符合於當時歷史的情況。至於賢智指意識上有教養的人，卻是以後的情況。

《小雅·北山》也出現了一個『賢』字：『大夫不均，我從事獨賢。』從《詩經》的文句看，所謂『雅頌各得其所』，並不盡然，顧亭林已經詳細解釋過（引者按：見《日知錄》卷三）。這裡的賢字是原來的字還是後人因爲叶均字的韻，把意思是『勞』的字換成賢字，不得而知。可是《北山》所講的『王事』的內容乃是征戰武事，因此，即使賢字是原文，也是指的武事，並非知識上的賢哲的意思。

以上《大雅》、《小雅》的兩個賢字，還沒有像聖哲那樣成爲宗教性的觀念，更沒有一般的智賢觀念，恐怕是無疑問的了。『序實以賢』既然說的是射中，這就可以看出『賢』字是從游牧和戰爭（戎）的歷史條件下形成的。至於巫咸這個名字，如果我們斷定他是按照官職來取姓，那麼巫筮正是周代的官職，巫賢便成爲有意義的名字。古者國家的大事是祭祀和戰爭（戎），在有嚴密的氏族組織的西周社會，巫筮祝卜當然是政治的重要部分。從賢和巫相連成名，也可以看出賢字是從氏族宗教的歷史條件下形成的。」（《中國古代社會史論》，河北教育出版社，2003 年，p221、p222）

徐中舒《西周的社會性質》:「士，最初是武士，是統率於大夫的，也是爲天子、諸侯、卿、大夫都需要的。所以，天子有士，卿大夫也有士。就其性質來看，很像歐洲中世紀的騎士，他是統治階級的最下層。」（《徐中舒先秦史講義》，p109）

小雅・無將大車

朱熹言「此亦行役勞苦而憂思之作。言將大車，則塵污之。思百憂，則病及之也。」(《詩集傳》) 西周之苦役者寫不出如此「無思百憂」的詩歌，從《左傳》中的民謠、諺語推斷，《無將大車》也絕不類西周「勞動人民」之歌〔註1〕——朱熹並非眞正疑經惑古，他於《詩經》的解釋，皆之於儒道與理學而非文學和史學所需。

《毛序》認爲是「大夫悔將小人也」,《鄭箋》「周大夫悔將小人。幽王之時，小人衆多」——假定是「幽王之時」,「君子」以君子自居，但「小人」是什麼呢？天子的嫡長子繼天子之位，其他衆子封爲諸侯；諸侯的嫡長子繼諸侯之位，其他衆子封爲大夫；大夫的嫡長子繼大夫之位，其他衆子就是「士」,「士有隸子弟」。如此，「大夫」也是西周宗法政權第三級的「大宗」，要「進舉小人」，也該首先是他的兒子們……

「君子」、「小人」是孔子的發明。其實西漢毛氏之「小人」還是就「貴族」之層級而言，指其下層者。但東漢鄭玄偷換概念，順勢在「道德」的意義上做開了文章。〔註2〕

《正月》「其車既載，乃棄爾輔。載輸爾載，將伯助予！無棄爾輔，員于爾輻。屢顧爾僕，不輸爾載」，那是怎樣的一種苦痛與糾結！而《無將大車》「維塵冥冥」、「維塵雝兮……」一片混沌中西周之「大車」行將傾覆。〔註3〕「將」還是「無將」？「憂」還是「無憂」？結局已然看清。

無將大車，祇自塵兮。

《毛傳》:「大車，小人之所將也。」《鄭箋》:「將，猶扶進也。祇，適也。鄙事者，賤者之所爲也。君子爲之，不堪其勞。以喻大夫而進舉小人，適自作憂累，故悔之。」《孔疏》：「言『將，猶扶進』者，以大車須人傍而將之，是爲扶車而進導也。大車比小人，言無扶進此小人也。」祇，注「衹音支」，當爲「祗」之誤。參見《何人斯》四章「胡逝我梁，祇攪我心」注。

無思百憂，祇自疧兮。

疧：《毛傳》：「病也。」憂病。《鄭箋》：「百憂者，眾小事之憂也。進舉小人，使得居位，不任其職，愆負及己，故以眾小事爲憂，適自病也。」愆負，罪過，過失。《孔疏》：「言君子之人，無得自將此大車。若將此大車，適自塵蔽於己。以興後之君子，無得扶進此小人，適自憂累於己。小人居職，百事不幹，己之所舉，必助憂之。故又戒後人言：無思百眾小事之憂，若思此憂，適自病害於己。」疧音見《何人斯》六章「壹者之來，俾我祇也」注。

無將大車，維塵冥冥。

維：助語氣，突出所言對象。冥冥：朱熹《集傳》：「昏晦也。」

無思百憂，不出于熲。

熲（jiǒng）：焦慮不安。朱熹《集傳》：「在憂中耿耿然不能出也。」馬瑞辰《通釋》：「熲，音義與耿正同。《邶風・柏舟》『耿耿不寐』，《傳》：『耿耿，猶儆儆也。』《禮・少儀》注：『熲，警枕也。』儆、警《說文》並訓戒，『不出于熲』，即謂不出於儆戒之中，與『祗自病兮』同義。」又《毛傳》：「熲，光也。」《鄭箋》：「思眾小事以爲憂，使人蔽暗不得出於光明之道。」

無將大車，維塵雝兮。

雝：《鄭箋》：「猶蔽也。」

無思百憂，祇自重兮。

重（chóng）：《鄭箋》：「猶累也。」

〔註1〕《國風》也不是「民歌」。「詩三百篇，大抵賢聖發憤之所爲作也」(《太史公自序》)，所以《詩經》中無從看到其眞正底層者「詩」。但漢儒是「自由」的，《周語上》、《晉語六》、《左傳・襄公十四年》、《王制》出現了所謂「獻詩」、「陳詩」說；《藝文志》「古有采詩之官，王者所以觀風俗知得失，自考正也」——《食貨志》「孟春之月，群居者將散（顏師古注：「謂各趣農畝也」)，行人（注：「遒人也。」問民情之使臣）振木鐸徇於路以采詩，獻之大師，比其音律，以聞於天子……」何休從孟子的政治暢想（《滕文公上》）和《食貨志》相關描述中得到了啓發（《夏書・胤征》也有「每歲孟春，遒人以木鐸徇於路」之情景，實際上是一個政治意象的營造)，《公羊傳・宣公十五年》注：「男女有所怨恨，相從而歌，饑者歌其食，勞者歌其事。男年六十，女年五十無子者，官衣食之，使之民間求詩，鄉移於邑，邑移於國，國以聞於天子，故王者不出牖戶盡知天下所苦，不下堂而知四方……」

故事的可讀性很強，也頗抒情。加之朱熹有「凡詩之所謂《風》者，多出於里巷歌謠之作」、「風者，民俗歌謠之詩也」(《詩集傳》）之斷言，正應了二十世紀初葉「五四」新文學運動「平民文學」主張之所需。

清人崔述已認爲「采詩」是「後人臆度」(《讀風偶識・通論十三國風》)，「這種臆度顯然是從漢武帝『立樂府，采詩夜頌』上推想出來的，以爲漢既如此，周亦當如此。」(陸侃如、馮沅君《中國詩史・詩經》）其實「立樂府」是事實，「采詩夜頌」也是班固借編撰《禮樂志》而「頌聖」。《藝文志》也言「自孝武立樂府而採歌謠，於是有代、趙之謳，秦、楚之風，皆感於哀樂，緣事而發，亦可以觀風俗，知薄厚云」，還是漢人說《詩》的那一套。

1933年，朱東潤發表《國風出於民間論質疑》(《讀詩四論》)。「文化之紬繹，苟以某一時代之偶然現象論之，縱不免有後不如前之歎，然果自大體立論，則以人類智識之牖啓，日甚一日，後代之文化較高於前代，殆無疑議。何以三千年前之民間，能爲此百六十篇之《國風》，使後世之人，驚爲文學上偉大之創作，而三千年後之民間，猶輾轉於《五更調》、《四季相思》之窠臼，肯首吟歎而不能有以自拔？」

質疑被「旗手」們的聲音掩蓋了。「創造性地運用馬克思主義研究中國古代歷史」的郭沫若把《詩經》中的許多「勞者」作品判爲「農奴」、「奴隸」詩作（以對應其「五階段論」)。五十年代他又發表《簡單地談談詩經》，說《國風》是「民間文學」，「在內容和形式上都保留有相當素樸的人民風格」——兩千五百年前的周人穿越成了當代「人民」。之後就有了他的「紅旗歌謠」。

〔註 2〕鄭玄二十歲的那年質帝崩，十五歲的劉志被梁太后和其兄梁冀迎立爲「桓帝」，他經歷了桓、靈、獻整個東漢沒落衰敗之階段——無論外戚還是宦官集團，朝政的執掌者們，又有誰在乎了你一個經學家的「扶進」之言？有漢一代眼看就要終結，遠處風雲際會，曹操正橫槊（shuò）賦詩，看熱鬧不嫌事大的鄭玄們，卻還在一番番「君子」「小人」，百般遷合附會以解「詩」。

〔註 3〕小、大《雅》中所有車馬字句者皆相關於「王事」。而言「大車」者本詩是唯一的——周人之「借物起興」總是蘊涵著特定而又複雜的隱喻和象徵之義。陳奐：「作詩者之意，先以託事於物，繼乃比方於物，蓋言興而比已寓焉矣。」（《詩毛氏傳疏・王風・葛藟》）

小雅・小明

箕子朝周，過故殷墟，感宮室毀壞，生禾黍，箕子傷之，欲哭則不可，欲泣爲之近婦人。乃作《麥秀》之詩以歌詠之（《宋微子世家》）；「周大夫行役，至於宗周，過故宗廟宮室，盡爲禾黍，閔周室之顛覆，彷徨不忍去，而作是詩也」（《王風・黍離》毛序），雖「行邁靡靡，中心如噎」，但還是強打住沒有哭出來。人知道，其實「欲哭」和「閔周室之顛覆」的是史遷、毛氏之漢儒。

周人涕泣者是《小弁》「心之憂矣，涕既隕之」者，是《小明》中人。〔註 1〕「我征徂西，至於艽（qiú）野」，但不忘「嗟爾君子，無恒安處。靖共爾位，正直是與」之戒，這是於家國危兆之大覺悟——也就不難理解爲什麼「神之聽之，式穀以女」、「神之聽之，介爾景福」之類的祈禱之句，充斥《雅》詩。

於「王事」言，《采薇》、《出車》也有「昔我往矣……今我來思」之訴述，但《小明》「昔我往矣，日月方除。曷云其還？歲聿云莫」、「昔我往矣，日月方奧。曷云其還，政事愈蹙」顯得壓力山大。〔註 2〕《四牡》「傷悲」，《采薇》「憂心」、「傷悲」，《出車》「憂心」，《杕杜》「傷止」、「傷悲」、「悲止」，此「回首吾家山，歲晚將焉歸」，已是「其毒大苦」而「涕零如雨……」〔註 3〕

明明上天，照臨下土。

明明：明而察。《鄭箋》：「明明上天，喻王者當光明。如日之中也。照臨下土，喻王者當察理天下之事也。」

我征徂西，至于艽野。

《毛傳》:「艽野，遠荒之地。初吉，朔日也。」《鄭箋》:「征，行。徂，往也。我行往之西方，至於遠荒之地，乃以二月朔日始行，至今則更夏暑冬寒矣，尚未得歸。」又朱熹《集傳》:「艽野，地名，蓋荒遠之地也。」

二月初吉，載離寒暑。

二月：從二章「昔我往矣，日月方除」看，當爲周曆，即夏曆十二月；從三章「昔我往矣，日月方奧」看，又當指夏曆二月。朱熹《集傳》:「亦以夏正數之。」初吉：《毛傳》:「朔日也。」即每月的初一日。此處當指月初生，言夜行。載：則。離：歷。《鄭箋》:「我行往之西方，至於遠荒之地，乃以二月朔日始行，至今則更夏暑冬寒矣，尚未得歸。」

心之憂矣，其毒大苦。

毒：喻「憂」之程度。《鄭箋》:「憂之甚，心中如有藥毒也。」

念彼共人，涕零如雨。

共人：朱熹《集傳》:「共人，僚友之處者也。……大夫以二月西征，至於歲暮而未得歸，故呼天而訴之。復念其僚友之處者，且自言其畏罪而不敢歸也。」又吳闓生《會通》:「共、恭同字……念彼共人者，念古之勞臣賢士，以自證而自慰也。」

豈不懷歸？畏此罪罟。

懷：《鄭箋》:「思也。我誠思歸，畏此刑罪羅網，我故不敢歸爾。」罟（gǔ）:《毛傳》:「網也。」馬瑞辰《通釋》:「《說文》:『罪，捕魚竹網。』『罟，網也。』秦始以『罪』易『辠』，惟此詩罪罟二字平列，猶云網罟，與下章『畏此譴怒』、『畏此反履』語同，蓋罪字之本義。《大雅》『天降罪罟』，義同此詩。」辠，「罪」的異體字。《大雅》指《召旻》篇。又于省吾《新證》認爲「罟」即「辜」的借字，此詩及《大雅·瞻卬》、《召旻》之「罪罟」即「罪辜」。（p89）

昔我往矣，日月方除。

除：《毛傳》:「除陳生新也。」指舊歲新年之更迭。

曷云其還？歲聿云莫。

聿：通「曰」，助詞。莫：暮。參見《采薇》一章「曰歸曰歸，發亦莫止」注。

念我獨兮，我事孔庶。

庶：《鄭箋》：「眾也。」參見《天保》一章「俾爾多益，以莫不庶」注。

心之憂矣，憚我不暇。

憚：《毛傳》：「勞也。」參見《大東》三章「契契寤歎，哀我憚人」注。

念彼共人，睠睠懷顧。

睠睠：顧戀。《九歎・離世》「情慌忽以忘歸兮，神浮遊以高厲。心蛩蛩（qióng）而懷顧兮，魂眷眷而獨逝」，王逸注：「眷眷，顧貌。《詩》云：『眷眷懷顧。』言己心中蛩蛩，常懷大憂，內自顧哀，則魂神眷眷，獨行無有還意也。眷，一作睠。」又朱熹《集傳》：「睠睠，勤厚之意。」參見《大東》一章「睠言顧之，潸焉出涕」注。

豈不懷歸？畏此譴怒。

譴怒：指譴責。朱熹《集傳》：「譴怒，罪責也。言昔以是時往，今未知何時可還，而歲已莫矣。蓋身獨而事眾，是以勤勞而不暇也。」

昔我往矣，日月方奧。

奧：通「燠（yù）」，暖。

曷云其還，政事愈蹙。

蹙：《毛傳》：「促也。」

歲聿云莫，采蕭穫菽。心之憂矣，自詒伊戚。

詒：《鄭箋》：「遺也。」參見《斯干》九章「無父母詒罹」注。伊：助詞。戚：《毛傳》：「憂也。」

念彼共人，興言出宿。

興：《鄭箋》：「起也。夜臥起宿於外，憂不能宿於內也。」言：助詞。

豈不懷歸？畏此反覆。

朱熹《集傳》：「反覆，傾側無常之意也。言以政事愈急，是以至此歲暮而猶不得歸。又自咎其不能見機遠去，而自遺此憂，至於不能安寢，而出宿於外也。」傾側，指動盪不安。

嗟爾君子，無恒安處。靖共爾位，正直是與。神之聽之，式穀以女。

朱熹《集傳》:「君子，亦指其僚友也。恒，常也。靖，與靜同。與，猶助也。穀，祿也。以，猶與也。上章既自傷悼，此章又戒其僚友曰:嗟爾君子，無以安處爲常，言當有勞時勿懷安也。當靖共爾位，惟正直之人是助，則神之聽之，而以穀祿與女矣。」靜當引爲「專心」。《毛傳》:「靖，謀也。」三家《詩》及《韓詩外傳》引《詩》共皆作「恭」。《左傳·襄公七年》引《詩》楊伯峻注:「『靖共爾位』即《大雅·韓奕》之『虔共爾位』，謂忠實謹愼於職位。」又吳闓生《會通》:「所謂『無恒安處』，亦自慰勉之詞，而反若泛戒凡百君子者，此所謂『深隱』，所謂『微至』，正古人之高文也。」

嗟爾君子，無恒安息。靖共爾位，好是正直。神之聽之，介爾景福。

是:代詞。朱熹《集傳》:「息，猶處也。好是正直，愛此正直之人也。」介:《鄭箋》:「助也。神明聽之，則將助汝以大福。」助，引爲予、賜。景:《毛傳》:「大也。」〔註 4〕

〔註 1〕《毛序》:「《小明》，大夫悔仕於亂世也。」《鄭箋》:「名篇曰《小明》者，言幽王日小其明，損其政事，以至於亂。」金文中未見任何「牧伯」之職，鄭玄說《小明》是牧伯大夫「使述其方之事」無據;宗法制下想不做「官」也難，又哪裏來得什麼「悔仕」呢?

關於「牧伯」，《天官·大宰》「以九兩系邦國之名:一曰牧，以地得民……乃施典於邦國，而建其牧」，鄭玄注:「牧，州長也。九州各有封域，以居民也。……以侯伯有功德者，加命作州長，謂之牧，所謂『八命作牧』者。」《春官·大宗伯》「一命受職，再命受服，三命受位，四命受器，五命賜則，六命賜官，七命賜國，八命作牧，九命作伯」，鄭玄注:「則，地未成國之名。王之下大夫四命，出封加一等，五命，賜之以方百里二百里之地者，方三百里以上爲成國。」

至《禮記·曲禮下》，「九州之長，入天子之國，曰『牧』」(九州之長入王畿者)，《王制》「天子百里之內以共官，千里之內以爲御。千里之外設方伯，五國以為屬，屬有長。十國以為連，連有帥。三十國以為卒，卒有正（注：「伯、帥、正，亦長也。凡長皆因賢侯為之。殷之州長曰伯，虞夏及周皆曰牧」）。二百一十國以為州，州有伯。八州八伯，五十六正，百六十八帥，三百三十六長……」

又《鄒衍傳》（《孟子列傳》附）「儒者所謂中國者，於天下乃八十一分居其一分耳。中國名曰赤縣神州。赤縣神州內自有九州，禹之序九州是也，不得為州數。中國外如赤縣神州者九，乃所謂九州也。於是有裨海環之，人民禽獸莫能相通者，如一區中者，乃為一州。如此者九，乃有大瀛海環其外，天地之際焉……」凡此皆漢人擬議之辭。「九州」之《禹貢》也是儒家在戰國之後才制作出來的「王治」依據之一。

〔註 2〕強烈的四時意識建立在西周發達的農耕文明之上，也反映了「國人」、「士」以上階層的家庭人倫觀念。與《國風》中「征役詩」和「農事詩」鏈接並擴展，可以看到《詩經》時代的人們「熱愛生命」與捲入政治的痛苦心理糾葛。「詩言志」之「文學」的代價是巨大的。

〔註 3〕《大雅》中沒有出現過類似的詩句。雖有分封和宗法政治下的各種矛盾，但前期的周人對自己所建立的政權曾堅信不疑。而其後《國風》中又屢見「永傷」、「憂心惙惙」、「憂心有忡」、「以寫我憂」（《毛傳》：「寫，除也」）、「知我者謂我心憂」、「職思其憂」、「憂心欽欽」、「中心怛兮」等。並不僅是字句表達方式上的沿襲。

〔註 4〕青銅器《善夫汈其簋》、《伯汈其盨》有「用匄眉壽」、《仲枏父簋》有「用蘄眉壽」、《蔡姞簋》有「用旟（祈）匄（丐）眉壽」銘文，等。

《豳風・七月》六章「為此春酒，以介眉壽」、《楚茨》一章「以妥以侑，以介景福」、《甫田》二章「以介我黍稷，以穀我士女」、《大田》四章、《大雅・旱麓》四章、《周頌・潛》「以享以祀，以介景福」、《大雅・行葦》四章「壽考維祺，以介景福」、《既醉》一章「君子萬年，介爾景福」、二章「君子萬年，介爾昭明」、《雝》「綏後眉壽，介以繁祉」、《酌》「時純熙矣，是用大介」、《載見》「率見昭考，以孝以享，以介眉壽」——

《鄭箋》、《孔疏》訓介為「助」，意祐助。林義光《詩經通解》言《詩》「介讀為丐，丐亦祈也」。聞一多《詩經新義》：「丐、乞皆兼取、予二義，介字亦然。《小明》篇『介爾景福』，《既醉》篇『介爾景福』、『介爾昭明』，林義光並讀丐，訓予，得之。」

小雅・鼓鍾

朱熹《詩集傳》:「此詩之義未詳。王氏曰:『幽王鼓鍾淮水之上,爲流連之樂,久而忘反。聞者憂傷,而思古之君子不能忘也。』」「王氏」即北宋王安石,所引當是其《詩經新義》中的大意。與朱熹同時代的呂祖謙和楊簡在《呂氏家塾讀詩記》、《慈湖詩傳》中均有同引。

引前朝變法宰相王安石,可謂雅量。〔註1〕《三經新義》(另有《書經新義》、《周官新義》)出現於熙寧「變法」年間——其「新學」,自有「重建國家意識形態」、「國家制度」之用意。修撰者們同樣以其理想勾畫西周之「王政」。天災人禍、內外交困下的周幽王,如何能顧得到千里外的淮水之上去「鼓鍾」?《周書》、《史記》、《今本竹書紀年》等,也未見有任何幽王在淮水之上祭祀或其他活動之紀。

「淑人君子」,宗法政權實邦之基,也是宗族社會熟知並癡心「周禮」之「士紳」(《曹風・鳲鳩》中,他們還是「其儀不忒」而「正是四國」「正是國人」者)。而王室衰微,國事蜩螗,「禮」不能維持下去,秉禮之「德」自然敗亂——往日的「淑人君子」,再也找不到。

湯湯之淮水爲言,傷心莫之大矣。西周後期和春秋的河流,在《詩經》中,總是承載著哀傷與憂愁。〔註2〕

鼓鍾將將,淮水湯湯,憂心且傷。

將將:同「鏘鏘」。湯湯:水大貌。參見《沔水》二章「沔彼流水,其流湯湯」注。

淑人君子，懷允不忘。

淑：善。懷：思。允：朱熹《集傳》：「信也。」程度副詞。參見《車攻》八章「允矣君子，展矣大成」注。《鄭箋》：「古者善人君子，其用禮樂，各得其宜，至信不可忘。」

鼓鍾喈喈，淮水湝湝，憂心且悲。

喈喈（jiē）：指鼓鍾和鳴。湝湝（jiē）：水流盛貌。《毛傳》：「湝湝，猶湯湯也。」

淑人君子，其德不回。

回：《毛傳》：「邪也。」德：履禮之德。下章「德」同。

鼓鍾伐鼛，淮有三洲，憂心且妯。

鼛：雷、靈、路、鼖、鼛、晉「六鼓」之一。見《地官・鼓人》及鄭玄注。「鼓鍾伐鼛」當泛指其鼓樂。鼛、鼖音見《緒言》〔註 23〕。三洲：《毛傳》：「三洲，淮上地。妯，動也。」《鄭箋》：「妯之言悼也。」傷悼。

淑人君子，其德不猶。

猶：《毛傳》：「若也。」朱熹《集傳》：「言不若今王之荒亂也。」

鼓鍾欽欽，鼓瑟鼓琴，笙磬同音。

欽欽：《毛傳》：「亦聲也。」磬：石製打擊樂器，懸之而擊。商代始有，至周代已有十數一組的編磬。

以雅以南，以籥不僭。

《毛傳》：「爲《雅》爲《南》也。舞四夷之樂，大德廣所及也。東夷之樂曰《昧》，南夷之樂曰《南》，西夷之樂曰《朱離》，北夷之樂曰《禁》。以爲籥舞，若是爲和而不僭矣。」參見《禮記・明堂位》及《文王世子》「胥鼓《南》」鄭注、孔疏。所謂「雅」樂即王者之「正樂」。朱熹《集傳》以爲「雅」即大、小《雅》，「南」即《周南》、《召南》。籥：甲骨籥作「龠」，類排簫的竹製樂器，此當指籥舞。《公羊傳・宣公八年》「籥者何？籥舞也」，何休注：「籥所吹以節舞也。」僭：本意指超越本分或差失。朱熹《集傳》：「僭，亂也。」不僭，言其樂調適，有節度。

〔註 1〕王安石只是主持者，實際的修撰者是呂惠卿、王雱（pāng 王安石之子）等。宋神宗和王安石以賦予《詩經》、《尚書》、《周禮》等新的釋義而利變法，足見漢儒之注說於政治的滲透力。同爲帝制下的社會變革，與上古「商鞅變法」時期的「燔詩書而明法令」相比較，此時的「詩」「書」境遇完全不同。參見程元敏《三經新義輯考彙評》。（華東師範大學出版社，2011 年）

〔註 2〕方玉潤《詩經原始》：「玩其詞意，極爲歎美周樂之盛，不禁有懷在昔淑人君子，德不可忘，而至於憂心且傷也。此非淮徐詩人重觀周樂、以志欣慕之作，而誰作哉？」

他想起了《吳太伯世家》中的「季札觀樂」。但至晚清，《詩經》已被解釋了兩千年，已經再沒有新編故事的餘地了，他也編不出來，便只有「玩其詞意」。實際情況是，「淮徐」不但不觀周樂，「淮徐」一直想要奪了周「天下」。

小雅・楚茨

所謂「愼終追遠，民德歸厚矣」(《學而》)是孔子的話。西周之「民」不是「勞動人民」而是宗主之遠屬族人，西周之「德」也不是「道德」而是之於「周禮」的踐履。穩定和固化統治集團內部權力和利益結構，是西周祭祖禮現實政治功能所在。

但並沒有詳細記錄如何祭祖的可靠文獻，《三禮》中僅有的部分，《儀禮・特牲饋食禮》、《少牢饋食禮》、《有司徹》、《禮記・禮運》等，也多漢人附會。〔註1〕《楚茨》或天子或諸侯（朱熹以爲此大夫之禮），難得以「詩」之形式，全息呈現了一次祭祖之禮。

體味此類詩歌的「文學性」是一件困難的事情。但當你借助文獻和青銅器穿過整個西周，特別是從金文中眞切地觀得西周家族形態的時候，便能感受到詩中紀實文字間綿長而濃厚的抒情意蘊——於未來的憧憬和預期，是無限的。

楚楚者茨，言抽其棘。自昔何為？我蓺黍稷。

《毛傳》:「楚楚，茨棘貌。抽，除也。」《鄭箋》:「茨，蒺藜也。伐除蒺藜與棘，自古之人，何乃勤苦爲此事乎？我將樹黍稷焉。言古者先生之政以農爲本。」按:《鄭箋》以「茨」與「棘」爲二物，胡承珙《後箋》、陳啓源《稽古編》正其「棘」爲草木刺人者，即蒺藜之刺。蓺:種植。

我黍與與，我稷翼翼。

朱熹《集傳》:「與與、翼翼，皆蕃盛貌。」翼翼並含齊整意。

我倉既盈，我庾維億。

庾（yǔ）：《毛傳》：「露積曰庾。」馬瑞辰《通釋》：「蓋即今俗所謂囤者，其形圓，以席爲之，但露其上。」億：《鄭箋》：「陰陽之和，風雨時，則萬物成。萬物成，則倉庾充滿矣。倉言盈，庾言億，亦互辭，喻多也。十萬曰億。」

以為酒食，以享以祀。

享：《鄭箋》：「獻。」祭獻。朱熹《集傳》本作「饗」。

以妥以侑，以介景福。

妥：《毛傳》：「安坐也。」《鄭箋》：「以黍稷爲酒食，獻之以祀先祖。既又迎尸，使處神座而食之。爲其嫌不飽，祝以主人之辭勸之，所以助孝子受大福也。」侑：《毛傳》：「勸也。」勸食勸飲。參見《小雅・常棣》三章「每有良朋，況也永歎」注李宗侗說。介、景：《鄭箋》：「介，助。景，大也。」助，引爲祈。參見《小明》五章「神之聽之，介爾景福」注。

濟濟蹌蹌，絜爾牛羊，以往烝嘗。

濟濟蹌蹌：《毛傳》：「言有容也。」《鄭箋》：「有容，言威儀敬慎也。」指步容、神態。絜（jié）：同「潔」。烝、嘗：《鄭箋》：「冬祭曰烝，秋祭曰嘗。」此處泛指祭祀。參見《天保》四章「禴祠烝嘗，于公先王」注。

或剝或亨，或肆或將。

亨：同「烹」。《毛傳》：「亨，飪之也。」或曰亨爲「享」之誤。肆：《毛傳》：「陳。」將：李宗侗在《希臘羅馬古代社會研究序》中認爲「將」是手（寸）獻肉（ ）的象形，與祭同義，左旁象形是放肉的俎形，所以「將」也是祭祀的一種。引此句言「將與亨並列，自然亦是祭祀」。（《中國古代社會新研　歷史的剖面》，p24、p25）參見《正月》九章「載輸爾載，將伯助予」注。又《毛傳》：「將，齊也。」指奉上。《鄭箋》：「祭祀之禮，各有其事。有解剝其皮者，有煮熟之者，有肆其骨體於俎者，或奉持而進之者。」

祝祭于祊，祀事孔明。

祝：司祭禮者，致祝詞和向神禱告，充當主祭與祖先（以尸充扮之）的溝通者。《說文》：「祝，祭主贊詞者。」祊（bēng）：《毛傳》：「門內也。」祊本指宗廟門內舉行的祭祀，此引爲門內設祭的地方。明：《鄭箋》：「猶備也，絜也。」絜，同「潔」。

先祖是皇，神保是饗。

是：於是。皇：毛傳》：「大。」意偉大。神保：朱熹《集傳》：「蓋尸之嘉號，《楚辭》所謂『靈保』，亦以巫降神之稱也。」〔註2〕馬瑞辰《通釋》：「神保爲神之嘉稱。……詩既言先祖，又言神保者，親之爲先祖，尊之則爲神保。」饗：享祀。《楚辭・天問》有「緣鵠飾玉，后帝是饗」句。又《鄭箋》：「皇，暀（wǎng）也。先祖以孝子祀禮甚明之故，精氣歸暀之，其鬼神又安而饗其祭祀。」暀，往。

孝孫有慶，報以介福，萬壽無疆。

《鄭箋》：「慶，賜也。疆，竟（境）界也。」《孔疏》：「古之明王，其助祭之臣大夫士，其義濟濟然、蹌蹌然，甚皆敬愼。乃鮮絜爾王者所祀之牛羊，以往爲冬烝、秋嘗之祭也。於周禮祭祀之聯事，司徒奉牛，司馬奉羊，六牲各有司也。既絜此牲，其理治之，亦各有職，或解剝之者，或亨煮之者，或陳其肉於互（按：掛肉的木架）之上者，或分齊其肉所當用者。於是之時，祝則博求先祖之神，祭於門內之祊，既，群臣恪勤，各司其職，祭祀之事於是甚絜明矣。以此知先祖之精靈，於是美大之，其神安而，於是歆饗之。既爲所饗，故令孝孫有慶賜之事，報之以大大之福，使孝孫得萬年之壽，無有疆境也。」朱熹《集傳》：「孝孫，主祭之人也。慶，猶福也。」〔註3〕參見《小明》五章「神之聽之，介爾景福」注。

執爨踖踖，為俎孔碩，或燔或炙。

爨（cuàn）：灶。踖踖（jí）：《毛傳》：「言爨灶有容也。」《爾雅・釋訓》：「踖踖，敏也。」朱熹《集傳》：「踖踖，敬也。」俎：朱熹《集傳》：「所以載牲體也。」孔碩：甚大，指牲體而言。燔：把肉放在火上燒熟。也指放在火上燒熟的肉。炙：把肉放在火上烤熟，也指在火上烤熟的肉。《鄭箋》：「燔，燔肉也。炙，肝炙也。皆從獻之俎也。」

君婦莫莫，為豆孔庶，為賓為客。

君婦：《鄭箋》：「謂后也。凡適（嫡）妻稱君婦。」即下章主祭者「孝孫」（宗子）之妻。又俞樾《平議》：「古音君與群同。……君婦者，群婦也。《周官・九嬪》曰：『贊后薦徹籩豆。』群婦即指九嬪之屬，不斥言后而曰群婦，正詩人立言之謹也。群婦則無嫌與諸宰連文。且宰曰諸宰，婦曰群婦，文正相對也。」按：「九嬪」賈公彥疏：「但祭祀之時，男子進俎，婦人設豆籩齍（zī）簋。贊，助也，助後薦玉齍也。云『贊後薦徹豆籩』者，豆籩之薦與徹，皆助後也。」齍，盛穀類的祭器。薦，進，獻。徹，撤。豆：與「籩」爲周代兩種最常用的食器，也作祭器，形類高腳盤。豆多木製，也有陶、銅製者，盛肉或熟菜。籩爲竹製，多盛果類等。莫莫：《毛傳》：「清靜而敬至也。」庶：眾，多。

獻醻交錯，禮儀卒度，笑語卒獲。

獻醻：朱熹《集傳》：「主人酌賓曰獻，賓飲主人曰酢。主人又自飲而復飲賓曰醻。賓受之，奠於席前而不舉，至旅，而後少長相勸而交錯以遍也。」旅，陳列。卒：盡，完全。度：《毛傳》：「法度也。」獲：《毛傳》：「得時也。」又于省吾《新證》：「『笑語卒獲』之獲應讀作矱（yuē）。此詩本謂賓客燕飲獻酬之時，禮儀盡有法度，笑語盡有矩矱，意謂其均守秩序，非如《賓之初筵》敘賓客飲酒之『不知其秩』、『載號載呶』。度與矱互文同義。……《皇矣》：『惟此二國，其政不獲。』不獲即不矱，謂其政之無規度。《泮水》：『既克淮夷，孔淑不逆，式固爾猶，淮夷卒獲。』卒獲即卒矱，卒矱與『不逆』義相應。」（p90）矩矱，規矩；法度。于說當重點參考。

神保是格，報以介福，萬壽攸酢。

是：復指前置賓語。攸：所。《毛傳》：「格，來。酢，報也。」按：古「格」、「假」音近通用（假音見《巷伯》〔註6〕）。《大雅・抑》七章「神之格思，不可度思，矧可射思」，《毛傳》：「至也。」《雲漢》八章「大夫君子，昭假無贏」、《魯頌・泮水》四章「允文允武，昭假烈祖」，《毛傳》：「假，至也。」《烝民》一章「天監有周，昭假于下」、《周頌・噫嘻》「噫嘻成王，既昭假爾」，《鄭箋》：「假，至也。」《商頌・長發》三章「昭假遲遲，上帝是祗」，釋曰「王肅訓假爲至」。《虞書・舜典》言舜巡守「歸，格於藝祖」，僞孔傳：「巡守四嶽然後歸，告至文祖之廟。藝，文也。」李宗侗《希臘羅馬古代社會研究序》:「格，昔儒皆訓爲至。格當係一種請祖先來臨的祭禮。」(《中國古代社會新研 歷史的剖面》，p28)〔註4〕

我孔熯矣，式禮莫愆。

熯(hàn):《毛傳》:「敬也。」朱熹《集傳》:「熯，竭也……禮行既久，筋力竭矣，而式禮莫愆，敬之至也。」又于省吾《新證》:「熯即謹之本字……讀爲『我孔謹矣，式禮莫愆』，則語義調適。」(p30)式:《鄭箋》:「法。」愆:《鄭箋》:「過。……孝孫甚敬矣，於禮法無過者。」指過失，差錯。

工祝致告，徂賚孝孫。

工祝:祝官，同二章「祝」。馬瑞辰《通釋》:「《少牢饋食禮》『皇尸命工祝』，鄭注:『工，官也。』《周頌》『嗟嗟臣工』，《毛傳》:『工，官也。』《皋陶謨》『百工』即百官。『工祝』正對『皇尸』爲君尸言之，猶《書》言『官占』也。」「皇尸」之「皇」當爲尊稱之意。《虞書・大禹謨》孔穎達疏:「占是卜人之占，而云『官占』者，帝王立卜筮之官，故云『官占』。」徂:往。賚(lài):《毛傳》:「予也。」孝孫:指宗子(家族長)，詩中爲主祭者。

苾芬孝祀，神嗜飲食。

苾(bì)芬:《鄭箋》:「苾苾芬芬有馨香矣。」孝祀:馬瑞辰《通釋》:「《爾雅・釋詁》:『享，孝也。』享訓爲孝，故享祀亦謂之孝祀。『苾芬孝祀』，猶《魯頌》『享祀不忒也』。」參見《天保》四章「吉蠲爲饎，是用孝享」注。

卜爾百福，如幾如式。

卜:《鄭箋》:「予也。」幾:《毛傳》:「期。」式:《毛傳》:「法也。」《鄭箋》:「今予女之百福，其來如有期矣，多少如有法矣。」

既齊既稷，既匡既敕。

齊:《鄭箋》:「減取也。」朱熹《集傳》:「齊，整。」整齊，一致。稷:通「亟」。《毛傳》:「稷，疾。」祭祀節奏快且有序。匡:朱熹《集傳》:「正。」敕:通「飭」，戒慎。陳奐《傳疏》，「齊、稷、匡、敕，皆祭祀肅敬之意，所渭如法也。」

永錫爾極，時萬時億。

錫：賜。極：朱熹《集傳》：「至也。」指至福。時：通「是」，代詞。

禮儀既備，鍾鼓既戒。孝孫徂位，工祝致告。

《毛傳》：「致告，告利成也。」《鄭箋》：「鍾鼓既戒，戒諸在廟中者，以祭禮畢，孝孫往位堂下西面位也，祝於是致孝孫之意，告尸以利成。」朱熹《集傳》：「戒，告也。徂位，祭事既畢，主人往阼（zuò）階下西面之位也。致告，祝傳尸意，告利成於主人，言孝子之利養成畢也。」阼：大堂前的東西臺階。關於本章中的「孝孫」、「君婦」、「諸父」、「兄弟」等西周貴族家族成員，朱鳳瀚在《西周貴族家族的規模與組織結構》中作了如下解釋：「孝孫，主祭者，即家族長，亦即宗子。君婦，即宗子之妻。諸父，主祭者父輩，如伯父、叔父等，然不主祭，所以是屬大宗宗子下的諸小宗。兄弟，宗子的同輩親屬，如同父兄弟，從父兄弟，從祖兄弟等。」（《商周家族形態研究》，p300）

神具醉止，皇尸載起。鼓鍾送尸，神保聿歸。

止：語助詞。載：則。聿：助詞。朱熹《集傳》：「於是神醉而尸起，送尸而神歸矣。曰皇尸者，尊之稱也。鼓鍾者，尸出入奏《肆夏》也。」《肆夏》，樂章名。《春官・大司樂》：「王出入則令奏《王夏》，尸出入則令奏《肆夏》，牲出入則令奏《昭夏》。」參見《天保》四章「君曰卜爾，萬壽無疆」注。〔註5〕

諸宰君婦，廢徹不遲。

《鄭箋》：「廢，去也。尸出而可徹，諸宰撤去諸饌，君婦籩豆而已。不遲，以疾爲敬也。」諸宰：朱熹《集傳》：「家宰，非一人之稱也。」家宰，即「家臣」。徹：撤。

諸父兄弟，備言燕私。

燕私：《毛傳》：「燕而盡其私恩。」《鄭箋》：「祭祀畢，歸賓客之俎，同姓則留與之。燕所以尊賓客，親骨肉也。」《孔疏》：「《特牲》《少牢》皆曰『祝執其俎以出』。是祭祀畢，賓客歸之俎也；其同姓則皆留之與燕，而盡其私恩也。《特牲》云：『祝命徹胙俎豆籩，設於東序下。』

注云：『胙俎，主人之俎。設於東序下，亦將私燕也。』是祭末而燕私之事。歸之俎，所以尊賓客。留之燕，所以親骨肉也。」序，中堂東西兩旁的牆。歸，通「饋」，贈。俎，指「俎味」，即祭祀肉食。本章參見《儀禮·少牢饋食禮》、《特牲饋食禮》。朱鳳瀚《西周貴族家族的規模與組織結構》：「祭祀之禮畢，孝孫（主祭者）走到主祭的位置上，工祝（負責致祝詞者）向之報告說：『神都已經醉了。』於是擊起鐘鼓送尸，送走神靈撤去祭品後，燕私（家族宴飲）即開始了，參加祭祀的同一家族成員共飲祭酒，同食祭肉，分享祖先所授福祿，同時亦達到和睦家族的目的。」（《商周家族形態研究》，p300）參見《常棣》一章「凡今之人，莫如兄弟」注。

樂具入奏，以綏後祿。

入奏：《鄭箋》：「燕而祭時之樂復皆入奏，以安後日之福祿。」朱熹《集傳》：「凡廟之制：前廟以奉神，後寢以藏衣冠。祭於廟而燕於寢，故於此將燕，而祭時之樂，皆入奏於寢也。且於祭既受祿矣，故以燕爲將受後祿而綏之也。」綏：《毛傳》：「安也。安然後受福祿也。」

爾殽既將，莫怨具慶。

殽：通「肴」。參見《正月》十二章「彼有旨酒，又有嘉殽」注。將：祀，獻。周代宗族社會中，舉行祭祀後親族共食或分食祭肴。參見二章「或剝或亨，或肆或將」注，並見《常棣》三章「每有良朋，況也永歎」注引李宗侗說。又《毛傳》：「將，行也。」《鄭箋》：「女之殽羞（饈）已行，同姓之臣無有怨者，而皆慶君，是其歡也殽羞（饈）已行，同姓之臣無有怨者，而皆慶君，是其歡也。」

既醉既飽，小大稽首。神嗜飲食，使君壽考。孔惠孔時，維其盡之。子子孫孫，勿替引之。

《鄭箋》：「小大，猶長幼也。同姓之臣，燕以醉飽，皆再拜稽首曰：神乃歆嗜君之飲食，使君壽且考。此其慶詞。」稽首：叩首至地的跪拜禮。惠、時：《鄭箋》：「惠，順也。甚順於禮，甚得其時。」朱熹《集傳》：「君之祭祀，甚順甚時，無所不盡。」維：助語氣。替、引：《毛傳》：「替，廢。引，長也。」《鄭箋》：「維君德能盡之，願子孫勿廢而長行之。」朱熹《集傳》:「子子孫孫，當不廢而引長之也。」《儀禮・少牢饋食禮》:「皇尸命工祝，承致多福無疆於女孝孫，來女孝孫，使女受祿于天，宜稼於田，眉壽萬年，勿替引之。」

〔註 1〕孫希旦 :「天子諸侯祭禮既亡，其見於《周禮》、《禮記》之中者，尙存崖略，然散而無紀。疏家採合貫穿，又參以鄭氏之說，雖其詳不可盡考，而其始末規模已具於此。」(《禮記集解》卷二十一) 孫詒讓 :「王禮經注雖闕略不備，而依大夫士禮推致之，尙可得其端緒也。」(《周禮正義》卷十)

〔註 2〕《楚辭・九歌》有「鳴篪兮吹竽，思靈保兮賢姱」句。錢鍾書《楚辭洪興祖補注・九歌》:「……『靈子』即《東君》『思靈保兮賢姱 (kuā)』之『靈保』，王注『巫也』，洪注並引『詔靈保，召方相』; 亦即《詩・小雅・楚茨》之『神保』。《楚茨》以『神』與『神保』通稱，《九歌》則『靈』兼巫與神二義。」(《管錐編》第二冊，中華書局，1986 年，p599)

「詔靈保，召方相」句自《後漢書・馬融列傳》。方相，驅鬼之神，《夏官・方相氏》「蒙熊皮，黃金四目，玄衣朱裳，執戈揚盾，帥百隸而時儺，以索室驅疫」。

〔註 3〕《甫田》四章「黍稷稻梁，農夫之慶。報以介福，萬壽無疆」，郭沫若《由周代農事詩論到周代社會》:「前人都解『報』爲報酬，解『介』爲大，但於文理上說不過去。我的看法是『報』乃報祭之報，《國語・魯語》:『凡禘、郊、祖、宗、報，此五者國之典祀也。』『介』字假爲匄，求也，金文中用匄字。因而『報以介福』即是報祭先祖以求幸福。」(《青銅時代》，中國人民大學出版社，2005 年，p79)

《禮記・郊特牲》「祭有祈焉，有報焉，有由辟焉」，鄭玄注 :「祈猶求也，謂祈福祥，求永貞也。(報) 謂若穫 (獲) 禾報社。由，用也。辟讀爲弭，謂弭災兵，遠罪疾也。」《魯語上》韋昭注 :「報，報德之祭也。」

〔註 4〕楊琳《「昭假」新解》於「格」(各)、「假」爲祀鬼神、鬼神享祀義有詳說。「『各』解爲『至』是不通的，訓爲『祭祀』則怡然理順。且『神保是格』與『神保是饗』只是前後章稍異其字，其義不殊。」「『各』在甲骨卜辭中是一種祭名; 到金文中引申而指統稱的『祭祀』，這跟『祭』本專名，引申而成爲共名是一樣的; 再引申而有『神享祀』之義。就書寫形式而言，甲文只作『各』; 金文形式多樣，作『各』『客』『洛』『狢』等字; 其他文獻一般作『格』

『假』。『昭假』金文作『邵各（洛）』，義爲潔祀。」（《四川大學學報》哲社版，1988 年第 4 期）

〔註 5〕祭禮者「尸」在《雅》詩中凡十現，本詩五章「神具醉止，皇尸載起」「鼓鍾送尸，神保聿歸」、《信南山》三章「畀我尸賓，壽考萬年」、《大雅・既醉》三章「令終有俶，公尸嘉告」、《鳧鷖》一、二、三、四、五章「公尸來燕來寧（宜、處、宗）」、「公尸來止熏熏」、「公尸燕飲」，于省吾《澤螺居詩經新證》言祭祀以尸象神，是原始宗教的巫術作用發展到「階級社會」的一種表現形式。（p148）

關於周代祭祖禮可參見劉雨《西周金文中的祭禮》（《考古學報》1989 年第 4 期）、劉源《商周祭祖禮研究》（商務印書館，2004 年）。

小雅·信南山

《春官·大宗伯》「以肆獻祼享先王，以饋食享先王，以祠春享先王，以禴夏享先王，以嘗秋享先王，以烝冬享先王」，於是《詩經》凡有所涉者，如《天保》四章「禴祠烝嘗，于公先王」、《楚茨》二章「濟濟蹌蹌，絜爾牛羊，以往烝嘗」等，漢人便多以時祭言說之。但已發現的青銅器銘文和相關文獻，並不能證明西周時已有比較規範和嚴格的四時之祭。四時之祭或始於戰國。

以其文本，《信南山》當是之於深秋與初冬之際的某次祭祀而言。土地是生產三要素之一，任何政權之下秋天裏總有一番景象。這一年應該是風調雨順，曾經「雨雪雰雰（fēn）」的田野到處散發著收割過後的氣味——較之早先的《周頌·噫嘻》、《豐年》、《載芟》、《良耜》，《信南山》時的豐收季節，更刺激了周人於已然到手的政權之宏大暢想。所以詩句也像攏起來的莊稼一般富有質感。

但「信彼南山，維禹甸之。畇畇（yún）原隰，曾孫田之」是說了謊話的。南山就是豐、鎬南方之山，「禹」是出於政治目的之杜撰，「甸之」便甚荒唐；以西周之社會生產關係，終年在「畇畇原隰」上勞作的也不是「曾孫」，而是屬於「曾孫」們所有的「野人」、「氓」。他們即便在冬天裏也不可能被允許到豐、鎬甚至附近去居住。

在遠離都城的「天下」之廣袤的大地上，分佈著無數大大小小無數的「廬」、「里」。但那並不「安居」福利——「封土授民」表明實際上是將「民」視爲土地上的「附著物」的。所以掌「土地之圖人民之數」的「司徒」，在西周早、中期的金文中是「司土」。

在《豳風・七月》、《漢書・食貨志》中，可以看到他們艱難的生存狀態和堅韌的生存意識。

信彼南山，維禹甸之。

信，馬瑞辰《通釋》：「『信彼南山』與『節彼南山』、『倬彼甫田』句法相類。節、倬皆爲貌，則信亦南山之貌也。古伸字皆作信。……信爲南山之野長遠貌，猶畇畇爲原隰墾闢貌也。信當讀伸。」俞樾《平議》：「古信、申同字。信當讀爲申。《爾雅・釋詁》：『申，重也。』《離騷》『申申其詈予』王逸注曰：『申申，重也。』信彼南山，猶言申申然者彼南山，蓋言其山形之複沓也。」維：助語氣。甸：《毛傳》：「治也。」〔註 1〕

畇畇原隰，曾孫田之。

畇畇（yún）：《毛傳》：「墾闢貌。」馬瑞辰《通釋》：「田已均治之貌。」曾孫：指「畇畇原隰」所有者。《周頌・維天之命》「駿惠我文王，曾孫篤之」，《鄭箋》：「曾，猶重也。自孫之子而下，事先祖皆稱曾孫。」于省吾《新證》：「『曾孫』二字，詩凡十一見。此詩『曾孫田之』、『曾孫之穡』、『曾孫壽考』三見，《甫田》、『曾孫來止』、『曾孫不怒』、『曾孫之稼』、『曾孫之庾』，《大田》『曾孫是若』、『曾孫來止』，《行葦》『曾孫維主』，《維天之命》『曾孫篤之』，《鄭箋》：『曾猶重也。自孫之子而下，事先祖皆稱曾孫。』……孫對先祖言，皆可稱曾孫，不必斷自孫之子而下也。」（p31）田：用爲動詞。

我疆我理，南東其畝。

《毛傳》：「疆，畫經界也。理，分地理也。」《孔疏》：「分地理者，分別地所宜之理。」又朱熹《集傳》：「疆者，爲之大界也。理者，定其溝塗也。」南東：《孔疏》：「成二年《左傳》曰：『先王疆理天下物土之宜。故《詩》曰：「我疆我理，南東其畝。」』是於土之宜，須縱須橫，故或南或東也。」又朱熹《集傳》：「於是爲之疆理，而順其地勢水勢之所宜，或南其畝，或東其畝也。」

上天同雲，雨雪雰雰。

同云：朱熹《集傳》：「雲一色也。將雪之侯如此。」指天陰得很厚。雰雰（fēn）：《毛傳》：「雪貌。豐年之冬，必有積雪。」

益之以霢霂，既優既渥，既霑既足，生我百穀。

霢霂（mài mù）：《毛傳》：「小雨曰霢霂。」《鄭箋》：「陰陽和，風雨時，冬有積雪，春而益之以小雨，潤澤則饒洽。」洽，浸潤。憂：「沋（yóu）」之假借。《說文》：「沋，澤多也。」渥（wò）：《說文》：「渥，沾也。」

疆場翼翼，黍稷彧彧，曾孫之穡。

埸：田界，田埂。翼翼：朱熹《集傳》：「整飭貌。」彧彧：《毛傳》：「茂盛貌。」埸、彧音見《魚麗》讀注。穡：《魏風・伐檀》「不稼不穡」，《毛傳》：「種之曰稼，斂之曰穡。」此泛指耕作與收穫。朱熹《集傳》：「言其田整飭而穀茂盛者，皆曾孫之穡也。」

以為酒食，畀我尸賓，壽考萬年。

畀：予。參見《巷伯》六章「取彼譖人，投畀豺虎」注。尸：見《天保》四章「君曰卜爾，萬壽無疆」注、《楚茨》〔註5〕。

中田有廬，疆場有瓜。

中田，即田中。廬，廬舍。《鄭箋》：「農人作廬焉，以便其田事。」〔註2〕《爾雅・釋地》：「廬，寄也。」《地官・遺人》：「凡國野之道，十里有廬，廬有飲食。」瓜：《鄭箋》：「於畔上種瓜，瓜成又入其稅，天子剝削淹漬以爲菹（zū），貴四時之異物。」《孔疏》：「遍檢《書傳》，未見天子稅民瓜以供祭祀者，故《地官・場人》『掌國之場圃，而樹之果蓏（luǒ）珍異之物，以時斂而藏之。凡祭祀，共（供）其果蓏瓜瓠之屬。』《郊特牲》曰：『天子樹瓜華，不斂藏之種。』是則天子之瓜，自令有司供之，不稅於民。此言瓜成，入其稅於天子者，《周禮》言其正法，瓜不稅民。此述成王之時，民盡力於農業，故畔上種瓜，獻諸天子。天子得爲菹以祭，欲見天子孝於親，而下民愛其主。」〔註3〕

是剝是菹，獻之皇祖。

是：乃，於是。菹：《毛傳》：「酢，菜也。」「酢菜」即醃菜的一種。菹，此處應用爲動詞。皇祖：周室後代對先祖尊美之稱。皇，大，美，偉大。

曾孫壽考，受天之祜。

祜：《鄭箋》：「福也。」《爾雅・釋詁》：「祜，福也。」「祜，厚也。」邢昺疏：「祜者，厚福也。」

祭以清酒，從以騂牡，享于祖考。

騂（xīng）：本意赤黃色的馬，此指赤黃色。《毛傳》：「周尚赤也。」騂牡，指赤黃色的公牛。鳥獸雄曰牡，雌曰牝。

執其鸞刀，以啟其毛，取其血膋。

執：朱熹《集傳》：「執者，主人親執也。」祭主親自宰牲。鸞刀：《毛傳》：「刀有鸞者，言割中節也。」鸞，鈴。朱熹《集傳》：「鸞刀，刀有鈴也。」膋（liáo）：《鄭箋》：「脂膏也。血以告殺，膋以升臭（嗅），合之黍稷，實之於蕭，合馨香也。」參見《禮記・效特牲》、《祭義》。

是烝是享，苾苾芬芬，祀事孔明。

《毛傳》：「烝，進也。」《鄭箋》：「既有牲物而進獻之，苾苾芬芬然香，祀禮於是則明也。」參見《楚茨》二章「祝祭于祊，祀事孔明」、四章「苾芬孝祀，神嗜飲食」注。

先祖是皇，報以介福，萬壽無疆。

是：於是。皇：見《楚茨》二章「先祖是皇，神保是饗」注。《孔疏》：「毛以先祖之精魂，於是美大之，報以大大之福。」又《鄭箋》：「皇之言暀也。先祖之靈歸暀是孝孫而報之以福。」報以介福：見《楚茨》二章「孝孫有慶，報以介福，萬壽無疆」注。

〔註 1〕《雅》、《頌》凡六處現「禹」，本詩外又《大雅・文王有聲》五章「豐水東注，維禹之績」、《韓奕》一章「奕奕梁山，維禹甸之」、《魯頌・閟宮》一章「奄有下土，纘禹之緒」、《商頌・長發》一章「洪水芒芒，禹敷下土方」、《殷武》三章「天命多辟，設都於禹之績」——不論《商頌》是商人作，周時殷商遺民宋人作，還是春秋時的「宋頌」，其作者認為禹的時代在上帝「立子生商」之前，商人立國之地本為禹之方域，這和周人以為禹的時代在其始祖后稷之前，禹甸山治水而奄有下土，其用意是相同的——他們想證明「天下」從來就屬於個把人物或某個族姓，從而支持其承接「天下」的理由。

〔註 2〕一說廬通「蘆」，蘆菔，即蘿蔔。郭沫若在《由周代農事詩論到周代社會》（《青銅時代》）和《古代研究的自我批判》（《十批判書》）中均持此說。在《蜥蜴的殘夢》中郭氏又說：「承江紹原先生的指示，解『廬』爲植物不始於我，王闓運的《周易說》於《剝》之上九『碩果不食，君子得輿，小人剝廬』是解『廬』爲蓏，……不過我覺得解『廬』爲蘆菔，恐怕還是要妥當一些。詩上既說『中田有廬，疆埸有瓜』，是以兩種東西對言，而蓏乃瓜屬，似嫌重複。」（《十批判書》，東方出版社，1996 年，p464）

「蘆菔」也好，「瓜屬」也罷，郭氏沒有必要作此「新解」。西周「詩人」雖也經略於政治，但他們並不下作。「中田有廬」的記敘應該是眞實的，是於新政權由衷的歌頌和誇讚。廣袤的田野上廬舍相望，「欣欣向榮」的同時大概還要體現「恤民」。而將其奴役和苦難讀出了「詩意」的，是漢人，是《食貨志》中的表述：

「在野曰廬，在邑曰里（顏師古注：「廬各在其田中，而里聚居也」）……春令民畢出在野，冬則畢入於邑。其《詩》曰：『四之日舉止（趾），同我婦子，饁（yè）彼南畝。』又曰：『十月蟋蟀，入我床下』，『嗟我婦子，聿（曰）爲改歲，入此室處。』……春將出民，里胥平旦（按：清晨）坐於右塾，鄰長坐於左塾（注：「門側之堂曰塾。坐於門側者，督促勸之，知其早晏，防怠惰也」），畢出然後歸，夕亦如之（注：「言里胥鄰長亦待入畢，然後歸也」）。入者必持薪樵，輕重相分，班（斑）白不提挈（注：「斑白者，謂發雜色也。不提挈者，所以憂老人也」）。冬，民既入，婦人同巷，相從夜績，女工一月得四十五日（注引服虔曰：「一月之中，又得夜半爲十五日，凡四十五日也」）。必相從者，所以省費燎火，同巧拙而合習俗也。男女有不得其所者，因相與歌詠，各言其傷……」

其情其景，爲後世多少政權所心儀並效行。但「相與歌詠，各言其傷」已悄悄播下了「革命」的種子，「勸民」、「治民」的快感裏也暗含著不安。

〔註 3〕事農的「民人」面朝黃土背朝天，多少苦辛，滿地莊稼和地畔上的南瓜。而儒家卻於期間看見了政治。《大禹謨》中的「禹」說：

「德惟善政，政在養民（僞孔傳：「爲政以德，則民懷之」）。水、火、金、木、土、穀惟修（傳：「言養民之本在先修六府」），正德、利用、厚生惟和（傳：「正德以率下，利用以阜財，厚生以養民，三者和，所謂善政」），九功惟敘，九敘惟歌（傳：「言六府三事之功有次敘，皆可歌樂，乃德政之致」）。戒之用休，董之用威，勸之以九歌，俾勿壞（傳：「休，美。董，督也。言善政之道，美以戒之，威以督之，歌以勸之。使政勿壞，在此三者而已」）。」「帝」誇獎「禹」說：「六府三事允治，萬世永賴，時乃功。」就是你的大功勞了。

孔穎達「《周禮》言其正法」，應該主要是之於《天官冢宰》、《地官司徒》者而言——以其而言，「六府」者基本的「國民經濟」問題是要盡力去解決的——但並非「養民」而是爲了「養官」。

關於「三事」之「正德」，孔穎達疏《大禹謨》又作了進一步的解釋：「『正德』者，自正其德，居上位者正己以治民，故所以率下人。」很遺憾，無論「正制」還是「正法」，還是二者兼而爲之，要「正德」是一件很困難的事情。但「居上位者」不能「自正其德」和「正己」並不影響其「治民」——「春令民畢出」、「冬則畢入」、「女工一月得四十五日」等，不是頗具「管理創新精神」和「開拓性」嗎？「勸民」之所得，正乃「六府」之屬。

「戒之用休，董之用威」不難理解，只是「勸之以九歌」，不知究竟怎麼個勸法。才華橫溢的儒生們將話頭甩出，但文獻中何見「六府三事」之九個「樣板歌」？

如果說糾結於朝廷所需南瓜究竟是由「有司供之」還是「稅於民」，屬儒家政治構想中的遊戲之筆，那麼「下民愛其主」之主張，則是認眞的。

小雅・甫田

將土地和「民人」（而不是「公民」）視爲己有是令人陶醉的，也令人嚮往。在《周頌・臣工》、《噫嘻》、《豐年》、《載芟》、《良耜》，《小雅・楚茨》、《信南山》、《甫田》、《大田》，《豳風・七月》等作品中，這種陶醉和嚮往得到了由衷且十分詩性的表達。

「我取其陳，食我農人，自古有年」，大概就是《周書・無逸》「知稼穡之艱難」、「聞小人之勞」、「保惠於庶民」之「民本思想」表現——西周之於政權而「親民」，在「人」的意義上，「民」無足輕重。至春秋，《齊風・甫田》刻意表現的則是經年在田裏耕作的「民」之艱辛，民之「勞心忉忉」、「勞心怛怛」，「禮崩樂壞」而人文關懷初現……

但事情的發展一定不是想像的那樣，「農人」在東周時期也沒有得到任何屬於自己的「甫田」。

《小雅》、《齊風》「甫田」後，關於「天下」事，「諸子」有過一番「爭鳴」。孟子主張「養民」，「民有恆產」（土地）、「使民以時」、「取民有制」（薄賦稅）並「教民」。他滿懷希望而又費力地向滕文公講著「夏后氏五十而貢，殷人七十而助，周人百畝而徹，其實皆什一也」的故事；白圭「吾欲二十而取一，何如？」孟子明知是套，但還是給予了認眞的回答，並巴結「無君子，如之何其可也？」（《梁惠王上下》《滕文公上》《盡心上》《告子下》）然而他的「仁政」終於落空。只「無君子莫治野人，無野人莫養君子」〔註 1〕成爲「天下之通義」。

倬彼甫田，歲取十千。

倬（zhuō）：廣大遠闊貌。《毛傳》：「倬，明貌。」《孔疏》：「倬然明大者，彼古太平之時天下之大田也。」馬瑞辰《通釋》：「《傳》訓明貌者，倬兼明、大二義。」甫田：《毛傳》：「謂天下田也。」泛指大而言。朱熹《集傳》：「甫，大也。」十千：《毛傳》：「言多也。」徐中舒《西周的社會性質》：「歲取十千，是每歲收取十個千畝的穀物。即是說，周征服了人民，十個百家住三十里內，在其中取十個千畝，讓一百家耕種千畝，各家自耕百畝，給統治者耕十畝。」（《徐中舒先秦史講義》，p105）〔註 2〕又朱熹《集傳》：「十千，謂一成之田，地方十里，爲田九萬畝，而以其萬畝爲公田，蓋九一之法也。」魏源《小雅答問下》：「周制一夫受田百畝。畝起於步，六尺爲步，長寬各百步，爲方百畝。九夫爲井，井方一里，以一夫之地爲公田。井十爲通，通十爲成。成方十里，爲田九萬畝。計百井九百夫之地，公田取百夫焉。成十爲終，終十爲同。同方百里爲田九百萬畝，計萬井九萬夫之地，公田取萬夫焉。此《詩》『歲取十千』，乃萬夫之入，百里侯國之制也。」

我取其陳，食我農人，自古有年。

我：周室貴族土地所有者。陳：朱熹《集傳》：「舊粟也。」《毛傳》：「尊者食新，農夫食陳。」農人：在貴族「公田」裏的集體服勞役的農業生產者。或曰受封賜土地上的「庸」或被征服土地上的原住民。「人」含某種輕賤意。〔註 3〕參見《伐木》三章「民之失德，乾餱以愆」注。朱鳳瀚《西周貴族家族內部的政治、經濟形態》：「《詩經・小雅》中《甫田》、《大田》兩篇是專門歌詠西周貴族封土上的農業勞作情景之作。《大雅》、《小雅》皆屬西周後期之詩，雖表現的是王畿地區的情況，但在當時各地區農業生產水平相差不大的情況下應具有普遍性。」「（我取其陳，食我農人）這句詩實是講農人在爲貴族服勞役期間，由貴族供其飯食，而這些農人平時皆有其私田可以爲生。此是中國古代籍田之制，與羅馬共和國時期那種大莊園中的奴隸生產形式判然有別。」（《商周家族形態研究》，p323、p325）有年：豐年。參見《魚麗》三章「君子有酒，旨且有」注。《鄭箋》：「倉廩有餘，民得賒貰（shì）取食之，所以紓官之蓄滯，亦使民愛存新穀。自古者豐年之法如此。」賒、貰：受者曰賒，予者曰貰。紓（shū），緩解。

今適南畝，或耘或耔，黍稷薿薿。

耘：指鋤草和根部培土。耔（zǐ）：培土。《毛傳》：「耘，除草也。耔，雍本也。」《說文》：「秄（耔），雍（壅）禾本也。」《漢書·食貨志上》：「苗生葉以上，稍耨隴草，因隤（tuí）其土以附苗根。故其《詩》曰：『或芸（耘）或芓（耔），黍稷儗儗。』芸，除草也。芓，附根也。言苗稍壯，每耨輒附根。比盛暑，隴盡而根深，能風與旱，故儗儗而盛也。」耨，鋤草。耨音見《蓼莪》〔註 1〕。隤，指鋤地時起土後墜下附著苗根。薿薿（nǐ）：《鄭箋》：「薿薿然而茂盛。」

攸介攸止，烝我髦士。

攸：乃，於是。介、止：息。《鄭箋》：「介，舍也。禮，使民鋤作耘耔，閑暇則於廬舍及所止息之處，以道藝相講肄。」又林義光《通解》：「介讀爲愒（qì）。《說文》：『愒，息。』『攸介攸止』對『或云或秄』而言，如《生民》之『攸介攸止』對『載震載夙』而言也。」烝、髦：《毛傳》：「烝，進。髦，俊也。治田得穀，俊士以進。」朱熹《集傳》：「烝，進。髦，俊也。俊士，秀民也。古者士出於農，而工商不與也。管仲曰：『農之子恒爲農，野處而不暱（nì），其秀民之能爲士者，必足賴也。』即謂此也。……進我髦士而慰勞之也。」〔註 4〕見《齊語》。韋昭注：「秀民，民之秀出者也。」暱，親近。

以我齊明，與我犧羊，以社以方。

《毛傳》：「器實曰齊（齍，粢），在器曰盛（chéng）。社，后土也。方，迎四方氣於郊也。」齍音見《巷伯》〔註 1〕。「齊明」即「明齊」，指純色潔淨黍稷，配純色之牲，可見十分講究。〔註 5〕《鄭箋》：「以絜齊豐盛，與我純色之羊，秋祭社與四方，爲五穀成熟，報其功也。」社：此處用爲動詞，指祭祀土地神。朱熹《集傳》：「秋祭四方，報成萬物。《周禮》所謂『羅弊獻禽以祀祊』是也。」《夏官·大司馬》「遂以獮田，如蒐田之法，羅弊致禽以祀祊」，鄭玄注：「秋田爲獮。獮，殺也。羅弊，罔止也。秋田主用罔，中殺者多也。皆殺而罔止。祊當爲方，聲之誤也。秋田主祭四方，報成萬物，《詩》曰『以社以方』。」田同「畋」。又斯維至《關於殷周土地所有制的問題》以爲「社」即家族公社、農村公社之社；「方」即方國之方，氏族或部落。「古人向方、社

祈年，因爲他們相信公社有公社神，氏族有氏族神的緣故，這猶之他們向祖先或上帝祈年一樣。」（《斯維至史學文集》，p50）

我田既臧，農夫之慶。

《鄭箋》:「臧，善也。我田事已善，則慶賜農夫，謂大蠟之時，勞農以休息之也。」大蠟，年終祭農田諸神。見《禮記・明堂位》。楊諫《大蠟賦》:「大蠟之祭兮，所以饗田神、賞農務。」參見《豳風・七月》。其八章有曰:「九月肅霜，十月滌場。朋酒斯饗，曰殺羔羊。躋彼公堂，稱彼兕觥，萬壽無疆！」農夫：即上所謂「農人」。稱之以「夫」，或爲周時以「夫」爲單位授田之故。見《地官・遂人》、《孟子・滕文公上》。

琴瑟擊鼓，以御田祖，以祈甘雨，以介我稷黍，以穀我士女。

御：迎。田祖：指農神。《孔疏》:「《郊特牲》注云:『先嗇，若神農。」《春官・籥章》注云:「『田祖，始耕田者，謂神農。』是一也。以祖者，始也。始教造田，謂之田祖。先爲稼穡，謂之先嗇。神其農業，謂之神農。」介、穀:《鄭箋》:「介，助。穀，養也。」助即祐助。黃焯《平議》:「祐助我禾稼，亦謂事神致福，多得禾稼。」參見《小明》五章「神之聽之，介爾景福」注。士女：指民之男女言。朱熹《集傳》:「又作樂以祭田祖而祈雨，庶有以大其稷黍而養其民人也。」

曾孫來止，以其婦子，饁彼南畝。

曾孫：指土地所有者，「曾孫」指周王室後人而言。參見《信南山》一章「畇畇原隰，曾孫田之」注。止：臨止。饁（yè）:送飯至田間與勞作者食。

田畯至喜，攘其左右，嘗其旨否。

田畯（jùn）:：田大夫，即領工的田官。攘:《鄭箋》:「攘當讀爲餉。饁，餉，饋也，」旨：味美。

禾易長畝，終善且有。

易:《毛傳》:「治也。」指對莊稼鋤草培土等務作。長畝:《毛傳》:「竟畝也。」即指整個的田地。終：既。有：朱熹《集傳》:「多。……既又見其禾之易治，竟畝如一，而知其終當善而且多。」參見《魚麗》

三章「君子有酒，旨且有」注。

曾孫不怒，農夫克敏。

克：能。朱熹《集傳》：「是以曾孫不怒，而其農夫益以敏於其事也。」

曾孫之稼，如茨如梁。

《毛傳》：「茨，積也。梁，車梁也。」《鄭箋》：「茨，屋蓋也。」用茅或葦所蓋房頂。朱熹《集傳》：「茨，屋蓋。言其密比也。」梁：朱熹《集傳》：「車梁，言其穹窿也。」一說梁，橋樑。嚴粲《詩緝》：「其稼在田，由高處視之，則稼在下，而見其密，故如屋茅。由平處視之，則稼在上，而見其高，故如橋樑。」穹窿、橋樑皆狀其莊稼的密集長勢。又于省吾《新證》據金文字形以爲如茨如梁之「梁」本應作「荊」。「茨即蒺藜，係蔓生密集之草，所以《廣雅・釋詁》訓茨爲聚；荊爲叢生之木……詩人詠『曾孫之稼』，以茨之密集與荊之叢生爲比，係形容禾稼之多；言其『曾孫之庾，如坻如京』，係形容庾囤之高。《良耜》敘黍稷之『穫之』、『積之』說，『其崇如墉，其比如櫛』。『其崇如墉』猶此詩之『如坻如京』；『其比如櫛』猶此詩之『如茨如荊』。荊之古音讀如彊，與京之古音讀如姜爲韻。總之，茨也棘類，『如茨如荊』，猶言『如棘如荊』。……《楚茨》第一章以『楚楚者茨』興黍稷之繁盛，則茨決非指屋蓋言之甚明。」（p91、p92）

曾孫之庾，如坻如京。

庾：《鄭箋》：「露積穀也。」參見《楚茨》一章「我倉既盈，我庾維億」注。坻：《鄭箋》：「水中之高地也。」坻音見《魚麗》讀注。京：《毛傳》：「高丘也。」嚴粲《詩緝》：「其庾在野，隨意堆積，有平而高者，如水中高地之坻。有卓絕而高者，如高丘之京。」

乃求千斯倉，乃求萬斯箱。

斯：句中助詞。箱：指車箱。朱熹《集傳》：「此言收成之後，禾稼既多，則求倉以處之，求車以載之。」

黍稷稻粱，農夫之慶。

農夫：此農夫當區別於後世意義上的「農夫」，也非《周頌・噫嘻》「率時農夫，播厥百穀」之農夫（田吏）。夫即《地官・遂人》所言之「夫」，也即貴族賴以生存的「土地上的勞動生產者」。「農夫之慶」當理解爲土地所有者因農夫勞作而帶來的「慶」，而不是農夫自己的「慶」。慶：福。朱熹《集傳》：「凡此黍稷稻粱，皆賴農夫之慶而得之。」

報以介福，萬壽無疆。

見《楚茨》二章「孝孫有慶，報以介福，萬壽無疆」注。

〔註 1〕有名李耳者曰：「聖人在天下，怵怵；爲天下，渾其心。百姓皆注其耳目，聖人皆閡之。」釋曰：「《禮記·祭統》：『心怵而奉之以禮。』……『怵怵』均爲恐懼之貌……渾其心，即渾渾沌沌之意……注其耳目，即聚其耳目……（高亨曰）言聖人皆閉百姓之耳目也。」（朱謙之《老子校釋》）

老子是「周守藏室之史」，看不得「恐懼」之下「百姓」（老子時的「百姓」指平民）之苦難，鑒古觀今，就試著開出些方子來。開來開去，要「聖人」去「使民無知、無欲」（《文子·原道》「〔老子曰〕古民童蒙，不知東西……行蹎蹎〔diān〕。視瞑瞑，立井而飲，耕田而食」），要「百姓」閉塞耳目，無聞無見無識而「無爲」；莊子也言「虛靜恬淡寂漠無爲」——在中國，「無爲」被上升成了某種「哲學」。

〔註 2〕「各家自耕百畝，給統治者耕十畝」當據「什一而藉」言。《公羊傳·宣公十五年》：「古者什一而藉。古者曷爲什一而藉？什一者，天下之中正也。什一行而頌聲作矣……」藉，借民力耕種之田。「什一而藉」即私田與公田之比例爲 10：1。何休注：「什一以借民力，以什與民，自取其一爲公田。」從戰國到東漢，知識分子們就土地政治輪番做夢。何休據《孟子·梁惠王上》、《滕文公上》、《地官·大司徒》、《小司徒》、《遂人》、《夏官·大司馬》、《漢書·食貨志》等作了好一番「頌聲者，大平歌頌之聲，帝王之高致也」煞有介事的描繪。《後漢書·儒林列傳》言何休「妙得《公羊》本意……」這個「妙」字，用得何其妙！

〔註 3〕一說農人，「公社成員」。斯維至《古代土地所有制問題辨疑》：「我國古代歷史，不但存在過公有制（正確說是「王有」制），而且還可以分清楚農村公社（包括家族公社）不同的、更迭發生的原生形態、次生形態或再生形態。就是說，孟子講的井田制基本上相當於原生形態，《周禮》講的授田制相當於次生形態或再生形態……井田制有公田和私田的區別，這是家族公社或農村公社的重要特點……孟子說『公事畢然後敢治私事』，也正是治私田之事。當時，無論公田、私田，都是公社的共同財產，故能有先公後私的精神。……（我取其陳，食我農人）我們認爲是反映了父家長貴族（氏族貴族）與公社成員的關係。因爲公田的收入本是爲了『公共的支出』（如祭祀、飢饉、戰爭及其他意外事情），所以按照公社的習慣，它們往往要儲備意外之用，總有三年以至更長的時間的儲藏，到新穀收穫後，才把陳穀替換一部分來給社員吃用……它並不是反映剝削與被剝削的關係。父家長的權力是很大的，他可以將自己的族人處死，或者收取社員很大的貢獻，但是這至多只能說明階級的分化，還不是奴隸主與奴隸的關係。同樣的理由，《甫田》詩說『我田既臧，農夫之慶』，也只有像我們這樣理解，才比較妥帖。」（《斯維至史學文集》，p185～p187）

〔註 4〕《周語上》：「古者，先王既有天下，又崇立上帝、明神而敬事之，於是乎有朝日、夕月以教民事君。諸侯春秋受職於王以臨其民，大夫、士日恪位著以儆其官，庶人、工、商各守其業以共其上。」

《逸周書・程典解》：「士大夫不雜於工商（孔晁：「使各專其業。商不厚，工不巧，農不力，不可力治。必善其事，治乃成也」），士之子不知義，不可以長幼（朱右曾：「長幼，猶言長人」）。工不族居（唐大沛：「聚族居肆業乃精」），不足以給官；族不鄉別，不可以入惠（朱右曾：「鄉別則知民穀之數，而行補助入致也。《管子》定民居之法蓋出於此」）。」

〔註 5〕《左傳・桓公六年》「吾牲牷肥腯，粢盛豐備，何則不信？」杜預注：「牷，純色完全也。腯，亦肥也。黍稷曰粢，在器曰盛。」腯音 tú。孔穎達疏：「謂純色完全，言毛體全具也……粢是黍稷之別名，亦爲諸穀之總號。祭之用米，黍稷爲多，故云『黍稷曰粢』，粢是穀之體也。」黍，即糜（méi）子，稃（fū）殼有白、黃、紅、灰、黑、褐各色，性有黏與不黏者（《說文》「黍，禾屬而黏者也」），碾出的米稱黃米，味極香。稷，當指非黏性者黍。

（文獻中的「稷」所指不一，《爾雅》「粢，稷」，孫炎注：「稷，粟也。」「粟」即去殼後的小米，穀屬；「粟米」連用時，「粟」指帶殼的穀粒。不同時期、地域也有將高粱稱爲「稷」者）

《禮記・曲禮下》「黍曰薌（xiāng）合，梁曰薌萁，稷曰明粢」，孔穎達疏：「『黍曰薌合』者，夫穀秫（黏性高粱，《說文》「秫，稷之黏者也」。此借指黏性）者曰黍，秫既軟而相合，氣息又香，故曰『薌合』（徐鉉《說文新附》「薌，穀氣也」）也。『梁曰薌萁』者，梁謂白梁黃梁也。其，語助也。『稷曰明粢』者，稷，粟也。明，白也。言此祭祀明白粢也。」「白粱」爲穀類中的一種，「穗大多毛且長」，米白色；「黃粱」即紅糜子去殼後的黃米，皆非指高粱。

又馬瑞辰《毛詩傳箋通釋》:「《說文》:『齍，黍稷器，所以祀者。』『盛，黍稷在器，所以祀者也。』……《詩》作齊者，齍之省借；明者，盛之省借。古明與盛同義。《爾雅・釋詁》:『明，成也。』《釋名》:『成，盛也。』明爲成，即爲盛。《玉篇》:『晟，明也。』晟亦盛之異文。」類似的轉釋十分牽強。

小雅・大田

《禮記・禮運》中的「孔子」有一段話，說三代之前「大道之行」時代，「天下」本是天下人共有的，人人有份，是一個「大同」的社會。又說三代時也有傑出英明者當政，可惜他沒有趕上，但是有文獻記載下來了。〔註1〕那麼，「甫田」「大田」之主算不算「三代之英」呢？

「彼有遺秉，此有滯穗，伊寡婦之利」，西周社會生產關係之反映。寡婦無居所之「廛」（《地官・載師》、《遂人》），也就無任何糧食所得，只能在收割過的田野裏拾一點遺落的穀穗。〔註2〕「雨我公田，遂及我私」，自孟子始（《滕文公上》）被引釋了無數次，是儒家「王道」需要而爲。詩中的「私」，絕不是後世意義上的家庭私田——

《禮運》「天子有田以處其子孫，諸侯有國以處其子孫，大夫有采以處其子孫，是謂制度」；《曲禮下》「問國君之富，數地以對，山澤之所出。問大夫之富，曰：『有宰食力，祭器衣服不假。』問士之富，以車數對。問庶人之富，數畜以對」，孔穎達疏：「云富者，非問其多金帛，正是問最所優饒者也。不問天子者，率土之物，莫非王有，天下共見，故不須問，而諸侯止一國，故致問也。」《大盂鼎》、《宗周鍾》、《周書・康誥》、《梓材》、《大誥》紀邦（疆）土其民自「天」而受，「天子」和其「公孫」「曾孫」們，又如何會拿出一部分來分給「社員」們成爲其「自留地」？「自留地」所產糧食桑麻歸誰？甚至魚、鹽、金、銀、錫、石之屬又歸誰？

然而人們還是希望能夠在歷史中尋得一點「溫情與敬意」，希望周代曾經有過「私田」、「井田」，於是便有了諸多爲說，也有了無數的考論。遺憾的是，除了從文獻到文獻，沒有發現相關「私田」、「井田」金文之紀，更無其他實證。實際上可能什麼都不曾有過！土地是人類社會最早最基本的生產資料，對於農業文明社會來說，「民人」有了土地便有了財產，而有了財產便意味著有了自主之基礎，權力「主民」或就有了「民主」的危險；而土地不屬於「民人」，「民人」就永遠不會屬於自己——歷代「高層」不謀而合地認識到了這一點，奪民之所有而「治」民、「惠」民……

《大田》倘或寫實，詩者的感受不是「體驗生活」所能得來的。而是一種親歷和擁有，一種權力和利益獲得後的反應，一種情不自禁和溢於言表的「展示」與「發表」。〔註3〕

大田多稼，既種既戒，既備乃事。

大田：《鄭箋》：「大田，謂地肥美，可墾耕，多爲稼，可以授民者也。將稼者，必先相地之宜，而擇其種。季冬，命民出五種，計耦耕事，修耒耜，具田器，此之謂戒，是既備矣。至孟春，土長冒橛，陳根可拔而事之。」《孔疏》：「計耦耕事者，以耕必二耜相對，共發一尺之地，故計而耦之也。」〔註4〕按：《禮記・月令》「（孟春之月）天氣下降，地氣上騰，天地和同，草木萌動」，鄭玄注：「此陽氣蒸達，可耕之候也。《農書》曰：『土長冒橛，陳根可拔，耕者急發。』」孔穎達疏：「『土長冒橛』者，謂置橛以候土，土長冒橛，陳根朽爛，可拔而去之，耕者，急速開發其地也。」謂初春時將新砍伐的樹橛置於地裏，橛芽發出說明已是耕作時節。《農書》指西漢晚期的《氾（fàn）勝之書》，該農書針對黃河流域的土壤、氣候和植物而言。土長（zhǎng），指氣溫升高，冬天凍結的土地泛虛並有所增高。冒橛，古人在初春時置橛地裏，當橛芽出土時，表明已到耕作時節。或指樹木砍伐後留在底端的殘樁或土裏的殘根，春天時往往冒出新枝芽。陳根，上年收穫莊稼時留在土裏的根，需在翼年春播時翻土去除。晉人王廙（yì）《春可樂賦》有「春可樂兮，樂孟月之初陽，冰泮渙以微流，土冒橛而解剛」句。事：用爲動詞。朱熹《集傳》：「凡既備矣，然後事之。」

以我覃耜，俶載南畝。

覃（yǎn）：通「剡（yǎn）」。《毛傳》：「覃，利也。」按：「耜」之材質，以《易・繫辭》「斲（zhuó 斫）木爲耜，揉木爲耒」，初當爲木質，何時以「惡金」爲之，周初有一定的可能性，但鐵器的大量使用和用來製作農具應在春秋晚期和戰國。〔註5〕俶（chù）載：陸德明《釋文》：「俶，始也。載，事也。」朱熹《集傳》：「取其利耜而始事於南畝，既耕而播之。」又《鄭箋》：「俶讀爲熾，載讀爲『菑栗』之菑。時至，民以其利耜，熾菑發所受之地，趨農急也。」「菑栗」見《考工記・弓人》，用鋸剖開。此處《鄭箋》意砍伐。發，開墾。

播厥百穀，既庭且碩，曾孫是若。

厥：指代詞，其。庭：《毛傳》：「直也。」《鄭箋》：「眾穀生，盡條直茂大。」曾孫：即「大田」之所有者。若：《鄭箋》：「順也。」朱熹《集傳》：「順曾孫之所欲。」

既方既皁，既堅既好，不稂不莠。

方：指穀物開始結殼。《鄭箋》：「方，房也。謂孚甲始生而未合時也。」皁（zào 皂）：《毛傳》：「實未堅者曰皁。」稂（láng）：與「莠」皆穀中退化變種者，俗稱「莠子」，生長條件良好的情況下主枝分枝皆抽穗，顆粒成秕子早熟而自行落地。「莠子」因分蘖多、枝葉盛而吸取地表營養，嚴重影響周圍正常穀物的生長。

去其螟螣，及其蟊賊，無害我田穉。

螟：即螟蛾，與螣（tè）、蟊、賊皆爲農作物害蟲。《毛傳》：「食心曰螟，食葉曰螣，食根曰蟊，食節曰賊。」穉（zhì）：幼禾。

田祖有神，秉畀炎火。

田祖：王夫之《稗疏》：「田祖本主田之官，後世即以其官爲神號而祈報之。」參見《甫田》一章「瑟瑟擊鼓，以御田祖」注。畀：予。《鄭箋》：「持之付與炎火，使自消亡。」

有渰萋萋，興雨祁祁。

渰（yǎn）：《毛傳》：「雲興貌。」有渰即渰渰。萋萋：《毛傳》：「雲行貌。」又朱熹《集傳》：「萋萋，盛貌。」即指雲濃厚而移動貌。祁祁：《毛傳》：「徐也。」《鄭箋》：「古者陰陽和，風雨時，其來祁祁然而不暴疾。」朱熹《集傳》：「雲欲盛，盛則多雨。雨欲徐，徐則入土。」

雨我公田，遂及我私。

遂：於是。私：「私田」。《魯語下》「仲尼」語「先王制土，籍田以力，而砥其遠邇」，韋昭注：「砥，平也，平遠、邇所差也。」籍田即「貴族」依靠民力服役耕種之田。〔註 6〕參見《甫田》一章「我取其陳，食我農人，自古有年」注。

彼有不穫穉，此有不斂穧；彼有遺秉，此有滯穗，伊寡婦之利。

稚：後種晚熟之稼。穧（jì）、秉：《孔疏》：「穧者，禾之鋪而未束者。秉，刈禾之把也。」滯穗：遺落的穀穗。伊：助詞。

曾孫來止，以其婦子，饁彼南畝，田畯至喜。

見《甫田》三章注。

來方禋祀，以其騂黑，與其黍稷。

方：指祭四方之神。朱熹《集傳》：「曾孫之來，又祀禋四方之神而賽禱焉。」賽禱即祭祀酬神。參見《甫田》二章「以我齊明，與我犧羊，以社以方」注。禋祀：焚燒祭品（牲體、五穀、玉、帛）使煙氣達天的祭祀。朱熹《集傳》：「精意以享，謂之禋。」騂：指赤黃色的牛。黑：指黑色的羊、豬。《孔疏》：「其祀之也，以其騂赤之牛，黑之羊豕，與其黍稷之粢盛，用此以獻，以祀四方之神，爲神歆饗，而報以大大之福，所以常得年豐。……《大宗伯》云：『青圭禮東方，赤璋禮南方，白虎禮西方，玄璜禮北方。皆有牲幣，各放（仿）其器之色。……是五官之神，其牲各從其方色，則宜五色。獨言騂、黑者，略舉二方以韻句耳。」

以享以祀，以介景福。

介：祈。參見《小明》五章「神之聽之，介爾景福」注。又《孔疏》：「神饗之，而報以祐（祐）助與大福。」景：大。

〔註 1〕「大道之行也，與三代之英，丘未之逮也，而有志焉。大道之行也，天下爲公，選賢與能，講信修睦。故人不獨親其親，不獨子其子。使老有所終，壯有所用，幼有所長，矜寡孤獨廢疾者，皆有所養。男有分（鄭玄注：「分，猶職也」），女有歸（注：「皆得良奧之家。」良奧，善良），貨惡其棄於地也，不必藏於己，力惡其不出於身也，不必爲己（孔穎達疏：「凡所事，不憚劬勞，而各竭筋力者，正是惡於相欺，惜力不出於身耳。非是欲自營贍。」營贍，供養，贍養）。是故謀閉而不興（謀，指姦邪之謀），盜竊亂賊而不作。故外戶而不閉，是謂大同。」

〔註 2〕《坊記》中的「孔子」，讀到此處，說是不與民爭利，「君子不盡利以遺民」。同時又說：「寡婦之子，不有見焉（鄭玄注：「有見，謂睹其才藝也」），則弗友也，君子以辟遠也……」用心之低下無以復加。

中晚唐白居易《觀刈麥》距《大田》一千五百年以上，而其情景卻又出奇地相似：「田家少閒月，五月人倍忙。夜來南風起，小麥覆隴黃。婦姑荷簞食，童稚攜壺漿，相隨餉田去，丁壯在南岡。足蒸暑土氣，背灼炎天光，力盡不知熱，但惜夏日長。復有貧婦人，抱子在其旁，右手秉遺穗，左臂懸敝筐。聽其相顧言，聞者爲悲傷。家田輸稅盡，拾此充饑腸……」

〔註 3〕《詩經》時代的「文人」無意矯情，後世有。《詩經原始》：「情極閒淡，詩偏盡情曲繪，刻摹無遺，娓娓不倦。無非爲多稼穡一語設色生光。所謂愈淡愈奇，愈閒愈妙……純從旁面烘托，閒情別致，令人想見田家樂趣，有畫圖所不能到者……」字紙裏覓「家園」的讀書人辭藻。青青子衿倒也罷了，方玉潤說《詩》時已是老大不小一條乾枯的花白髮辮——晚清，新舊交替中有無數人做夢從前的「大田」。

〔註 4〕「二耜相對，共發一尺之地」待考。萬國鼎《上古田制之推測及土地私有制之成立》引徐中舒《耒耜考》說：「耒耜實爲兩種不同之農具。耒下歧頭，仿樹枝。耜下一刃，仿木棒。實爲兩種不同之農具。然自春秋以來，名稱混淆，以爲曲木之柄謂之耒，耒端之刃謂之耜。……可推知耜爲西土習用之農具。東遷以後，仍行於汧渭之間。」（《中國田制史》，p8）

〔註 5〕參見郭沫若《中國古代社會研究》導論、第二篇及《古代研究的自我批判》（《十批判書》）。較之青銅和玉器，鐵器在整個《雅》詩中都沒有出現。如果「覃耜」爲木質之利，則其豐收和「農夫克敏」（《甫田》），爲讀《詩》提供的感受更爲真切和複雜。

〔註 6〕朱鳳瀚《西周庶民的家族形態》：「這裡的籍田當然不僅指王田，而是泛指一切貴族所依靠農民服役耕種之田。從仲尼之言亦可證明周代耕種籍田的農民一定都有自己的私田與獨立的經濟，所以才可謂與貴族之籍田有遠近之分，而且要平均其遠近所差以示力役均平。……此詩是寫在公田耕作之『我』見到公田上空『興雲（雨）祁祁』，雨即將降下，而由此聯想到雨『遂及我私』，亦即勢必蔓延至自己的私田，實是身在公田心在私，是現實主義的表現手法。」

《西周貴族家族內部的政治、經濟形態》:「公、私田之分是與在先秦時代曾長期實行過的助耕公田制相聯繫的。……西周封建制度將附著於田土的耕作者與田土一起賜予貴族，實際上亦即建立起生產者對貴族土地所有者的人身依附關係。這種關係一旦建立，農民便被束縛於封土內，要在貴族公田上服勞役，並交納某些貢品，以供養貴族家族，他們還往往作為田邑的附屬物而被貴族轉讓或贈送。這種人身依附關係的建立有如下特點：其一，服農役的直接生產者多是土著居民，他們所耕種的維持自己必要生活資料土地（私田），並非由貴族在受封後，將封得的土地重新授予他們的，當時並沒有對直接生產者授田的過程，只是由於封賜制度從法權上將他們所佔有的耕地歸屬於貴族，使這些耕地以一種法律虛構的形式，在名義上成為貴族授予他們的私田。而在此中法權下，他們必須要以服農役的方式來為授予他們私田的貴族盡義務。其二，在部分青銅器銘文（特別是西周早期器銘）中可以看到，王（或貴族）在賜予下屬貴族時，不僅賜土田，同時也賜人。前引《詩經》篇章中有的也明確提到賜予貴族的不僅是『土田』，還有『附庸』，提到要使當地土著居民作貴族之『庸』。這說明直接生產者對貴族的人身依附關係，並不僅是由於生產者是土地的附屬物，在土地歸屬貴族後，他們亦就隨之轉化為貴族的附庸，而且是由於封賜制度從法權上直接對這種關係給予了明確的規定。西周庶民對貴族人身依附關係的形成，使貴族實行超經濟強制性質的勞役剝削成為可能。但這種人身依附關係顯然與奴隸主佔有奴隸的那種財產佔有關係是不同的。西周農業生產者有自己的私田和生產工具，有不屬於貴族經濟範疇的家族獨立經濟。所以西周農業生產形式亦非屬奴隸制經濟範疇，而同於勞役地租。」(《商周家族形態研究》，p413、p414，p325、p326)

又斯維至《關於殷周土地所有制的問題》:「殷周時期農村公社和家族公社是普遍存在的……家族公社或農村公社的主要特徵是土地的公有，凡草地、森林、牧場等也都是公用的。耕地雖然分給各個家族使用，但是並不是他們的私有財產，各個家族所能私有的只是房屋及生產工具而已；至於土地，則往往過若干年之後必須重新分配。……殷周公社中的土地又分作公田和私田。公田就是農民為『共同體個人』耕作的。私田就是農民各個家族耕種的份地，但它們仍非私有，而只是作為『承襲的佔有者』。《詩》云:『雨我公田，遂及我私。』這裡明白地以公私對舉，故『私』決定是農民的私田即份地之意，作爲農具或其他解釋是很不確切的。《孟子》所謂『其中爲公田，八家皆私百畝』，這必定是有根據的。甲骨文中的『協田』『籍田』以及《詩經》中的『甫田』『大田』等應該都是公田，它們的面積是很大的，因此，在公田裏廣泛地進行著集體勞動……《詩經》中如《臣工》《載芟》《甫田》《楚茨》等詩也都是描寫集體耕作公田的詩。」(《斯維至史學文集》，p49～p75。《文集》由臧振校讀。臧振在《白家甲的家族公社》中對「公田」「私田」作有令人興奮和饒有意味的近代實證分析，尤當參閱)

關於井田制，《穀梁傳・宣公十五年》「古者三百步爲里，名曰井田。井田者，九百畝，公田居一」；《地官・小司徒》「乃經土地而井牧其田野，九夫爲井（鄭玄注：「方一里，九夫所治之田也」)，四井爲邑，四邑爲丘，四丘爲甸，四甸爲縣，四縣爲都，以任地事而令貢賦，凡稅斂之事……」「野人」在公田服勞役作爲租稅。

《孟子・滕文公上》：「方里而井，井九百畝。其中爲公田，八家皆私百畝，同養公田。公事畢，然後敢治私事，所以別野人也。」每方里之地劃成井字形等分爲九方，每方百畝，中爲公田，其餘分授八夫，各私百畝，同養公田，不另納稅。

陳伯瀛《井田有無考・井田結論》：「然則姑不問井田之存在，是否適合古人社會之情勢，即三家之井田論，逐一推敲，均脆弱不足爲據。《詩》之『雨我公田』、『中田有廬』，《夏小正》之『初服於公田』，並未含有井田之型跡。孟子之井田論，亦不過『由此觀之』而推論田制，而非由目擊之證驗。不能依之以肯定井田制度之事實存在。至於《周禮》云云，一則畝數之或異，再則從九從十之歧混，三則授田明文之罅漏，亦決不能循此以求井田！」(《中國田制叢考》卷二，p9～p50）

「三家之井田論」指「由古籍中之單詞雙語而施推覈（hé)」(按：「單詞雙語」指《夏小正》「初服於公田」、《小雅・信南山》「中田有廬」、《大田》「雨我公田，遂及我私」等)、《孟子》之說、《周禮》之說，見《井田傳說尋源》。《〈周禮〉授田說考》：「由《周禮》以證井田，實則《周禮》本爲僞書，不足爲據。且就《周禮》中之田制而言，愈足證《周禮》之爲僞書焉。《周禮》田制之隙罅，一爲《周禮》中授田之畝數，一爲《周禮》中授田之方式。」並見《緒言》〔註 15〕引萬國鼎《上古田制之推測及土地私有制之成立》及胡適於「井田」的否認。

侯外廬《中國古代文明起源的具體路徑》：「西周土地所有形態是國有的……《詩經・小雅》所謂『公田』，是和甫田、大田相同，公是公族、公孫的公，顯然

不是公私相對的公。《墨經》說『禮，貴者公』，公就是氏族貴族。」（《中國古代社會史論》，p86）

（朱鳳瀚《春秋公族形態》：「（公室）『公』是指王朝卿士，是家臣稱家主的稱謂。關於此種『公室』的內涵亦可由金文得知……西周金文所見王朝卿士之『公室』含有親族組織在內，但又不是一個單純的親屬組織概念，因爲其內還包括有宮室等財產，有家臣以及僕傭、臣妾等奴隸，後者與家主不僅構成政治等級隸屬關係，有的還與家主構成經濟上的剝削與被剝削的關係。所以可以認爲它是一個非單純血緣關係的政治、經濟的共同體……春秋列國『公室』與西周王朝卿士之『公室』範疇相近。既可以指一種親屬組織，也可以指以此種親屬組織爲核心的一種政治、經濟共同體。……所謂公室雖單就其親屬組織含義看是指國君所在近親家族，即狹義公族之初形，但在使用公室這一概念時，實際上又往往是指其所包含的軍隊、土地（及土地上的屬民），即公室的人力、物力。在這種情況下，公室指的是以國君所在近親家族爲核心的，一種非單純血緣關係的政治、經濟的集合體。……相信西周時列國公室面貌亦大致如此。」《商周家族形態研究》，p443～p445）

何茲全《井田和土地制度》：「《大田》詩中『雨我公田，遂及我私』的公和私，還沒有我們現在所說的『公有制』和『私有制』的公私的意思。《大田》詩中的公是尊稱，指的是貴族。公田就是周王、諸侯、貴族的田，實際上是周王、諸侯、貴族的私田。我私，是農民分到的份田。」「耕種份地的農民向貴族交納的貢納，大約是十分之一。孟子說，徹者徹也，助者藉也，其實皆什一也。證之《論語・顏淵篇》，『哀公問於有若曰：年饑，用不足，如之何？有若對曰：盍徹乎？曰：二，吾猶不足，如之何其徹也？』大概徹是什一，助也是什一。」「總之，周代田制中有公田有私田。在私田上耕作的農民，按老皇曆辦事，上繳什一之稅，但天下已經大變，他所交的已由原爲氏族公有變爲周王、諸侯、貴族私有了。周王、諸侯、貴族通過篡奪所取得的這份權利，是後代皇帝干預社會經濟生活的物質基礎，也是現代國有土地理論所由產生的物質基礎。」（《中國古代社會》，北京師範大學出版社，2007 年，p73～p76）

趙儷生《三代的井田制度》：「『公田』和『私田』，應當被看做在特定歷史階段上的產物，有著它們自身產生和消亡的歷史，並且也經歷著它們自身的衍變……第一階段，『公田』是原始公社末期公社掌握的大塊土地，由社員集體耕種，收穫物作爲公共開支與公共積累，以支付戰爭和祭祀的開支；『私田』是由公社主持分配（比如說用抽籤方法）、由公社主持輪換的份地。到第二階段，階級發生了，剝削發生了，奴隸主貴族們抓住了原來屬於層次不同的各級公社所有的大塊土地，這時候仍叫『公田』，但這個『公』字的意思早已不是『大公無私』的『公』，而是『國公』、『公侯』的『公』了。在這大塊的『公田』上，仍由原勞動者集體耕種，但收穫物成了貴族的，這種剩餘勞動產品是以勞役租的形式，同時也是以地租國稅合一的形式繳納的。『私田』仍然保持著份地的形式，由勞動者自己耕種，收穫物作爲保持勞動者及其家屬必要勞動的產品，爲勞動者所消費。自然，在這第二階段上，勞動者的身份變了，他們已不是完整意義的社員，而帶有了隸屬的性質……『公田』、『私田』發展到第三階段，正是史書上所記周平王『不藉千畝』、晉國『作爰田』、魯國『初稅畝』以來的事情，『公田』、『私田』在法權意義上拉平了，剩餘勞動產品的榨取，基本上離開『公社』的軀殼，也離開貴族個體，由天子和國家統籌榨取『什一』之稅，然後以頒俸祿的形式，去完成『分贓』式的分配。這種情況，才是『溥天之下，莫非王土』的詩句所眞正反映的時代和情況。這第三階段一開始並不普遍化，齊之管仲、鄭之子產、鄒滕之孟軻，他們並不積極推行打破『公田』、『私田』框框的政策，他們走改良主義道路，還要恢復一些舊的疆界。直到商鞅當政的秦，才大力破除舊的框框，使土地買賣得以普遍化、合法化，這樣土地所有權才具有了嶄新的意義。從此之後，所謂『公田』指的是國家私有的土地，所謂『私田』是私人私有的土地，這跟公社後期的『公田』、『私田』，已經完全是另外的一回事了。」「不藉千畝」、「作爰田」、「初稅畝」分別見《周語上》、《左傳・僖公十五年》、宣公十五年《左傳》、《公羊傳》、《穀梁傳》。(《中國土地制度史》，武漢大學出版社，2013 年，p185、p186)

郭沫若曾在《周代彝銘中的社會史觀——周代彝銘中無井田制的痕跡》(《中國古代社會研究》) 中否認井田制，「井田制是中國古代史上一個最大的問題。其見於古代文獻的最古的要算是《周禮》，然而《周禮》便是有問題的書……《春秋》三傳和《王制》等書，都是後來的文獻，而所說與《周官》亦互有出入」。但後來郭又在《由周代農事詩論到周代社會》(《青銅時代》) 和《古代研究的自我批判》(《十批判書》) 中自責「判斷其實是錯了」，敘寫了井田制的存在、形制、性質，施行的用意和井田制的破壞等。

徐中舒 (《徐中舒先秦史講義》，p101～p107)、趙光賢 (《周代社會辨析》，人民出版社，1980 年，p46、p53) 肯定《孟子》所言井田制；徐以爲胡適否認「井田」，「純全是資產階級主觀唯心論的說法」。

小雅・瞻彼洛矣

西周「宗周」爲鎬京者似乎已成定論。然早在五十年代陳夢家先生《西周金文中的都邑》就認爲「宗周」是指西邊的「岐周」;「宗周」乃宗廟所在之地。〔註1〕臧振《西周豐鎬成周說》也認爲，西周時期所謂「宗周」指周原，所謂「成周」實指豐鎬；西周時期的洛邑是不可稱爲「成周」的。那麼，以「小雅、大雅者，周室居西都豐、鎬之時詩也」(《小大雅譜》)論，朱熹「天子會諸侯於東都以講武事，而諸侯美天子之詩。言天子至此洛水之上，韎戎服而起六師也」(《詩集傳》)的說法也就不能成立；所謂「西六師」(見《盠尊》、《禹鼎》、《伯懋父敦》等)又本爲戍守西土之師——詩中的「洛水」，應該不是「東都」洛邑之南那條河。

洛水之上少有煙雨氤氳。以周天子之盛裝和漲滿的泱泱之水看，〔註2〕時序當爲秋白之際。兼葭茫茫，悵寥廓。徘徊於河岸上的周天子，極目遠眺，於萬年之「福祿」，又有幾許把握？

瞻彼洛矣，維水泱泱。

《毛傳》:「洛，宗周溉浸水也。泱泱，深廣貌。」。《鄭箋》:「瞻，視也。我視彼洛水，灌溉以時，其澤浸潤，以成嘉穀。」《說文》:「洛，水，出左馮翊歸德北夷界中，東南入謂。」段玉裁注曰:「『左馮翊』三字當作『北地』二字。前志北地郡『歸德』下『洛水出北蠻夷中，入河』。入河者，入渭以入河也。」〔註3〕「前志」即指《漢書・地理志》。

君子至止，福祿如茨。

朱熹《集傳》:「君子，指天子也。」止：臨止。下同。茨：《鄭箋》:「屋蓋也。如屋蓋，喻多也。」參見《甫田》四章「曾孫之稼，如茨如梁」注。

韎韐有奭，以作六師。

韎韐（mèi gé）:《毛傳》:「韎韐者，茅蒐染韋也。」即用茜草染成的赤黃色皮製蔽膝，即韍、韠。韋，熟牛皮。奭：《毛傳》:「赤貌。」參見《采芑》一章「路車有奭，簟茀魚服，鉤膺鞗革」注。有奭，即奭奭。作：興。六師：《毛傳》:「天子六軍。」〔註4〕參見《采芑》三章「方叔涖止，其車三千，師干之試」注。

瞻彼洛矣，維水泱泱。君子至止，鞞琫有珌。

鞞（bǐng）：刀鞘。琫（běng）：與「珌（bì）」皆刀鞘玉石、貝類之飾。《毛傳》:「琫，上飾。珌，下飾也。天子玉琫而珧（yáo，蚌蛤甲殼）珌，諸侯璗（dàng，黃色合金）琫而璆（qiú，玉石的一種）珌，大夫鐐（一種白色的合金）琫而鐐珌，士珕（lì，蚌蛤甲屬）琫而珕珌。」朱熹《集傳》以爲天子「琫」「珌」之飾者「亦戎服也」。

君子萬年，保其家室。

此與末章末句皆祈頌之詞。

瞻彼洛矣，淮水泱泱。君子至止，福祿既同。

同：聚集。

君子萬年，保其家邦。

〔註1〕《西周銅器斷代》，p371～p374。

〔註2〕《詩經》中寫河海的字句不多。黃河者《商頌・玄鳥》「景員維河，殷受命咸宜」、《魏風・伐檀》「坎坎伐檀兮，寘（zhì）之河之干（側）（漘 chún）兮」，其他江河者也只《沔水》「沔彼流水，其流湯湯」，《鼓鍾》「鼓鍾將將，淮水湯湯」、「鼓鍾喈喈，淮水湝湝」，《瞻彼洛矣》「瞻彼洛矣，淮水泱泱」，《大雅・

江漢》「江漢浮浮，武夫滔滔」、「江漢湯湯，武夫洸洸（guāng）」，《常武》「王旅嘽嘽，如飛如翰，如江如漢」；而以河起興者僅《沔水》「沔彼流水，朝宗于海」——周人發跡於北方黃土高原，那一片天地間的眾多的鳥獸草木蟲魚和土地上的莊稼，於他們來說似乎更爲熟悉。

商人除「肇域彼四海。四海來假（gé），來假祁祁」（《玄鳥》），尙且「相土烈烈，海外有截」（《長發》），但周人「于疆于理，至于南海」（《江漢》），周詩中更多的是「中國」、「四方」（《節南山》、《大雅・民勞》、《蕩》、《桑柔》）、「四國」（《大雅・皇矣》、《豳風・破斧》、《曹風・鳲鳩》）……「革命」和政權意識極強的周人，將「天下」之視野只局限於其心目中的「海內」——中國「黃土文明」至西周而成形，彷彿宿命一般。

《左傳・哀公九年》「秋，吳城邗（hán），溝通江、淮」，魯哀公九年是周敬王三十四年，公元前 486 年，其「邗溝」，即歷隋唐、宋元、明清而成的「京杭大運河」南端之初始。其實，與這「偉大工程」（另一「偉大」者據說是長城）平行的東面就是海——航海，自然要比開挖黃土困難和複雜得多。「天子」們既然無能面對大海，也無心向外看一眼，那麼，歷代政權最拿手和最好使的，也就是「天下」的「子民」、「百姓」了——所謂「治國」，實則始終在做著同一件事情：治民。以《商君書》「馭民五術」及相近者最爲惡劣——專制與極權政治需儒則尊儒，需法則則法（家），法家的集權和君主獨裁思想更極端，更爲殘暴、陰謀。

〔註 3〕左馮翊爲漢代「三輔」之一，西漢武帝年間治所「長安」（今西安市東北），轄渭河北、涇河東、洛河中下游地區。東漢移治「高陵」（今高陵縣西南）。北地郡爲秦初三十六郡之一，治所「義渠縣」（今甘肅慶陽西南），西漢時治「馬嶺縣」（今慶陽環縣東南），東漢治「富平縣」（今寧夏吳忠附近）。後因羌亂而數徙，黃巾起事後又改治「懷德」（今陝西富平西南）。北地郡各個時期的轄地不定，區域大致在今甘肅東部、寧夏中東部、陝西西北部結合帶。從《漢書・地理與》等史志看，《說文》所說「歸德」當在今陝西定邊南、甘肅環縣北一帶。洛水源於今定邊縣南部白於山，流經今屬延安市的吳旗、志丹、安塞、甘泉、富縣、洛川、黃陵等縣，在陝西中東部的大荔縣入謂河。詩中的「泱泱」洛水，當指屬關中盆地的下游段。

周人於洛水有著深遠的民族情感。徐中舒言「周人本來是白狄之一支」，「周人世系應當從不窋開始」。（《先秦史論稿——周王朝的興起》，又見《徐中舒先秦史講義》第八講「周代先世」）

沈長雲《石峁古城是黃帝部族居邑》:「白狄族人居住的大本營與黃帝氏族同在陝北地區。《左傳・成公十三年》記春秋晉國的呂相《絕秦書》說:『白狄及君同州，君之仇讎，而我之婚姻也。』呂相稱白狄與秦同處雍州，卻一直是秦的仇敵，而同晉國保持著婚姻關係……呂相稱白狄與秦所同處的雍州，實指今陝北地區……查史書談到白狄居於陝北地區的記載還有不少，如《國語・齊語》:『（齊桓公）西征攘白狄之地，至於西河』,『西河』係指今晉陝間黃河兩岸之地。《史記・匈奴列傳》徑稱白狄『居於河西圁、洛之間』，圁水即今流經榆林、綏德等地的無定河，『圁、洛之間』指今陝北榆林、延安地區。……不僅白狄，大家十分關注的周族的起源地也是在陝北。周人亦是黃帝族直接的後裔。周人姬姓，在先秦華夏各族中，只有周族與黃帝同一個姓。這其中的原因，乃是周人本亦屬於戎狄……過去說周族祖先后稷居於渭水流域，爲夏朝廷的農官，徐先生認爲此純屬後人的一個誤解，后稷與其母姜嫄原本皆是姜姓氏族的祖先，他們所居住的有邰家室亦當是姜姓氏族的棲息地，只是後來周人遷居到了渭水流域並與這支姜姓氏族通上了婚姻，才接受了他們所從事的高等農業，並從而把其母族的這段祖先傳說納入了自己的歷史系統。如今，通過先周族以及早周時期的周人文化與夏商時期陝北地區的考古文化的比較，更能看出周人的根係在陝北黃土高原這一事實。」（《光明日報》，2013 年 3 月 25 日）圁音 yín。

〔註 4〕《夏官》序官:「凡軍制，萬有二千五百人爲軍。王六軍，大國三軍，次國二軍，小國一軍。軍將皆命卿。二千有五百人爲師，師帥皆中大夫。五百人爲旅，旅帥皆下大夫。百人爲卒，卒長皆上士。二十五人爲兩，兩司馬皆中士。五人爲伍，伍皆有長。」

陳夢家《西周銅器總論・職官篇》:「一師爲二千五百人，漢儒從無異說，蓋本之《周禮・小司徒》……若以此計算，則八師爲二萬人，六師爲一萬五千人。西周之師，不能少於此數。《小盂鼎》記伐鬼方之第一役，俘人一萬七千餘人，其所用兵力當過於此，即至少八師，可能十四師即三萬五千人。《周本紀》說武王『遂率戎車三百乘，虎賁三千人，甲士四萬五千人以東伐紂』，爲十八個師的步卒和三千車士，似是事實。《蘇秦列傳》說『湯、武之士不過三千，車不過三百乘，卒不過三萬』。

關於八𠂤六𠂤，有兩種可能:一即八師或六師皆聚中於一地，即分在殷、成周、西;一即殷、成周或西的幾個𠂤，分在不同地點，如成周八師分在八個地點。

殷八𠂤有屬於後者的可能，因在《小臣謎簋》提到以殷八𠂤東征，而出發自某𠂤，歸在牧𠂤，此殷似指東國。西亦或如此。至於成周八𠂤，似亦指以成周爲中心的一個較大區域，如《兮甲盤》所述『政司成周四方責至于南淮夷』，乃包括今河南省大河以南直至淮水的中原區域。因此，西、成周、殷的諸師，似乎代表西土、中原和東國三個地區。」(《西周銅器斷代，p453)

楊寬《西周春秋的鄉遂制度和社會結構》:「『六鄉』居民對國家最主要的負擔是軍賦、兵役和力役。《周禮》上軍隊的組織編制，完全是和『六鄉』居民的鄉黨組織結合起來的。……『六鄉』居民就可編制成『六軍』，成爲國家機器的主要部分，不僅用於戰爭，還用於田獵和力役，用於追捕『寇賊』；同時對『六鄉』軍賦的徵收，也在這個組織中進行。『六鄉』居民是編制成『六軍』的基礎，是貴族政權的有力支持者。……國家有重大事故時，不僅要召集六鄉正卒去保衛，還常要徵詢他們的意見。……『六鄉』居民還有接受教育的權利……『六鄉』居民更有被選拔的權利。」「《周禮》所說王畿的鄉遂制度，其中基本特點該西周時已有，但是許多具體制度已被改變、擴大和增飾，並加以理想化和系統化。其中顯然被改變和擴大的就是軍隊的編制。……其實，『軍』的編制在西周時還沒有。據西周文獻看來，當時只有六師而沒有六軍。……到春秋時，諸侯才有『軍』的編制，大國都編三軍，於是有『成國不過半天子之軍，周爲六軍』(《左傳・襄公十四年》)之說，《周禮》就是根據這種說法的。」(《西周史》，p395～p425)

西周「國」以外「郊」以內分設「六鄉」，「郊」以外和「野」以內分設「六遂」。不同等級的地域住民戰時即編爲軍事組織是古代許多國家軍隊特點之一。以《秋官・縣士》鄭玄注「地距王城二百里以外至三百里曰野」和《司馬法》「王國百里爲郊，二百里爲州，三百里爲野」看，西周「國」以外「郊」以內人口密度是比較大的。

小雅・裳裳者華

「先言他物以引起所詠之辭……」《詩經》中的「他物」以植物居多。《毛詩草木鳥獸蟲魚疏》一百七十五種動植物中，草本植物八十種，木本者三十四種。而同是關於植物的描摹狀寫，《周頌》是靜態的，《雅》詩發生了變化——

「常棣之華，鄂不韡韡」(《常棣》)、「如松柏之茂」(《天保》)、「楊柳依依」(《采薇》)、「黍稷方華」、「卉木萋萋」(《出車》)、「有杕之杜，其葉萋萋」(《杕杜》)、「蓼彼蕭斯」(《蓼蕭》)、「萑葦淠淠」(《小弁》)、「我黍與與，我稷翼翼」(《楚茨》)、「黍稷彧彧」(《信南山》)、「黍稷薿薿」(《甫田》)、「析其柞薪，其葉湑兮」(《車舝》)、「維柞之枝，其葉蓬蓬」(《采菽》)、「隰桑有阿，其葉有難」、「其葉有沃」、「其葉有幽」(《隰桑》)、「苕之華，其葉青青」(《苕之華》)、「瞻彼旱麓，榛楛（zhēn hù）濟濟」(《旱麓》)、「荏菽旆旆」、「禾役穟穟（suì），麻麥幪幪（méng），瓜瓞唪唪（běng）」(《生民》)、「梧桐生矣……菶菶（běng）萋萋」(《卷阿》)……距離與律動感使其平添了許多生動。

更進一步傾注了詩人情感者，是疊字的使用。與「芃芃黍苗」(《黍苗》)、「幡幡瓠葉」(《瓠葉》)、「芃芃棫樸（yùpú）」(《棫樸》)、「莫莫葛藟」(《旱麓》)等不同者，是另一種十分獨特的句式，即「裳裳者華」、「皇皇者華」(《皇皇者華》)、「菁菁者莪」(《菁菁者莪》)、「蓼蓼者莪」(《蓼蓼者莪》)、「楚楚者茨」(《楚茨》)。古漢語語法的分析可能會曲解或臆測周人之意，但「者」字的嵌入使其形成不同於一般的形容詞+名詞之偏正結構的四字句，無限婉曲複雜的情愫充盈於其間，是周人之於內心表達所需的字句發明——或悲或

喜，見得周人之於草木生靈的生命情懷和極度敏感。〔註1〕

「我覯之子，我心寫兮」的背後，是一次次帷幕深處的政治歡悅與欣喜。〔註2〕「維其有章矣」、「乘其四駱，六轡沃若」表明，此當大夫以上者。

裳裳者華，其葉湑兮。

裳裳：《毛傳》：「猶堂堂也。」意鮮盛。又朱熹《集傳》：「董氏曰：『古本作常，常棣也。』」華：花。湑：《毛傳》：「盛貌。」參見《蓼蕭》一章「蓼彼蕭斯，零露湑兮」注。

我覯之子，我心寫兮。

覯：《鄭箋》：「見也。」之：此，是。寫：通「瀉」，暢意，舒心。朱熹《集傳》：「我覯之子，則其心傾寫而悅樂之矣。」參見《蓼蕭》一章「既見君子，我心寫兮」注。

我心寫兮，是以有譽處兮。

「是以」句：見《蓼蕭》一章「燕笑語兮，是以有譽處兮」注。

裳裳者華，芸其黃矣。

芸：《毛傳》：「黃盛也。」《鄭箋》：「華芸然而黃。」

我覯之子，維其有章矣。

章：指禮服上的紋章。

維其有章矣，是以有慶矣。

慶：福。朱熹《集傳》：「有文章，斯有福慶矣。」維：因爲。參見《魚麗》四章「物其多矣，維其嘉矣」、六章「物其有矣，維其時矣」注。或曰助語氣。

裳裳者華，或黃或白。我覯之子，乘其四駱。

駱：鬣（liè）鬃爲黑色的白馬。

乘其四駱，六轡沃若。

六轡：見《皇皇者華》三章「我馬維駒，六轡如絲」注。沃若：指六轡柔軟潤澤，牽扯懸垂有度。

左之左之，君子宜之。

「左之」句與下「右之」句皆指執轡驅馳，左右操控自如有度。

右之右之，君子有之。

有：任，勝任。又朱熹《集傳》：「言其才全德備。以左之，則無所不宜，以右之，則無所不有。」

維其有之，是以似之。

似：朱熹《集傳》：「維其有之於內，是以形之於外者，無不似其所有也。」又《毛傳》：「似，嗣也。」陳奐《傳疏》：「言古君子有是美德，是以嗣爲世官也。」《傳》此說本書不取。

〔註 1〕相同句式的《小弁》「有漼者淵」、《卷阿》「有卷者阿」沒有表現爲「漼漼者淵」和「卷卷者阿」，因爲「淵」、「阿」只是深水和山陵而已；《白駒》「皎皎白駒」寧願「皎」、「白」重複，也沒有寫成「皎皎者駒」。

〔註 2〕「我心寫兮」同時出現在《蓼蕭》、《車舝》等篇中，《邶風・泉水》中也有「駕言出遊，以寫我憂」句。幾首詩中並有相同的詩歌元素：豪華考究的車馬。《蓼蕭》「鞗革沖沖」、「和鸞雝雝」，《裳裳者華》「乘其四駱，六轡沃若」，《車舝》「四牡騑騑，六轡如琴」，《泉水》「載脂載舝，還車言邁……」「既見君子，我心寫兮」、「我覯之子，我心寫兮」，既非之於愛情，也非之於世俗友誼，而是一種以利益爲焦點的長期積鬱的政治心理反映。

儘管在寫作的意義上可能被借用到其他題材的作品中。《國風》有些甚至在句式和節奏上也承襲和模仿了《裳裳者華》。

小雅・桑扈

《周禮》序官歸屬劃分中有一個十分耐人尋味的現象：本來是「乃立春官宗伯，使帥其屬而掌邦禮，以佐王和邦國」，但「掌大災之禮及大客之儀，以親諸侯」之「大行人」，「掌邦國賓客之禮籍，以待四方之使者」之「小行人」，「掌九儀之賓客擯相之禮，以詔儀容、辭令、揖讓之節」之「司儀」，「掌邦國傳遽之小事、媺（měi）惡而無禮者」之「行夫」，「掌送逆邦國之通賓客，以路節達諸四方」之「環人」，「掌蠻、夷、閩、貉、戎、狄之國使，掌傳王之言而諭說焉，以和親之」之「象胥」，「掌四方賓客之牢禮、餼獻、飲食之等數與其政治」之「掌客」，「掌邦國之等籍，以待賓客」之「掌訝」，「掌以節與幣巡邦國之諸侯及其萬民之所聚者，道王之德意志慮，使咸知王之好惡，辟行之」之「掌交」等，卻屬於掌管刑法的「秋官」之序列。

換言之，所謂「天子有迎勞饗燕諸侯之禮」（《通典・禮典》），實際上也是一種強制性的舉措，屬國家機器者範疇。〔註1〕基於此，「宴飲詩」的氾濫也就不難理解。雖則子弟姻親「先聖」、功臣之後，但饗燕之禮之下當也清楚武備實力的重要——於《桑扈》而言，不失誇讚的同時又警告其諸侯「彼交匪敖」！（終歸是作歌編詞。天子、諸侯及方伯者，強者自強，弱者自弱）

交交桑扈，有鶯其羽。

交交：《鄭箋》：「飛往來貌。」參見《小宛》五章「交交桑扈，率場啄粟」注。鶯：鳥羽紋彩貌。有鶯，即鶯鶯。

君子樂胥，受天之祜。

君子：朱熹《集傳》：「指諸侯。此天子燕諸侯之詩。言交交桑扈，則有鶯其羽矣。君子樂胥，則受天之祜矣。頌禱之辭也。」胥（xū）：語助詞。祜：福。

交交桑扈，有鶯其領。

領：《毛傳》：「頸也。」

君子樂胥，萬邦之屏。

屏：《毛傳》：「蔽也。」《鄭箋》：「蔽捍之者，謂蠻夷率服，不侵畔。」畔通「叛」。又朱熹《集傳》：「言其能爲小國之藩衛。蓋任方伯連帥之職者也。」方伯連帥，指一方諸侯之長言。〔註 2〕

之屏之翰，百辟為憲。

之：指代詞，此，這。陳奐《傳疏》：「之，猶是也。『之屏之翰』，言是屏是翰也。」《毛傳》：「翰，榦（幹）。憲，法也。」《鄭箋》：「辟，君也。王者之德，外能捍蔽四表之患難，內能立功立事，爲之楨榦，則百辟卿士莫不修職而法象之。」楨幹，築牆所用擋土木柱，豎在兩端者爲「楨」，兩旁者爲「幹」。喻骨幹人才，所謂「社稷之楨幹，國家之良輔」。〔註 3〕朱熹《集傳》：「言其所統之諸侯，皆以之爲法也。」

不戢不難，受福不那！

《毛傳》：「戢，聚也。不戢，戢也。不難，難也。那，多也。不多，多也。」朱熹《集傳》：「戢，斂。難，愼。……蓋曰豈不斂乎？豈不愼乎？其受福豈不多乎？古語聲急而然也。」戢音見《沔水》〔註 1〕。難通「戁（nǎn）」，謹愼，敬懼。《商頌・長發》有「不戁不竦（sǒng），百祿是總」句。那音 nuó。

兕觥其觩，旨酒思柔。

兕觥：犀牛角做的酒器。或指形似犀牛的酒器。觩（qiú）：彎曲貌。朱熹《集傳》：「兕觥，爵也。觩，角上曲貌。」旨酒：味美的酒。思：語助詞。柔：指柔順適口，酒味綿長。

彼交匪敖，萬福來求。

王先謙《集疏》：「《齊》『彼交』作『匪儌』。」《漢書・五行志》引作「匪儌匪傲」，顏師古注：「言在位不儌訐，不倨傲也。」儌（jiǎo）訐，揭人隱私。求：王引之《述聞》：「與逑同。逑，聚也。言萬福來聚也。」又《鄭箋》：「彼，彼賢者也。賢者居處恭，執事敬，與人交必以禮，則萬福之祿就而求之。」朱熹《集傳》：「敖、傲通。交際之間，無所傲慢，則我無事於求福，而福反來求我矣。」

〔註 1〕「秋官」大司寇的基本職責原本是「掌建邦之三典，以佐王刑邦國，詰四方：一曰刑新國用輕典，二曰刑平國用中典，三曰刑亂國用重典（鄭玄注：「新國者，新闢地立君之國。平國，承平守成之國也。」賈公彥疏：「謂先君受封，後君承前平安，守持成立之國，民已被化，則用常行之法以治之」)」。張亞初、劉雨在《西周金文官制研究》中曾感慨《周禮》中主管祭祀的官吏「小子」放在了夏官司馬部分，「這是一個十分耐人尋味的問題，這表明《周禮》一書曲折地反映了西周職官的情況。」（p47）

「禮」事「軍管」，「禮」如其何？也證之《周書》各篇「領導講話」中的履禮之「德」絕非如後世儒家之說。於周禮的自覺是一個艱難而漫長的過程。平王東遷後，一切終潰散。

〔註 2〕《禮記・王制》：「天子百里之內以共官，千里之內以爲御（鄭玄注：「謂此地之田稅所給也。官謂其文書財用也。御謂衣食。」孫希旦以爲「共官」謂以供百官無埰地者之祿）。千里之外設方伯，五國以爲屬，屬有長。十國以爲連，連有帥。三十國以爲卒，卒有正。二百一十國以爲州，州有伯。八州八伯，五十六正，百六十八帥，三百三十六長。八伯各以其屬，屬於天子之老二人（注：「老謂上公。《周禮》曰：『九命作伯。』」），分天下以爲左右，曰二伯。千里之內曰甸。千里之外曰采，曰流。」見《春官・大宗伯》。

〔註 3〕聞一多《詩經新義》云此詩「翰」與「屛」並舉，《大雅・板》七章「翰」與「藩」、「垣」、「屛」並舉，《崧高》一章「翰」與「蕃」、「宣」並舉，「翰」當訓爲「垣」。

小雅・鴛鴦

較之於漢唐兩宋，明、清算是進入了「現代」。明末清初的何楷言《鴛鴦》:「以《白華》之詩證之，其第七章曰:『鴛鴦在梁，戢其左翼，之子無良，二三其德。』是詩亦有『在梁』二語，詞旨昭然。詩人追美其初昏（婚）。凡詩言『于飛』者六，其以雌雄連言者，惟『鳳皇于飛』及此『鴛鴦于飛』耳。「乘馬」二章，皆詠親迎之事而因以致其禱頌之意。《漢廣》之詩曰:『之子于歸，言秣其馬』亦同。」(《詩經世本古義》)

如此比照，自設前提不說，邏輯推導也混亂了歷史。《鴛鴦》、《白華》者西周之「朝歌」,《漢廣》者春秋之「民歌」。西周雖有「婚歌」，但不以「鴛鴦」作比，即便在頗爲世俗化的《國風》中也沒有出現以「鴛鴦」、「鳳凰」喻婚姻的詩——婚者「昏」（時）也，燎炬爲燭，蓋多以「析薪」及相類者取興。而「君子萬年，福祿宜之」、「宜其遐福」、「福祿艾之」、「福祿綏之」，則是典型的上層「貴族」政治用語。

朱熹曰「此諸侯所以答《桑扈》也。鴛鴦于飛，則畢之羅之矣；君子萬年，則福祿宜之矣。亦頌禱之詞也」(《詩集傳》)。他說對了一半，「頌禱之詞」不錯，但不一定是諸侯作答天子，或也王室於遠近各方諸侯的討巧與恭維——在西周中後期，這是不爭的事實。

鴛鴦于飛，畢之羅之。

《毛傳》:「鴛鴦，匹鳥。太平之時，交於萬物有道，取之以時，於其飛，乃畢掩而羅之。」《鄭箋》:「廣其義也。獺祭魚而後漁，豺祭獸而後田，此亦皆其將縱散時也。」初春冰河解封，獺始捕殺魚類；暮秋鳥獸長成，豺殺獸以備冬。《孔疏》:「古太平之時，交於萬物有道，欲取鴛鴦之鳥，必待其長大，於其能飛，乃掩畢之，而羅取之。……非但於鳥獨然，以興於萬物皆爾。」于：助詞。《周南・葛覃》一章「黃鳥于飛，集于權木」，王引之《釋詞》:「聿、于一聲之轉。『黃鳥于飛』，黃鳥聿飛也。」一說于，往。畢：捕獵用的長柄網，此處與「羅」皆用爲動詞。參見《大東》六章「有捄天畢，載施之行」注。

君子萬年，福祿宜之。

《鄭箋》:「君子，謂明王也。交於萬物，其德如是，則宜壽考，受福祿也。」鄭玄「明王」即「明德」、「明察」之王。

鴛鴦在梁，戢其左翼。

梁：魚梁。參見《何人斯》一章「胡逝我梁，不入我門」注。戢：《鄭箋》:「斂也。鴛鴦休息於梁，明王之時，人不驚駭，斂其左翼，以右翼掩之，自若無恐懼。」參見《桑扈》三章「不戢不難，受福不那」注。

君子萬年，宜其遐福。

《鄭箋》:「遐，遠也。遠猶久也。」

乘馬在廄，摧之秣之。

乘（shèng）：陸德明《釋文》:「乘馬，四馬也。」句中「乘馬」當泛指馬而言。《大雅・韓奕》三章「其贈維何？乘馬路車」，《鄭箋》:「人君之車曰路車，所駕之馬曰乘馬。」〔註1〕摧：《毛傳》:「莝（cuò）也。」莝，即切碎喂馬的草。《說文》:「莝，斬芻也。」秣：《毛傳》:「粟也。」用爲動詞，即給馬加料。

君子萬年，福祿艾之。

艾：《毛傳》:「養也。」《鄭箋》:「宜久爲福祿所養也。」又朱熹《集傳》引蘇氏曰：「艾，老也。言以福祿終其身也。」

乘馬在廄，秣之摧之。君子萬年，福祿綏之。

綏：《鄭箋》：「安也。」參見《楚茨》六章「樂具入奏，以綏後祿」注。

〔註 1〕四馬之車爲「乘」，是諸侯之級別。天子駕六，僞《五子之歌》「予臨兆民，懍乎若朽索之馭六馬」；所謂「天子駕六馬，諸侯駕四，大夫三，士二，庶人一」，考古證明至少東周時天子六馬，則西周六馬無疑。而況「乘馬在廄，摧之秣之」，也不是適合於天子的諛頌之詞。

小雅・頍弁

這是一個極端強勢而腐朽的政權。一個有著「蔦（niǎo）與女蘿，施于松柏」和「如彼雨雪，先集維霰（xiàn）」之生命意識的人，血緣共同體的視野下卻毫無例外僅僅看到的還是「兄弟甥舅」。如果說「君子」之稱是其一種相互之戒勉，那麼「死喪無日，無幾相見」所表露的則是一種於既得利益的抵死捍衛。

正如各種各樣的祭祀，〔註 1〕宴飲也是周人維繫宗法政治的手段之一，起碼可以藉此反覆強調萬不可動搖的等級秩序（儘管到後來「秩序」僅表現爲相關「禮節」之次序）。〔註 2〕「實維伊何」、「實維何期」、「實維在首」（帽子不在頭上又該哪裏呢）本是贊詞，這裡卻有些「黑色幽默」的意味。夷王時已顯露出種種跡象——至厲王，峨冠博帶之下的西周政權，開始變得岌岌可危。

有頍者弁，實維伊何？

頍（kuǐ）：《毛傳》：「弁（biàn）貌。」即著弁貌。有頍，即頍頍。頍頍者弁，句式與「裳裳者華」、「楚楚者茨」等同。弁：《毛傳》：「皮弁也。」按：弁爲周代貴族之帽，有皮弁、爵弁之分。參見《春官・司服》、《夏官・弁師》、《儀禮・士冠禮》及鄭注，又見《釋名・釋首飾》、《後漢書・輿服下》及李賢等注。實：通「寔」，是，代詞。《鄭箋》：「實猶是也。」維：助語氣。伊：助詞。朱熹《集傳》：「此亦燕兄弟親戚之詩。故言有頍者弁，實維伊何乎？爾酒既旨，爾殽既嘉，則豈伊異人乎？乃兄弟而匪他也。」

爾酒既旨，爾殽既嘉。

旨：味美。殽：同「肴」。參見《楚茨》六章「爾殽既將，莫怨具慶」注。

豈伊異人？兄弟匪他。蔦與女蘿，施于松柏。

朱熹《集傳》：「又言蔦蘿施於木上，以比兄弟親戚纏綿依附之意。是以未見而憂，既見而喜也。」蔦（niǎo）：蔦蘿，一種攀援植物，俗稱五角星花。女蘿：即菟絲子。兄弟：指宗族兄弟。朱鳳瀚《西周貴族家族的規模與組織結構》：「在西周時代，每一個相對獨立的貴族家族都不僅是幾代同居的親族組織，同時亦是一個政治經濟的綜合體。家族組織仍然是當時貴族成員處世立身之依靠……此處之兄弟，雖未必一定是同居共處的同一家族之族人，有可能亦包括雖不同居，而仍同宗的親屬，但西周貴族家族近親成員多採取數世代聚居的形式，則當是與此種觀念相關聯的。……西周貴族家族以宗族形式存在，包含有一個本家主干與幾個血緣關係較近的旁系分支家族，多數採取幾世代聚居的形式。血緣關係較遠的分族在因任王臣而獲得土田采邑後，即可能與大宗本家分居成爲一個相對獨立的家族，但在相當長的時間內仍保持著與大宗本家之間的宗族關係，惟這種宗族已非經濟實體。」（《商周家族形態研究》，p304）參見《常棣》一章「凡今之人，莫如兄弟」注。

未見君子，憂心弈弈。既見君子，庶幾說懌。

君子：朱熹《集傳》：「兄弟爲賓者也。」弈弈：朱熹《集傳》：「憂心無所薄也。」薄通「泊」，止，依附。《楚辭・九辯》有「去鄉離家兮徠遠客，超逍遙兮今焉薄」句。說（yuè）：通「悅」。懌：歡喜。又《邶風・靜女》二章「彤管有煒，說懌女美」，《鄭箋》：「說懌當作說釋。」王先謙《集疏》：「人說則心釋然，故曰說釋。」

有頍者弁，實維何期？

何期：《鄭箋》：「猶伊何也。期，辭也。」伊，助詞。

爾酒既旨，爾殽既時。

時：《毛傳》：「善也。」嘉。

豈伊異人？兄弟具來。蔦與女蘿，施于松上。未見君子，憂心怲怲。既見君子，庶幾有臧。

《毛傳》：「怲怲（bǐng），憂盛滿也。臧，善也。」

有頍者弁，實維在首。

維：助語氣。

爾酒既旨，爾殽既阜。

阜：《鄭箋》：「猶多也。」意豐盛。

豈伊異人？兄弟甥舅。

甥舅：《孔疏》：「此諸公而及甥舅，以甥舅王之外親，皆是緣王興衰，故亦欲從王燕之也。」朱熹《集傳》：「謂母、姑、姊、妹、妻族也。」參見《天保》三章「籩豆有踐，兄弟無遠」注。

如彼雨雪，先集維霰。

《毛傳》：「霰（xiàn），暴雪也。」《鄭箋》：「將大雨雪，始必微溫。雪自上下，遇溫氣而摶（tuán），謂之霰，久而寒勝，則大雪矣。」朱熹《集傳》：「言霰集則將雪之候，以比老至則將死之徵也。」

死喪無日，無幾相見。樂酒今夕，君子維宴。

《鄭箋》：「王政既衰，我無所依怙，死亡無有日數，能復幾何與王相見也？且今夕喜樂此酒，此乃王之宴禮也。」朱熹《集傳》：「言死喪無日，不能久相見矣，但當樂飲，以盡今夕之歡。篤親親之意也。」維：助語氣。

〔註 1〕《禮記・祭統》有所謂「十倫」之說：「夫祭有十倫焉；見事鬼神之道焉，見君臣之義焉，見父子之倫焉，見貴賤之等焉，見親疏之殺焉，見爵賞之施焉，見夫婦之別焉，見政事之均焉，見長幼之序焉，見上下之際焉。」

〔註 2〕「禮」之「理論支持」者《禮記》於此歸納的並不多，僅《射義》

「古者諸侯之射也，必先行燕禮；卿、大夫、士之射也，必先行鄉飲酒之禮。故燕禮者，所以明君臣之義也；鄉飲酒之禮者，所以明長幼之序也」，《燕義》「燕禮者，所以明君臣之義也」、「俎豆、牲體、薦羞，皆有等差，所以明貴賤也」，《聘義》「……饗、食、燕，所以明賓客君臣之義也」等。

《鄉飲酒義》「賓主，象天地也；介僎（zhuàn），象陰陽也；三賓，象三光也。讓之三也，象月之三日而成魄也。四面之坐，象四時也。

天地嚴凝之氣，始於西南而盛於西北，此天地之尊嚴氣也，此天地之義氣也。天地溫厚之氣，始於東北而盛於東南，此天地之盛德氣也，此天地之仁氣也。

……賓必南鄉（向）。東方者春，春之爲言蠢也；產萬物者聖也。南方者夏，夏之爲言假也；養之、長之、假之，仁也。西方者秋，秋之爲言愁也；愁之以時察，守義者也。北方者冬，冬之爲言中也，中者藏也。是以天子之立也，左聖鄉仁，右義偝（bèi）藏也。

介必東鄉，介賓主也。主人必居東方……」

凡此，有些實際上已經是離題之說——受董仲舒影響，作文的儒生們也都想「深奧」一番。也使鄭玄在注說中爲其等級秩序之政治主題，時時爲難。

小雅・車舝

周人所以樂於言說與姜姓之世姻，政治聯盟之故。商之滅亡實際上是姬、姜合力之結果。王國維《殷周制度論》「異姓之國，非宗法之所能統者，以婚媾甥舅之誼通之。於是天下之國，大都王之兄弟甥舅；而諸國之間，亦皆有兄弟甥舅之親；周人一統之策實存於是」。

在聯姻中感受到了政治、軍事力量的強大，所以在建立政權直至東周時代，周室仍然將其作爲與異性諸侯聯手穩定政權的措施之一，於「兄弟」（同姓國）之外復又注重的便是「甥舅」之國。《左傳・文公二年》「凡君即位，好舅甥，修昏（婚）姻」，《成公二年》「夫齊，甥舅之國也」，杜預注：「齊世與周昏，故曰甥舅。」《襄公十四年》「王使劉定公賜齊侯命，曰：『昔伯舅大公右我先王，股肱周室，師保萬民。世胙大師，以表東海。王室之不壞，緊伯舅是賴……』」〔註1〕

如是，於「昏禮」的講究是必然的。相關「昏歌」的出現也是「禮教」政治之特色——《車舝》更像是世俗婚嫁時某個環節上所使用的規定歌詞。與其後《國風》中的「愛情詩」相比，詩中「高山仰止，景行行止」的情感顯得極不眞實。而「德音來括」、「令德來教」之「德」表明，這依然是之於「周禮」的強調。

間關車之舝兮，思孌季女逝兮。

間關：朱熹《集傳》：「設舝（xiá）聲也。」戴震《考證》：「車行則轂端鐵與舝相切有聲間關然。」舝：同「轄」，將車輪固定在車軸上的鍵。思：語助詞。孌：《毛傳》：「美貌。」季女：指少女。逝：《鄭箋》：「往也。」陳奐《傳疏》:「謂往嫁之也。」

匪飢匪渴，德音來括。

朱熹《集傳》:「此燕樂其新昏之詩。故言間關然設此車舝者，蓋思彼孌然之季女，故乘此車往而迎之也。匪飢匪渴也，望其德音來括，而心如饑渴耳。」括:《毛傳》:「會也。」括通「佸（huó）」。《王風·君子于役》有「君子于役，不日不月，曷其有佸」句。德音:德言。于省吾《新證》:「此詩爲新婚燕樂而作……這一段的大意是說，在精神上所以不饑不渴者，由於有德有言、德才兼備的美貌少女乘車來會的緣故。」（p133）或曰德音，美的聲譽。指有美譽者，即孌兮季女。參見《鹿鳴》二章「我有嘉賓，德音孔昭」、《南山有臺》三章「樂只君子，德音不已」注。

雖無好友，式燕且喜。

友:此處用爲動詞。陳奐《傳疏》:「友，讀『琴瑟友之』之友。」(《周南·關雎》句)「雖無好友」是喜悅心情之下的句式，即「有好友」也。下「雖無旨酒」、「雖無嘉殽」，也即「有旨酒」、「有嘉殽」。同樣，「雖無德與女」，也是自信與自得之表達。式:助詞。燕:通「宴」，宴飲。

依彼平林，有集維鷮。

《毛傳》:「依，茂木貌。平林，林木之在平地者也。鷮（jiāo），雉也。」維:助語氣。嚴粲《詩緝》:「鷮，長尾雉也。」

辰彼碩女，令德來教。

辰:《毛傳》:「時也。」時，美、善。碩:高大美麗。令德:美德。德:周禮之德。下章「德」同。教:教化。

式燕且譽，好爾無射。

譽:樂。好（hào）:用爲動詞，愛。射（yì）:《鄭箋》:「厭也。」朱熹《集傳》:「是以式燕且譽，而悅慕之無厭也。」射通「斁」。《周南·葛覃》二章「爲絺（chī）爲綌（xi），服之無斁」，《毛傳》:「斁，厭也。」

雖無旨酒，式飲庶幾。

旨:味美。並參見《頍弁》一章「爾酒既旨，爾殽既嘉」注。

雖無嘉殽，式食庶幾。

殽，通「肴」。

雖無德與女，式歌且舞。

陟彼高岡，析其柞薪。

析：砍伐，劈。《鄭箋》：「登彼高崗者，必析其木以爲薪。」柞：柞樹。或稱櫟（lì）樹、橡樹。析薪喻婚姻。馬瑞辰《通釋》：「《漢廣》有刈薪之言，《南山》有析薪句，《豳風》之伐柯與娶妻同喻，《詩》中以析薪喻婚姻者不一而足。……《詩》蓋以取木喻娶女，因而即以析薪喻娶妻爲迎新也。」一說古者嫁娶必以燎炬爲燭，故以析薪取興。

析其柞薪，其葉湑兮。

湑：鮮盛貌。與下「寫」並見《裳裳者華》一章「裳裳者華，其葉湑兮。我覯之子，我心寫兮」注。

鮮我覯爾，我心寫兮。

鮮：朱熹《集傳》：「少。」戴震《考證》：「言鮮矣我之得見爾。美其賢之辭，言世所罕見也。」覯：遇，見。寫：通「瀉」，釋懷意。

高山仰止，景行行止。四牡騑騑，六轡如琴。覯爾新昏，以慰我心。

朱熹《集傳》：「仰，瞻望也。景行，大道也。如琴，謂六轡調和如琴瑟也。慰，安也。高山則可仰，景行則可行，馬服御良，則可以迎季女而慰我心也。」前「行」音 háng，後「行」音 xíng。止：之，指代詞，指「高山」「景行」。騑騑：馬馳驅貌。參見《四牡》一章「四牡騑騑，周道倭遲」注。如琴：意婚嫁之車馬體面排場，御者操控自如。

〔註 1〕《禮記・曲禮下》：「五官之長曰『伯』，是職方。其擯於天子也，曰『天子之吏』。天子同姓謂之『伯父』，異姓謂之『伯舅』。自稱於諸侯曰『天子之老』。於外曰『公』，於其國曰『君』。九州之長，入天子之國曰『牧』。天子同姓，謂之『叔父』，異姓謂之『叔舅』。於外曰『侯』，於其國曰『君』。」

小雅・青蠅

「《易林》云：『青蠅集藩，君聽讒言。害賢傷忠，患生婦人。』又曰：『馬蹄躓（zhì）車，婦惡破家。青蠅污白，恭子離居。』夫幽王聽讒，莫大於廢后放子。而此曰『患生婦人』，則明指褒姒矣；『恭子離居』，同於共伯恭世子之謚，明指宜臼矣。故曰：『讒人罔極，構我二人』，謂王與母后也；『讒人罔極，交亂四國』，謂戎、繒（鄫）、申、呂也。」

這是魏源《小雅答問下》中的話。《易林》是漢人基於象數學對《易》卦的演繹，「之卦」後配以所謂四言詩爲卜辭，或取漢注《詩經》，又能在多大程度上具備史學價值呢？「交亂四國，戎、繒、申、呂也」這個算術題也解得過於簡單了些。「睜眼看世界」的魏源於先秦史事的甄別與認識，多數沒有擺脫漢人的左右和牽掣。

「周禮」由宗法政治而產生，所以注定解決不了「青蠅」問題，無論「幽厲」還是「成康」。而及至秦漢中央集權，以後兩千多年的「封建」社會，朝廷和各層級衙門更有成群的青蠅，撲面亂飛，嗡嗡叫。〔註 1〕

營營青蠅，止于樊。

《毛傳》：「營營，往來貌。樊，藩也。」《鄭箋》：「興者，蠅之爲蟲，污白使黑，污黑使白，喻佞人變亂善惡也。」又朱熹《集傳》：「營營，往飛來聲。」《說文》作「謍（yíng）」，「謍，小聲也。《詩》曰：『謍謍青蠅。』」止：集止。下同。

豈弟君子，無信讒言。

豈弟：同「愷悌」。見《蓼蕭》讀注。《孔疏》：「言彼營營然往來者，青蠅之蟲也。此蟲污白使黑，污黑使白，乃變亂白黑，不可近之，當去止於藩籬之上，無令在宮室之內也。以興彼往來者，讒佞之人也。讒人喻善使惡，喻惡使善，以變亂善惡，不可親之，當棄於荒野之外，無令在朝廷之上也。讒人爲害如此，故樂易之君子，謂當今之王者，無得信受此讒人之言也。」朱熹《集傳》：「君子，謂王也。詩人以王好聽讒言，故以青蠅飛聲比之，而戒王以勿聽也。」

營營青蠅，止于棘。讒人罔極，交亂四國。

極：準則。參見《蓼莪》四章「欲報之德，昊天罔極」注。又《鄭箋》：「極，已也。」四國：指四方諸侯之國。

營營青蠅，止于榛。

榛：榛樹。《毛傳》：「榛，所以爲藩也。」榛音見《裳裳者華》讀注。

讒人罔極，構我二人。

《鄭箋》：「構，合也。合，猶交亂也。」《孔疏》：「構者，構合兩端，令二人彼此相嫌，交更惑亂，與上章義同，故云『猶交亂也』。上言『四國』，此云『二人』者，二人謂人君與見讒之人也。讒者，每人讒之，常構二人，構之不已，至交亂四國。先多而後少，故先四國也。」

〔註 1〕有曰「青蠅」所以亂飛，是因爲存在合適的被追逐體和宜生之環境。藩籬無用，唯一能夠滅掉青蠅的是相適應體制下的制約制度。而所謂「體制」，據說因爲無法「割裂」（歷史），所以實質之改變的可能性幾近於零。一次次的「權力革命」後是一次次的重蹈舊轍。

小雅·賓之初筵

「禮者，天地之序也」(《樂記》)，「序」的中心就是令周王朝焦慮不安的政治秩序。「禮」表現爲制度，也表現爲儀式，循禮爲有德，無禮即無德。所謂「則以觀德」(《左傳·文公十八年》,《僖公二十七年》「禮樂，德之則也」)。〔註1〕始於《荀子·大略》「禮者，人之所履也」,《禮記·祭義》、《呂氏春秋·孝行》、《白虎通義·性情》、《黃石公素書》，甚至《說文解字》等等，爭相爲說「禮者，履也」，意不外乎在其「履踐而不失其序」。

君臣、宗親宴飲之禮（包括射禮）是一種政治的行爲，一方面以「內睦九族」，另一方面通過儀式的反覆而強化君臣、尊卑、長幼之理念。至於「禮」之外的「道德」，周人還來不及考慮，也顧不得去「修其身正其心」和加強「主觀方面的修養」。〔註2〕

但是天子與諸侯矛盾激化的事情還是接二連三地發生了。周夷王三年時甚至一怒之下烹殺了齊哀公，〔註3〕而南方的荊楚自「我蠻夷也，不與中國之號諡」的熊渠始，處處與周王室作對，直至發展到春秋時熊通「欲以觀中國之政，請王室尊吾號」和楚莊王侶「問鼎小大輕重……」

《賓之初筵》是一場「禮儀」的實錄。這一大群從言笑晏晏到喝得踉踉蹌蹌、東倒西歪、載呼載號者，原本是一代王朝和一國之樑柱中堅，至少是政權結構的鏈接與扭結者，情景卻已如此。

「彼醉不臧，不醉反耻」，顧炎武解：「所謂一國皆狂，反以不狂者爲狂也。……『蘭芷變而不芳兮，荃蕙化而爲茅』，此楚之所以六千里而爲讎人役也（引者按：《荀子·仲尼篇》「故善用之，則百里之國足以獨立矣；不善用之，則楚六千里而爲讎人役」)。是以聖王重特立之人，而遠苟同之士。保邦於未危，必自此始。」（《日知錄》卷三）顧氏當知周天子和諸侯國君的「選人用人原則」，既不會「重特立之人」，也不會「遠苟同之士」，遵循的是宗法制。

想起《周書・酒誥》、《無逸》等周公的語重心長，想起先祖篳路藍縷，砥礪前行，想起從前的「豈弟君子」和「夙夜在公」者們，〔註4〕詩作者的情緒降到了冰點。

賓之初筵，左右秩秩。

筵：本意爲竹製之墊席，著地者爲筵，覆者爲席。此處用爲動詞，入席。左右：《鄭箋》：「謂折旋揖讓也。」秩秩：《毛傳》：「秩秩然肅敬也。」《鄭箋》：「先王將祭，必射以擇士。大射之禮，賓初入門，登堂即席，其趨翔威儀甚審知，言不失禮也。射禮有三：有大射，有賓射，有燕射。」參見《儀禮・鄉射禮》、《大射儀》、《禮記・射義》。

籩豆有楚，殽核維旅。

籩：祭祀或宴飲時盛果（脯）的竹製食器。《爾雅》「竹豆謂之籩」，邢昺疏：「鄭注《籩人》及《士虞禮》云：『籩以竹爲之，口有藤緣，形制如豆，亦受四升，盛棗、栗、桃、梅、菱（菱角）、芡（芡實）、脯脩（音 fǔxiū，乾肉）、膴（祭祀用大塊魚肉）、鮑、糗餌（音 qiǔ ěr，米麥使熟搗粉所蒸食物）之屬是也，亦祭祀享燕所用。」豆：形似高腳盤的盛肉、菜肴的木製食器。《爾雅》「木豆謂之豆」，疏：「《周禮》『醢人掌四豆之實，朝事之豆，其實韭菹（醃菜）醓（音 tǎn，肉醬的汁）醢（肉醬）』之類是也。」見《天官・籩人》、《醢人》、《醯人》等。參見《楚茨》三章「君婦莫莫，爲豆孔庶，爲賓爲客」注。楚：《毛傳》：「列貌。」有楚，即楚楚。殽：通「肴」。核：果品。維：助語氣。旅：《毛傳》：「陳也。」又于省吾《新證》以爲旅爲「嘉」，「『殽核維旅』，即殽核維嘉也。」（p31）

酒既和旨，飲酒孔偕。

《鄭箋》：「和旨，酒調美也。孔，甚也。王之酒已調美，眾賓之飲酒又威儀齊一，言主人敬其事，而眾賓肅慎。」

鍾鼓既設，舉醻逸逸。

醻：敬酒。逸逸：《毛傳》：「往來以序也。」

大侯既抗，弓矢斯張。

侯：舉行射禮時所用的箭靶，用獸皮或布製成。《天官・司裘》：「王大射，則共（供）虎侯、熊侯、豹侯，設其鵠（gǔ），諸侯則共熊侯、豹侯，卿大夫則共麋侯，皆設其鵠。」鵠，箭靶的中心。大侯：《毛傳》：「君侯也。」即國君所用之侯。又朱熹《集傳》：「天子熊侯，白質。諸侯麋侯，赤質；大夫布侯，畫以虎豹。士布侯，畫以鹿豕。天子侯身一丈，其中三分居一，白質畫熊，其外則丹地，畫以雲氣。」抗：《毛傳》：「舉也。」

射夫既同，獻爾發功。

射夫：《鄭箋》：「眾射者也。」同：確定每組比賽的對手。朱熹《集傳》：「射夫既國，比其耦也。射禮：選群臣爲三耦，三耦之外，其餘各自取匹，謂之眾耦。」發：發矢。

發彼有的，以祈爾爵。

有：助詞。爵：酒器。此指射中後的賞酒。

籥舞笙鼓，樂既和奏。

《毛傳》：「秉籥而舞，與笙鼓相應。」籥，一種類排簫的竹製樂器，一說類笛。籥舞，與「干舞」相對，所謂「文舞」。參見《鼓鍾》四章「以雅以南，以籥不僭」注。

烝衎烈祖，以洽百禮。

烝：進獻。參見《信南山》六章「是烝是享，苾苾芬芬」注。衎：愉，樂。參見《南有嘉魚》二章：「君子有酒，嘉賓式燕以衎」注。烈：朱熹《集傳》：「業。」即有功烈，讚美其祖之詞。洽：《鄭箋》：「合也。奏樂和，必進樂其先祖，於是又合見天下諸侯所獻之禮。」見，現，示。百禮：朱熹《集傳》：「言其備也。」

百禮既至，有壬有林。

朱熹《集傳》：「壬，大。林，盛也。言禮之盛大也。」有壬有林，即壬壬林林。

錫爾純嘏，子孫其湛。

錫：賜。純：《鄭箋》：「大也。」嘏：《毛傳》：「大也。」意大福。《鄭箋》:「嘏，謂尸與主人以福也。」參見《天保》一章「降爾遐福，維日不足」注。湛:《鄭箋》:「樂也。王受神之福於尸，則王之子孫皆喜樂也。」參見《北山》六章「或湛樂飲酒，或慘慘畏咎」注。尸，見《楚茨》一章「以妥以侑，以介景福」注。

其湛曰樂，各奏爾能。

奏:獻。能:指射藝。

賓載手仇，室人入又。

載:則。手:《毛傳》:「取也。」仇（qiú）:匹，偶。室人:《毛傳》:「主人也。主人請射於賓，賓許諾，自取其匹而射。主人亦入於次，又射以耦賓也。」《孔疏》:「以主人自居於室，故謂之室人也。」

酌彼康爵，以奏爾時。

康爵:方正而大的酒器。時:本意爲善、好。此指優良的射藝。《毛傳》:「時，中者也。」

賓之初筵，溫溫其恭。其未醉止，威儀反反。

止:語助詞。下同。反反:《毛傳》:「言重慎也。」《孔疏》:「此言自重而謹慎，與下抑抑慎密一也，謂慎禮而密靜，即爲美之義。故《假樂》傳曰:『抑抑，美也。』」本章「威儀」及四章「令儀」皆參見《湛露》四章「豈弟君子，莫不令儀」注。

曰既醉止，威儀幡幡。

幡幡:《毛傳》:「失威儀也。」

舍其坐遷，屢舞僊僊。

舍:離開。坐:同「座」。仙仙:《孔疏》:「數數起舞，仙仙然失所也。」

其未醉止，威儀抑抑。

抑抑:《毛傳》:「慎密也。」

曰既醉止，威儀怭怭。

怭怭:《毛傳》:「媟嫚也。」媟（xiè），通「褻」。嫚，輕侮，倨傲。怭音見《小雅·湛露》讀注。

是曰既醉，不知其秩。

秩:《毛傳》:「常也。」

賓既醉止，載號載呶。

呶（náo）：喧囂。

亂我籩豆，屢舞僛僛。

僛僛（qī）：《毛傳》：「舞不能自正也。」

是曰既醉，不知其郵。

是：代詞。曰：助詞。郵：《鄭箋》：「過。」朱熹《集傳》：「郵，與『尤』同，過也。」參見《四月》四章「廢爲殘賊，莫知其尤」注。

側弁之俄，屢舞傞傞。

《鄭箋》：「側，傾也。俄，傾貌。」傞傞（suō）：《毛傳》：「不止也。」

既醉而出，並受其福。

《鄭箋》：「出，猶去也……賓醉則出，與主人俱有美譽。」並：王引之《述聞》：「並字言普也，遍也。」

醉而不出，是謂伐德。

《鄭箋》：「醉至若此，是誅伐其德也。」

飲酒孔嘉，維其令儀。

維：助語氣，突出和強調「令儀」。令：善。《鄭箋》：「飲酒而誠得嘉賓，則於禮有善威儀。」《儀禮・士冠禮》有「敬爾威儀，淑愼爾德」句。參曰《南山有臺》二章「樂只君子，萬壽無疆」、《蓼蕭》三章「既見君子，孔燕豈弟」、《湛露》四章「豈弟君子，莫不令儀」。

凡此飲酒，或醉或否。既立之監，或佐之史。

《毛傳》：「立酒之監，佐酒之史。」朱熹《集傳》：「監、史，司正之屬。燕禮鄉射，恐有解倦失禮者，立司正以監之，察儀法也。」按：《晉語一》「公飲大夫酒，令司正實爵與史蘇」，韋昭注：「司正，正賓主之禮者也。」參見《禮記・鄉飲酒義》。

彼醉不臧，不醉反恥。

朱熹《集傳》：「彼醉者所爲不善而不自知，使不醉者反爲之羞愧也。」

式勿從謂，無俾大怠。

式：助詞。勿從謂：謂，勸。馬瑞辰《通釋》：「勿從而勸勉之使更飲也。」又于省吾《新證》以爲「從謂」應讀作「縱潰」，兩字疊義並訓爲「亂」。（p92）俾：使。《鄭箋》：「無使顚僕至於怠慢也。」于省吾《新證》：「怠訓懈怠亦訓『壞』，《方言》六謂『怠，懷也』，懈怠與敗壞之義本相因。此詩第三章說『曰既醉止，威儀幡幡，舍其坐遷，屢舞僊僊』；第四章說『賓既醉止，載號載呶，亂我籩豆』，『既醉而出，並受其福，醉而不出，是謂伐德』。這就不難看出當時的酗酒伐德竟達到了離開坐次，任意狂舞呼號，搗亂籩豆。第五章的『式勿縱潰，無俾大怠』，是說應當各守秩序，不要紊亂，無使局面至於太壞。」（p92、p93）

匪言勿言，匪由勿語。

朱熹《集傳》：「所不當言勿言，所不當從者勿語。」

由醉之言，俾出童羖。

羖（gǔ）：黑色的公羊。童羖，無角的山羊。山羊本皆有角，「童羖」借指無稽之談。

三爵不識，矧敢多又。

《鄭箋》：「三爵者，獻也，酬也，酢也。」《禮記・玉藻》「君子之飲酒也，受一爵而色灑（肅敬）如也，二爵而言言（和敬）斯，禮已三爵而油油（悅敬）以退」，鄭玄注：「禮，飲過三爵，則敬殺，可以去也。」參見《彤弓》三章「鍾鼓既設，一朝醻之」注。矧：《鄭箋》：「況。……飲三爵之不知，況能知其多復飲乎？」參見《伐木》一章「矧伊人矣，不求友生」注。

〔註 1〕《周頌》、《魯頌》有「德」，《國風》有「德」，二雅之「德」更俯拾皆是：《小雅》者《伐木》三章「民之失德，乾餱以愆」，《天保》五章「群黎百姓，徧爲爾德」，《谷風》三章「忘我大德，思我小怨」，《鼓鍾》二章「淑人君子，其德不迴」、三章「淑人君子，其德不猶」，《車舝》二章「辰彼碩女，令德來教」、三章「雖無德與女，式歌且舞」，《賓之初筵》四章「醉而不出，是謂伐德……」

《大雅》者《文王》六章「無念爾祖，聿修厥德」，《大明》二章「乃及王季，維德之行」、三章「厥德不回，以受方國」，《思齊》五章「肆成人有德，小子有造」，《皇矣》二章「帝遷明德，串夷載路」、四章「貊（mò）其德音，其德克明」、「比于文王，其德靡悔」、七章「帝謂文王，予懷明德」，《下武》二章「王配于京，世德作求」、四章「媚茲一人，應侯順德」，《假樂》一章「假樂君子，顯顯令德」，《民勞》三章「敬慎威儀，以近有德」，《板》七章「懷德維寧，宗子維城」，《蕩》四章「女炰烋（páoxiāo）於中國，斂怨以爲德。不明爾德，時無背無側。爾德不明，以無陪無卿」，《抑》一章「抑抑威儀，維德之隅」、二章「有覺德行，四國順之」、三章「顛覆厥德，荒湛于酒」、八章「辟爾爲德，俾臧俾嘉」、九章「溫溫恭人，維德之基」、十二章「回遹其德，俾民大棘」，《崧高》八章「申伯之德，柔惠且直」，《烝民》一章「民之秉彝，好是懿德」、二章「仲山甫之德，柔嘉維則」，《江漢》六章「矢其文德，洽此四國……」

《商頌》中沒有「德」（也沒有「君子」），文獻中的堯舜之「德」、商人之「德」皆是周人始作，後世附會。《虞書・堯典》「克明俊德，以親九族」，《商書・湯誓》商湯出師征討夏桀時數其行而責之曰「夏德若茲」，《盤庚》上、中、下盤庚爲遷都而告誡臣民時語重心長、滔滔不絕，多次講到「德」，「肆上帝將復我高祖之德」，《微子》中微子訴說和揭露紂王「沈酗於酒，用亂敗厥德」（敗壞成湯之德），《周書・洪範》箕子向周武王論「洪範九疇」強調「好德」，僞《商書・仲虺之誥》、《湯誥》、《咸有一德》等也有更多的「德」……遍地之「德」而滿朝焦慮，「其命維新」政權的守望者們，憂心無比。

〔註 2〕郭沫若《先秦天道觀之進展》：「周人根本在懷疑天，只是把天來利用著當成了一種工具，但是既已經懷疑它，那麼這種工具也不是絕對可靠的。在這兒周人的思想便更進了一步，提出了一個『德』字來。

天不可信，我道惟文王德延。（《君奭》）

文王克明德慎罰，不敢侮鰥寡，庸庸祗祗，威（畏）威顯民，用肇造我區夏。（《康誥》）

王曰封，予惟不可不監，告汝德之說於（與）罰之行。……敬哉，無作怨，勿用非謀非彝蔽時（是）忱，丕則敏德，用康乃心，顧乃德，遠乃猷裕，乃以民寧，不汝瑕殄。（《康誥》）

肆王惟德用和懌先後迷民，用懌先王受命。（《梓材》）

天亦哀於四方民，其眷命用懋，王其急敬德。……王敬作所，不可不敬德。……王其德之用祈天永命。（《召誥》）

這種『敬德』的思想在周初的幾篇文章中就像同一個母題的和奏曲一樣，翻來覆去地重複著。這的確是周人所獨有的思想。在《商書》的《高宗肜日》

中雖然也有這種同樣的意思，但那篇文章在上面說過是很可疑的。還有一個主要的旁證，便是在卜辭和殷人的彝銘中沒有德字，而在周代的彝銘中如成王時的《班簋》和康王時的《大盂鼎》都明白地有德字表現著……德字照字面上看來是從徝（古直字）從心，意思是把心思放端正，便是《大學》上所說的『欲修其身者先正其心』。但從《周書》和『周彝』看來，德字不僅包括著主觀方面的修養，同時也包括著客觀方面的規模——後人所謂『禮』。」（《青銅時代》，p15、p16）《康誥》原文「庸庸，祗祗，威威，顯民」，僞孔傳：「用可用，敬可敬，刑可刑，明此道以示民。」

〔註 3〕《今本竹書紀年》夷王三年，「王致諸侯，烹齊哀公於鼎」。《齊太公世家》「哀公時，紀侯譖之周，周烹哀公而立其弟靜，是爲胡公。胡公徙都薄姑，而當周夷王之時」。《楚世家》「當周夷王之時，王室微，諸侯或不朝，相伐」。

〔註 4〕周公說「（文王）自朝至於日中昃，不遑暇食」之類的話，告誡成王，也是圖謀神化本政權締造者。但史遷《魯周公世家》「周公戒伯禽曰」則是故事，與《韓詩外傳》卷三者之編撰其性質是一樣的。史遷以「文學」寫史，不免受《尚書》、《詩經》等影響。

小雅・魚藻

「首都」，政權功用之外更具某種象徵。《周本紀》中有一段關於武王謀慮營建東都洛邑的情節，是史遷據《逸周書・度邑解》所演義。〔註 1〕豐、鎬尚未眞正建成，初封也尚未安妥完善（武庚和管、蔡很快就開始作亂了），武王又何暇慮及「營周居於洛邑」之事並實地查勘？但既是武王遺願，「成王在豐，使召公復營洛邑，如武王之意……」以《周書・召誥》、《洛誥》之紀，周人爲了「天下之中，四方入貢道里均」（《周本紀》）和便於對東部各方的掌控，「東都」在成王時建起來了——《作雒解》給予了足夠的描述。〔註 2〕

《逸周書》中的「東都」，其規模不可謂不宏大，功能不可謂不齊全，也不可謂不壯麗，是宣示一代王朝政治實力的絕好華章。但《詩三百》無一言之（後世諸侯魯國還有一首「徂徠之松，新甫之柏。是斷是度，是尋是尺。松桷有舄，路寢孔碩。新廟奕奕，奚斯所作。孔曼且碩，萬民是若」的《閟宮》呢）。《逸周書》內容龐雜，體例、性屬不一，本身來路就不明，漢人又極有可能改易增附和作僞。沒有資料表明平王前的周天子們究竟怎樣在「東宮」、「西宮」輪流坐朝——無論是否有「東都」，城制如何，他們在西土根據地附近才更具底氣。

以「考卜維王，宅是鎬京。維龜正之，武王成之」言（《大雅・文王有聲》），鎬京應該是武王「成」之，《毛傳》、《鄭箋》和朱熹《詩集傳》皆秉其說。但《周本紀》沒有武王營鎬京之紀——殷商甫克，天下未集，來不及動作建造都城之大事。寫詩歸寫詩，其時周人的政治中心應當還在周原。〔註 3〕

那麼，如此在鎬京「豈樂飲酒」者便自然不是武王——他在克商兩年後就死了。以王室自成王五年時從周原遷居豐鎬講（臧振《西周豐鎬成周說》），

「有那其居」者有可能是成、康、昭、穆，也有可能是共、懿、孝之王，只不過已是從前的記憶——

那時候，連水裏的魚也顯得格外自在，優渥。而所以泛起如此深遠和無可名狀之鄉愁，作詩時的周人，已是很有些疲累了。

魚在在藻，有頒其首。

《毛傳》：「頒，大首貌。魚以依蒲藻爲得其性。」《鄭箋》：「藻，水草也。……魚在何處乎？處於藻。既得其性則肥充，其首頒然。」一說頒通「斑」。《周南・桃夭》二章「桃之夭夭，有蕡（fén）其實」，《苕之華》三章「牂羊墳首，三星在罶」，于省吾《新證》：「蕡、墳、頒與賁古通。……頒，賁並應讀作斑。《禮記・檀弓》注『斑白』，釋文：『斑，本又作頒。』《易・賁》釋文引傅氏云：『賁，古斑字，文章貌。』鄭云：『變也，文飾之貌。』……然則『有蕡其實』，即有斑其實……『有賁其首』，即有斑其首。『牂羊墳首』，即牂羊斑首。魚首每有文，羊首亦有黑白相間者。」（p5）有頒，即頒頒。下「有莘」「有那」句式同。

王在在鎬，豈樂飲酒。

鎬：即西周都城鎬京。豈：當作「愷」，歡宴之情狀，此處含有志、自信意。《鄭箋》：「豈亦樂也。天下平安，萬物得其性，武王何所處乎？處於鎬京，樂八音之樂，與群臣飲酒而已。」參見《蓼蕭》三章「宜兄宜弟，令德壽豈」注。八音，金（鍾）、石（磬）、絲（琴）、竹（籥）、匏（páo，笙）、土（塤）、革（鼓）、木（柷 zhù）八類。朱熹《集傳》：「此天子燕諸侯，而諸侯美天子之詩也。言魚何在乎？在乎藻也，則有頒其首矣。王何在乎？在乎鎬京也，則豈樂飲酒矣。」

魚在在藻，有莘其尾。

莘（shēn）：《毛傳》：「長貌。」

王在在鎬，飲酒樂豈。

魚在在藻，依于其蒲。

蒲：蒲草，水生植物。

王在在鎬，有那其居。

那（nuó）：《鄭箋》：「安貌。天下平安，王無四方之虞，故其居處那然安也。」參見《桑扈》三章「不戢不難，受福不那」注。

〔註 1〕「武王徵九牧之君，登豳之阜，以望商邑。武王至於周，自夜不寐。周公旦即王所，曰：『曷爲不寐？』王曰：『告女：維天不饗殷，自發未生於今六十年，麋鹿在牧，蜚鴻滿野（司馬貞索隱：「高誘曰『蜚鴻，蠛蠓〔miè měng〕也』。言飛蟲蔽田滿野，故爲災，非是鴻雁也……於今六十年，從帝乙十年至伐紂年也。麋鹿在牧，喻讒佞小人在朝位也。飛鴻滿野，喻忠賢君子見放棄也」）。天不享殷，乃今有成（索隱：「言上天不歆享殷家，故見災異，我周今乃有成王業者也」）。維天建殷，其登名民三百六十夫，不顯亦不賓滅（索隱：「言天初建殷國，亦登進名賢之人三百六十夫，既無非大賢，未能興化致理，故殷家不大光昭，亦不即擯滅」），以至今。我未定天保，何暇寐！』王曰：『定天保，依天室，悉求夫惡，貶從殷王受（索隱：「言今悉求取夫惡人不知天命不順周家者，咸貶責之，與紂同罪」）。日夜勞來定我西土。我維顯服，及德方明（張守節正義：「服，事也。武王答周公云，定知天之安保我位，得依天之宮室，退除殷紂之惡，日夜勞民，又安定我之西土。我維明於事，及我之德教施四方明行之，乃可至於寢寐也」）。自洛汭延於伊汭（按：汭，水灣），居易毋固，其有夏之居（索隱：「言自洛汭及伊汭，其地平易無險固，是有夏之舊居」）。我南望三塗，北望嶽鄙，顧詹有河（索隱：「杜預云三塗在陸渾縣南。嶽，蓋河北太行山。鄙，都鄙，謂近嶽之邑」），粵詹雒、伊，毋遠天室（正義：「粵者，審慎之辭也。言審慎瞻雒、伊二水之陽，無遠離此爲天室也」）。』營周居於雒邑而後去。」陸渾縣，漢置，在今河南嵩縣。

〔註 2〕「乃作大邑成周於土中。城方千七百二十丈，郛方七十里。（按：郛〔fú〕，城圈外圍之大城）南繫於洛水，北因於郟山，以爲天下之大湊（孔晁：「湊，會也」）。」

「乃設丘兆於南郊，以祀上帝，配以后稷，日月星辰先王皆與食。封人社壝（按：壝〔wéi〕，祭壇四周之矮牆），諸侯受命於周，乃建大社與國中，其壝東青土，南赤土，西白土，北驪土（驪，純黑色馬，此指黑土），中央亹以黃土（亹〔xìn〕，釁〔xìn〕，劉師培：「謂平覆以土，無隙痕也」），將建諸侯，鑿取其方一面之土，燾（燾〔dào〕，覆）以黃土，苴以白茅，以爲土封（王念孫：「一本作『以土封之』。以土封之，謂各以一方之土封之，故下句云受列土於周室也」），故曰受則土於周室。」

「乃位五宮：大廟、宗宮、考宮、路寢、明堂。咸有四阿、反坫（坫〔diàn〕，屋中之土臺。孔廣森：「四阿者，屋上四角爲飛簷也。」朱右曾：「反坫者，當坫之上，屋榮反向如飛翼」）。重亢，重郎，常累，復格，藻棁（zhuō）。設移，旅楹，舂常，畫（孔晁：「重亢，累棟也。重郎，累屋也。常累，系也。復格，累之櫨也。藻棁，畫樑柱也。承屋曰移。旅，列也。舂常，謂藻井之飾也。言皆畫列柱爲之文也」）。內階、玄階，堤唐，山廧（qiáng，同牆。孔晁：「以黑石爲階。唐，中庭道。堤，謂爲高之也。廧，謂廧畫山雲」），應門、庫臺玄閫（kǔn。朱右曾：「天子五門：皋、庫、雉、應、路。應門，正門也，其內爲治朝，亦曰朝門。閫，門橛」。又陳逢衡：「應門，《爾雅》謂之正門，蓋發政以應物，故謂之應門。庫臺者，謂庫門兩旁積土如臺門之制，故曰庫臺。或曰庫即五庫，蓋築臺以貯五庫之物」）。」參見黃懷信、張懋鎔、田旭東（李學勤審定）《逸周書匯校集注》。（上海古籍出版社，2007 年，上冊 p525～p542）

〔註 3〕臧振《西周豐鎬成周說》有詳論。

小雅・采菽

漢儒在編注相關先秦「典籍」時，注重政治取向而相對忽視歷史線索和材料的統一性，所以經與經之間、經傳之間、傳與傳之間於相關問題的敘說多不一致。〔註 1〕諸侯究竟幾年一次朝見天子，天子多長時間適諸侯巡守一回，漢人知道得其實也並不確切。

對於諸侯來說，賞賜和冊命都是大事，手頭財貨但有寬餘，相關記載的一件彝器是一定要去製造的。《叔夨方鼎》紀周王賜晉侯叔夨衣服車馬及貝幣，學者有考爲成王時期者（李伯謙《叔夨方鼎銘文考釋》），也有認爲不晚於昭王（李學勤《談叔夨方鼎及其他》），總之是發生在西周早期的事情。天子以路車乘馬以及袞黼之衣賞賜前來朝覲之諸侯，已是由來已久的做法。郊勞等十一項禮中，給諸侯的賞賜是重頭戲。〔註 2〕

朝覲、賞賜以分封爲前提，而分封也造成了王朝的最終解體。即便是諸侯國君每年都親自帶著「土特產」〔註 3〕來述職一次，是否打了埋伏且不說，天知道他探得了朝廷底細，回去又幹些什麼？何況是三五年才來一次。天子十二年轉下去看一圈，期間諸侯國君自爲天地、宗廟、社稷、臣民之宗主（實則高度自治），欲爲何事而不能？〔註 4〕

詩中看不出所賜之車是「金路」還是「象路」，〔註 5〕所以也就不知道所來諸侯是同姓，還是異姓？以其氣勢看，絕非小國。天子沉浸在如此不設防的政治尊享之中，比之艱苦卓絕的「先王」們，也實爲王朝之不幸。

采菽采菽，筐之筥之。

菽：《鄭箋》：「大豆也。采之者，采其葉以爲藿。」筐、筥（jǔ）：皆竹製盛器，方曰筐，圓曰筥。此處皆用爲動詞，裝在筐筥中。

君子來朝，何錫予之？

君子：《毛傳》：「謂諸侯也。」錫：賜。

雖無予之，路車乘馬。

路車：諸侯所乘之車。乘：四馬一車爲「乘」。《鄭箋》：「賜諸侯以車馬，言『雖無予之』，尚以爲薄」。

又何予之？玄袞及黼。

玄袞：《鄭箋》：「玄衣而畫以龍卷也。」黼：《毛傳》：「白與黑謂之黼。」即繡著黑白相間斧形花紋的禮服。〔註6〕朱熹《集傳》：「采菽采菽，則必以筐筥盛之。君子來朝，則必有以賜予之。又言今雖無以予之，然已有路車乘馬玄袞及黼之賜矣。其言如此者，好之無已，意猶以爲薄也。」

觱沸檻泉，言采其芹。

《毛傳》：「觱（bì）沸，泉出貌。檻，泉正出也。」王先謙《集疏》：「《魯》、《韓》檻作濫，亦所用待君子也。我使采其水中芹者，尚潔清也。」言：助詞。芹：《鄭箋》：「菜也。可以爲菹。」菹，醃菜。

君子來朝，言觀其旂。

言：助詞，助語氣。觀：盛多。參見《庭燎》三章「君子至止，言觀其旂」注。旂：繪有交龍圖案的旗。此處泛指旌旗。

其旂淠淠，鸞聲嘒嘒。

淠淠：《毛傳》：「動也。」即狀旌旗招揚貌。淠音見《小弁》四章「有漼者淵，萑葦淠淠」注。鸞：車鈴。一說此處指旂上之鈴。《爾雅·釋天》「有鈴曰旂」，郭璞注：「懸鈴於竿頭，畫交龍於旒。」嘒嘒（huì）：《毛傳》：「中節也。」指鸞聲隨車馬行走之輕重快慢的節奏。

載驂載駟，君子所屆。

載：乃。參見《四月》五章「相彼泉水，載清載濁」注。驂、駟：此指一車三馬和一車四馬者。蘇轍《詩經集傳》：「駕者既服而三之者曰驂，四之者曰駟。」駕轅者爲服馬，兩側者爲驂馬，也稱「騑」。屆：朱熹《集傳》：「至也。……見其旂，聞其鸞聲，又見其馬，則知君子之至於是也。」

赤芾在股，邪幅在下。

赤芾：紅色的皮質蔽膝。《鄭箋》：「冕服謂之芾，其他服謂之韠（bì）。以韋（按：熟牛皮）爲之，其制上廣一尺，下廣二尺，長三尺，其頸五寸，肩革帶，博二寸。」鄭玄此說本《禮記‧玉藻》，所言尺寸更當爲漢制。邪幅：指裹腿。《毛傳》：「邪幅，偪（bì 逼）也，偪所以自偪束也。」《鄭箋》：「邪幅，如今行縢也，偪束其脛，自足至膝，故曰在下。」邪同「斜」。

彼交匪紓，天子所予。

彼：非。參見《桑扈》四章「彼交匪敖，萬福來求」注。交：借爲「絞」，緊。紓：緩，引爲寬大。句意即穿著得體，行步有節度。又朱熹《集傳》：「言諸侯服此芾偪，見於天子，恭敬齊遫，不敢紓緩，則爲天子所與，而申之以福祿也。」齊遫（sù），《禮記‧玉藻》「君子之容舒遲，見所尊者齊遫」，王引之《述聞》：「舒亦遲也，齊亦遫也。遫，籀文速字，疾也。言君子平日之容，舒遲不迫，見所尊者，則疾速以承之，唯恐或後也。」籀音 zhòu，即大篆。

樂只君子，天子命之。

只：語助詞。命：即冊命，封賞。

樂只君子，福祿申之。

申：《毛傳》：「重也。」《鄭箋》：「天子賜之，神則以福祿申重之。」

維柞之枝，其葉蓬蓬。樂只君子，殿天子之邦。

殿：《毛傳》：「鎮也。」《孔疏》：「軍行在後曰殿，取其鎮重之義，故云『殿，鎮也』。天子以天下爲家，諸侯爲天子守土，故樂是諸侯則得鎮安天子之國也。」〔註 7〕又于省吾《新證》：「殿應讀作定，殿、定雙聲……『定天子之邦』，猶《六月》之『以定王國』。傳訓殿爲鎮，不如訓定之爲宜。」（p31、p32）

樂只君子，萬福攸同。

攸：所。同：聚集。參見《瞻彼洛矣》三章「君子至止，福祿既同」注。

平平左右，亦是率從。

平平：《毛傳》：「辯治也。」治理。亦：副詞，也。一說亦，語助詞。是：代詞，這樣。率：《鄭箋》：「循也。諸侯之有賢才之德，能辯治其連屬之國，使得其所，則連屬之國亦循順之。」又朱熹《集傳》：「左右，諸侯之臣也。……維柞之枝，則其葉蓬蓬然。樂只君子，則宜殿天子之邦，而爲萬福之所聚。又言其左右之臣，亦從之而至此也。」

汎汎楊舟，紼纚維之。

《鄭箋》：「楊木之舟，浮於水上，汎汎然東西無所定。舟人以紼繫其綏（ruí，繫之結）以制行之，猶諸侯之治民，御之以禮法。」紼纚（fúlí）：繩索。

樂只君子，天子葵之。

葵：《毛傳》：「揆也。」《孔疏》：「天子於是揆度其功德之多少而命賜之以禮樂。」

樂只君子，福祿膍之。

膍：《毛傳》：「厚也。」膍音見《蓼蕭》〔註3〕。

優哉游哉，亦是戾矣。

是：代詞。戾：《毛傳》：「至也。」《孔疏》：「德能如此，亦如是至美矣。」又朱熹《集傳》：「汎汎（泛）楊舟，則必以紼纚維之。樂只君子，則天子必葵之，福祿必膍之。於是又歎其優游而至於此也。」

〔註1〕《禮記・王制》「諸侯之於天子也，比年一小聘，三年一大聘，五年一朝。天子五年一巡守」，鄭注：「比年，每歲也。小聘使大夫，大聘使卿，朝則君自行。然此大聘與朝，晉文霸時所制也。虞夏之制，諸侯歲朝。周之制，侯、甸、男、采、衛、要服六者，各以其服數來朝（按：《秋官・大行人》曰侯服歲壹見，甸服二歲壹見，男服三歲壹見，采服四歲壹見，衛服五歲壹見，要服六歲壹見）。天子以海內爲家，時一巡省之。五年者，虞、夏之制也。周則十二歲一巡守。」

《春官・大宗伯》「時聘曰問，殷覜曰視」，鄭注：「時聘者，亦無常期，天子有事乃聘之焉。竟外之臣，既非朝歲，不敢瀆爲小禮。殷覜，謂一服朝之歲，以朝者少，諸侯乃使卿以大禮眾聘焉。一服朝在元年、七年、十一年。」此等且不論，「虞夏之制，諸侯歲朝」，鄭玄的依據是什呢？

〔註 2〕見《儀禮・覲禮》、《秋官・小行人》。

〔註 3〕《秋官・大行人》謂「侯服貢祀物，甸服貢嬪物，男服貢器物，采服貢服物，衛服貢材物，要服貢貨物」。

〔註 4〕《大行人》「凡諸侯之邦交，歲相問也，殷相聘也，世相朝也」，鄭玄注：「小聘曰問。殷，中也。久無事，又於殷朝者及而相聘也。父死子立曰世，凡君即位，大國朝焉，小國聘焉。」

《禮記・聘義》「故天子制諸侯，比年小聘，三年大聘，相厲（勵）以禮……諸侯相厲以禮，則外不相侵，內不相陵。此天子之所以養諸侯，兵不用，而諸侯自爲正之具也」，鄭玄注：「『比年小聘』，所謂『歲相問』也。『三年大聘』，所謂『殷相聘』也。」

諸侯間的「聘問」是漢儒的欺世、欺「君」之談。大小諸侯頻繁往來，「天子」想想也不踏實。

〔註 5〕《春官・巾車》：「王之五路：一曰玉路……以祀；金路……以賓，同姓以封；象路……以朝，異姓以封；革路……以即戎，以封四衛；木路……以田，以封蕃國。」漢儒附會其不同級等和車馬之飾，但金文證明了朝廷賞賜諸侯「路車乘馬」的基本事實。

〔註 6〕《虞書・舜典》「敷奏以言，明試以功，車服以庸」，僞孔傳：「功成則賜車服以表顯其能用。」孔穎達疏：「人以車服爲榮，故天子之賞諸侯，皆以車服賜之。」《春官・小宗伯》「掌衣服、車旗、宮室之賞賜」，鄭注：「王以賞賜有功者。」《覲禮》「天子賜侯氏以車服」，鄭注：「服則衮也，鷩（bì，赤雉。言顏色）也，毳（cuì）也。」毳，用毛布製成的禮服。

〔註 7〕關於「天子之邦」，參見《夏官・職方氏》、《大司馬》、《秋官・大行人》及《禹貢》、《逸周書・職方解》說。蔡沈《書集傳》：「堯都冀州，冀之北境並云中、涿、易，亦恐無二千五百里。藉使有之，亦皆沙漠不毛之地，而東南財賦所出則反棄於要、荒，以地勢考之，殊未可曉。」參見崔述《唐虞考信錄》（顧頡剛校點）。

《周書・康誥》「周公初基作新大邑於東國洛，四方民大和會。侯、甸、男邦、采、衛，百工播民和（百官播率其民和悅），見士（事）於周」；《酒誥》「越在外服，侯、甸、男、衛邦伯（傳：「於在外國侯服、甸服、男服、衛服國伯諸侯之長」），越在內服，百僚庶尹惟亞惟服宗工（傳：「於在內服治事百官眾正及次大夫服事尊官」）」。

《周語上》「夫先王之制，邦內甸服（按：王畿方千里之內，即內服），邦外侯服，侯、衛賓服（韋昭注：「常以服貢賓見於王也」），蠻、夷要服（注：「要者，要結好信而服從也」），戎、狄荒服（注：「在九州之外荒裔之地，與戎、狄同俗，故謂之荒」）。甸服者祭，侯服者祀，賓服者享，要服者貢，荒服者王（注：「王，王事天子也」）。日祭、月祀、時（四時）享、歲貢、終王（逢新王繼位時進貢，與前四種皆言其臣服的方式），先王之訓也」；《荀子・正論》「諸夏之國同服同儀，蠻、夷、戎、狄之國同服不同制……夫是之謂視形勢而制械用，稱遠近而等貢獻，是王者之至（制）也……」

包括《益稷》「弼（輔佐）成五服，至於五千（傳：「五服，侯、甸、綏、要、荒服也。服五百里，四方相距爲方五千里」）」、《禹貢》、《康誥》之「五服」及僞孔傳等，當是戰國兩漢魏晉以來儒家出於大一統在「畿服」地理和「設官分職」意義上的輿論製造——僞古文《周書・武成》「丁未，祀於周廟，邦甸、侯、衛，駿奔走，執豆籩」，其時有無「周廟」可祀、「周廟」何等規模且不說，武王伐殷歸來幾天的時間「列爵惟五」而「邦甸、侯、衛，駿奔走」，「故事」頗不合常理。相關「天子之邦」和爵等經、傳之敘寫皆蕪雜而矛盾，但其於政權的鼓舞力量是巨大的，並積極地影響了後世。

惜乎僅止於夏、周。文獻中除《周書・召誥》等「周公乃朝用書，命庶殷侯、甸、男邦伯」類，鮮見關於殷商者；「商書」中不見其畿服，也不見其爵等。周人滅商，「滅人之國　必先去其史」，儒家不好幫這個忙。「五經者，周史之大宗也」、「諸子者也，周史之支孽小宗也」（龔自珍《古史鉤沉論二》）。「周」，儒家史觀、儒家思想的生發源、試驗場、集散地、狂歡谷。

小雅・角弓

西周天子、諸侯、卿、大夫、士、庶民形成一個擁占「天下」的利益體——「庶民」仍可視其爲共同體之構成而非後世之「百姓」。宗法制的問題之一便是「道德之團體」〔註 1〕的權益分配。雖制「周禮」，但中後期漫不說並不存在的「賢賢」，就連「尊尊」、「親親」在實踐中操作得也非常不順利。《角弓》者，嚴重不滿「宗族長」的同時，「兄弟」們也相怨相讒，彼此蘊積著不平，一種受難般的「集體記憶」。

儒家主張「天子」權力至高無上。《論語・泰伯》溯往上古：「大哉，堯之爲君也！巍巍乎，唯天爲大，唯堯則之。」「巍巍乎，舜、禹之有天下也，而不與焉（何晏注：「言已不與求天下而得之」）。」但在其「有天下」之後又似乎有所擔憂，在《虞書・堯典》中希望堯能「欽明文思安安，允恭克讓，光被四表，格於上下。克明俊德，以親九族……」（「孔安國」、鄭玄謂九族「上自高祖下至玄孫」，但因西周「兄弟昏姻」之政治，許慎《五經異義》「九族者，父族四，母族三，妻族二」）天子爲鞏固政權、擴展勢力而「睦親族」，不期又出現了親族勢力於天子權力之挾持……

騂騂角弓，翩其反矣。

騂騂：指赤黃色。參見《信南山》五章「祭以清酒，從以騂牡」注。又《毛傳》：「騂騂，調利也。」《鄭箋》：「興者，喻王與九族，不以恩禮御待之，則使之多怨也。」朱熹《集傳》：「騂騂，弓調和貌。角弓，以角飾弓也。翩，反貌。弓之爲物，張之則內向而來，弛之則外反而去。有似兄弟昏姻、親疏遠近之意。」

兄弟昏姻，無胥遠矣。

兄弟：指宗族兄弟。參見《常棣》一章「凡今之人，莫如兄弟」注。一說兄弟，指同姓諸侯國。參見《沔水》一章「嗟我兄弟，邦人諸友」注。昏姻：指姻戚。周王室和異姓諸侯間多姻戚關係。參見《伐木》三章「籩豆有踐，兄弟無遠」注。胥：《鄭箋》：「相也。骨肉之親，當相親信，無相疏遠。相疏遠，則以親親之望，易以成怨。」朱熹《集傳》：「此刺王不親九族而好讒佞，使宗族相怨之詩。言騂騂角弓，既翩然而反矣，兄弟昏姻，則豈可以相遠哉？」

爾之遠矣，民胥然矣。爾之教矣，民胥傚矣。

《鄭箋》：「胥，皆也。言王，女不親骨肉，則天下之人皆如之。見女之教令，無善無惡，所尚者，天下之人皆學之。言上之化下，不可不慎。」朱熹《集傳》：「爾，王也。上之所爲，下必有甚者。」民：嚴粲《詩緝》：「民猶人，指族人也。」參見《天保》五章「民之質矣，日用飲食」注。

此令兄弟，綽綽有裕。不令兄弟，交相為瘉。

《毛傳》：「綽綽，寬也。裕，饒。瘉（yù），病也。」《鄭箋》：「令，善也。」寬、饒，皆能讓之謂。《孔疏》：「上言人隨上化，此又申言須化之由，以人性有善惡，其不善者須化之，故言天下若此令善之人，於兄弟恩義相與，綽綽然有饒裕也。其不善之人，於兄弟則無恩義，唯交更相詬病而已。是天下善人少，惡人多，惡人相病，須上化之，故欲令王教之。」又朱熹《集傳》：「言雖王化之不善，然此善兄弟，則綽綽有裕而不變。彼不善之兄弟，則由此而交相病矣。蓋指讒己之人而言也。」

民之無良，相怨一方。

一方：朱熹《集傳》：「彼一方也。」

受爵不讓，至于己斯亡。

爵：爵位。斯：助詞。亡：通「忘」。王引之《述聞》：「言但怨人之不讓己，而忘乎己之不讓人，正所謂『民之無良』也。」又朱熹《集傳》:「相怨者各據其一方耳。若以責人之心責己，愛己之心愛人，使彼己之間交見而無蔽，則豈有相怨者哉？況兄弟相怨相讒以取爵位，而不知遜讓，終亦必亡而已矣。」

老馬反為駒，不顧其後。

朱熹《集傳》:「言其但知讒害人以取爵位，而不知其不勝任。如老馬憊矣，而反自以爲駒。不顧其後，將有不勝任之患也。」

如食宜饇，如酌孔取。

饇（yù）: 同「飫（yù）」，飽食。《毛傳》:「饇，飽也。」何楷《古義》:「言其惟以得爵祿爲快，如食者但知稱其饇飽之欲，酌者但知多取，曾不少加酌量也。」

毋教猱升木，如塗塗附。

猱（náo）: 猿猴。朱熹《集傳》:「性善升木，不待教而能也。」塗、附：《毛傳》:「塗，泥。附，著也。」

君子有徽猷，小人與屬。

《毛傳》:「徽，美也。」《鄭箋》:「猷，道也。君子有美道以得聲譽，則小人亦樂與之而自連屬焉。今無良之人相怨，王不教之。」〔註 2〕又朱熹《集傳》:「屬、附也。小人骨肉之恩本薄，王又好讒佞以來（按：或意勞來，或意招來）之，是猶教猱升木。又如於泥塗之上加以泥塗附之也。苟王有美道，則小人將反爲善以附之，不至於如此矣。」猷，參見《巧言》四章「秩秩大猷，聖人莫之」注。僞《周書・君陳》有「爾有嘉謀嘉猷」句。

雨雪瀌瀌，見晛曰消。

《毛傳》:「晛（xiàn），日氣也。」《鄭箋》:「雨雪之盛瀌瀌（biāo）然，至日將出，其氣始見，人則皆稱曰雪今消釋矣。喻小人雖多，王若欲興善政，則天下聞之，莫不曰小人今誅滅矣。其所以然者，人心皆樂善，王不啓教之。」句中「雨」當爲動詞，如《邶風・北風》一章「北

風其涼，雨雪其雱」之「雨」。晛：指太陽的光熱。〔註 3〕

莫肯下遺，式居婁驕。

式：助詞。居：通「倨」，倨傲。婁：通「屢」。朱熹《集傳》引張載：「讒言遇明者當自止，而王甘信之，不肯貶下而遺棄之，更益以長慢也。」

雨雪浮浮，見晛曰流。

《毛傳》：「浮浮，猶瀌瀌也，流，流而去也。」陳奐《傳疏》：「浮浮、瀌瀌，一聲之轉。《江漢傳》『浮浮，廣大也』，廣大亦眾盛意。」浮浮即積雪、雪盛貌。

如蠻如髦，我是用憂。

《毛傳》：「蠻，南蠻也。髦，夷髦也。」《鄭箋》：「髦，西夷名。武王伐紂，其等有八國從焉。」《孔疏》：「八蠻在南，故為南蠻。髦對而言之，不在中國，故為夷髦。髦雖在西，夷總名也。」「言如以比之，是小人之行比如夷狄也。……武王伐紂，其等有八國從之，其中有髳，故知在西方也。《牧誓》曰：『及庸、蜀、羌、髳、微、盧、彭、濮人。』又曰：『逖矣，西土之人。』是西方也。彼髳此髦，音義同也。」是用：是以。朱熹《集傳》：「言其無禮義，而相殘賊也。」

〔註 1〕王國維《殷周制度論》：「欲觀周之所以定天下，必自其制度始矣。周人制度之大異於商者，一曰立子立嫡之制，由是而生宗法及喪服之制，並由是而有封建子弟之制，君天子臣諸侯之制；二曰廟數之制；三曰同姓不婚之制。此數者，皆周之所以綱紀天下。其旨則在納上下於道德，而合天子、諸侯、卿、大夫、士、庶民以成一道德之團體。」道德「是一定社會調整人們之間以及個人和社會之間的關係的行為規範的總和」（《辭海》，上海辭書出版社，1979 年）。若將王氏所言「道德」換成「利益」二字，西周的歷史似乎更直觀。

〔註 2〕《雅》詩中的「小人」多指「民人」，是社會階層屬性表達而非道德意義上的指稱（參見《節南山》〔註 7〕）。但在儒家思想視角下解詩，此處的「小人」便需與「君子」作對應。如果解「君子」為周王，那麼於全詩的理解空間還要擴延許多，詩旨走向會有多種改變的可能。

〔註 3〕於「釋詩」來說，「雨雪瀌瀌，見晛曰消」「雨雪浮浮，見晛曰流」既可理解爲「興」，也可理解爲「比」。一片冬意朦朧的光照擴散開來積雪「消」、「流」而「我是用憂」——這是周人關於政治的文學表達，主客體間的心理和情感關聯頗爲複雜。

漢儒在《詩經》之傳、箋中還沒有將天子與「太陽」聯繫起來，但《邶風·柏舟》「日居月諸，胡迭而微」，清人陳奐言「日月喻君臣」（《詩毛氏傳疏》）——陳奐時中國帝制已兩千多年，皇帝的權力比「天子」大了十萬八千倍，「日月」之頌已不足爲奇。

小雅・菀柳

《菀柳》屬「王道衰，禮義廢，政教失，國異政，家殊俗（《孔疏》「諸侯國國異政，下民家家殊俗」）」之「變雅」，但證明不了是「幽厲」。

《毛序》「刺幽王也。暴虐無親，而刑罰不中，諸侯皆不欲朝」，〔註 1〕是漢人在帝制之下基於「刑」、「禮」理論的判識和想像。前有春秋戰國「諸子」說，有了「編制」、拿上俸祿的漢儒筆耕不輟，《春官・大宗伯》、《秋官・大行人》、《小行人》，《儀禮・覲禮》、《禮記・王制》以及無數的《左傳》故事，一直在講朝覲賞賜事……

而與《小弁》、《四月》等一起觀之，詩中人絕不僅僅是家天下「官場」意義上的出局，實際情況要嚴重得多。《禮記・郊特牲》「諸侯不臣寓公，故古者寓公不繼世」，鄭玄注：「寓，寄也。寄公之子，非賢者，世不足尊也。」孔穎達疏：「案《喪服傳》云：『寄公者何也？失地之君也。』或天子削地，或被諸侯所逐，皆爲失地也。諸侯不臣者，不敢以寄公爲臣也。」如何落爲「寄公」、如何「失地」？鄭玄、孔穎達都沒有說——他們不在「道德」之外的層面上解說西周。

「菀柳」彷彿是一個隱喻。還是知了聲聲的盛夏時期，未幾，「何草不黃」之秋天就要到來了。

有菀者柳，不尚息焉？

《毛傳》：「菀，茂木也。」《鄭箋》：「尙，庶幾也。有菀然枝葉茂盛之柳，行路之人，豈有不庶幾欲就之止息乎？興者，喻王有盛德，則天下皆庶幾原往朝焉。憂今不然。」朱熹《集傳》：「言彼有菀然茂盛之柳，行路之人豈不庶幾欲就止息乎？以比人誰不欲朝事王者。」又王引之《釋詞》:「不，語詞。不尚，尚也。是正也，非反言，故句末用焉字。」又于省吾《新證》:「尚、常古通……此詩二尚字，並應讀作常。刺幽王之暴虐無親，以不常息於菀柳，感時而作。」（p32）參見《小弁》四章「菀彼柳斯，鳴蜩嘒嘒」注。有菀，即菀菀，句式與「裳裳者華」同。

上帝甚蹈，無自暱焉。

《毛傳》:「蹈，動。暱，近也。」戴震《考證》:「（動）謂變動不常。」《鄭箋》:「蹈讀曰悼。上帝乎者，訴之也。今幽王暴虐，不可以朝事，甚使我心中悼病，是以不從而近之。釋己所以不朝之意。」又朱熹《集傳》:「上帝，指王也。蹈，當作神，言威靈可畏也……王甚威神，使人畏之而不敢近耳。」暱，參見《甫田》一章「攸介攸止，烝我髦士」注。又于省吾《新證》:「《一切經音義》引作『上帝甚陶』……《後漢書・黨錮傳》注『陶謂陶冶以成之。』暱本應作匿……古慝字不從心，慝、忒聲同字通……『上帝甚陶，無自忒焉』，言上帝甚欲陶成之，無自爽忒。『無自爽忒』與次章『無自瘵焉』皆係戒勉之詞。」（p32）爽忒，差失。

俾予靖之，後予極焉。

俾：使。《毛傳》:「靖，治。極，至也。」黃焯《平議》:「此詩就王已然之事而言，非爲假設之詞。『後予極焉』句與次章『後予邁焉』句辭義互足互明，蓋謂王嘗以事使我謀治之，我則隨之而至，乃居無幾何，而又斥遠我，此即指實上文所云『上帝甚蹈』之事。」又《鄭箋》:「靖，謀。俾，使。極，誅也。假使我朝王，王留我，使我謀政事。王信讒，不察功考績，後反誅放我。」又朱熹《集傳》:「靖，安也。極，求之盡也。王者暴虐，諸侯不朝，而作此詩……使我朝而事之以靖王室，後必將極其所欲以求於我。蓋諸侯皆不朝而己獨至，則王必責之無已，如齊威王朝周而後反爲所辱也。」〔註2〕又吳闓生《會通》:「極，窮也。使我治事，後又窮我。」意困窘，走投無路。

有菀者柳，不尚愒焉？

愒：同「憩」。《毛傳》:「愒，息也。」愒，參見《甫田》一章「攸介攸止，烝我髦士」注。

上帝甚蹈，無自瘵焉。

瘵（zhài）：《毛傳》：「病也。」病苦。方玉潤《原始》：「言無自取病也。」

俾予靖之，後予邁焉。

邁：《鄭箋》：「行也。行亦放也。《春秋傳》曰：『子將行之。』」見《左傳・昭公元年》。公元前 541 年五月庚辰，鄭大夫公孫楚（遊楚）因故被子產放逐吳國。又朱熹《集傳》：「邁，過也，求之過其分也。」又于省吾《新證》以爲邁係「蔑」的借字，邁、蔑雙聲，訓爲「輕慢」。（p93）

有鳥高飛，亦傅于天。彼人之心，于何其臻？

《鄭箋》：「傅、臻皆至也。彼人，斥幽王也。鳥之高飛，極至於天耳。幽王之心，於何所至乎？言其轉側無常，人不知其所屆。」朱熹《集傳》：「彼人，斥王也……鳥之高飛，極至於天耳。彼王之心，於何所極乎？言其貪縱無極，求責無已，人不知其所至也。」

曷予靖之，居以凶矜？

矜：《毛傳》：「危也。」黃焯《平議》：「『居以凶矜』句即《序》所云『暴虐無親，而刑罰不中』之意，蓋謂王以危法加入也。」又《鄭箋》：「王何爲使我謀之，隨而罪我，居我以凶危之地？謂四裔也。」鄭玄以爲一、二、三章之「靖」皆爲「謀」。《孔疏》：「以誅放類之，故知凶危是凶危之地，謂四方荒裔遠處，即九州之外也。文十八年《左傳》曰：『投諸四裔，以禦螭魅。』是四裔之文，即羽山東裔，崇山南裔，三危西裔，幽州北裔，是也。九州之外而言幽州者，以州界甚遠，六服之外，仍有地屬之，故繫而言焉。」〔註 3〕又朱熹《集傳》：「居，猶徒然也。凶矜，遭凶禍而可憐也……如此則豈能靖之乎？乃徒然自取凶矜耳。」

〔註 1〕魏源以爲《菀柳》針對的是厲王。《小雅答問下》：「試質諸《大雅》

刺歷、刺幽之篇則瞭然矣。歷王暴虐剛惡……幽王童昏柔惡……故刺歷之詩，皆欲其收輯人心；刺幽之詩，皆欲其辯佞遠色。當幽王荒淫之世，而僅欲其親兄弟燕宗族，豈對治之藥石，救亂之良規？且曰『樂酒今夕，君子維宴』，豈所以勸淫湎長夜之主乎？徵以歷王諸詩，則《板》之七章曰：『价人維藩，大師維垣，大邦維屏，大宗維翰，懷德維寧，宗子維城。無俾城壞，無獨斯畏。』此厲王不親宗族以致孤立之明徵也。一則曰『上帝板板』，再則曰『蕩蕩上帝』，與此《菀柳》篇『上帝甚神（蹈）』，皆監謗時不敢斥言而託諷之同文也。且《大雅》厲、幽并刺，何以《小雅》獨皆刺幽無刺厲？」

魏源在漢人勾勒的基礎上繼續以詩解詩爲「幽厲」畫像，仍然將西周的終結歸咎於周厲王和周幽王個人而非王朝政治肌體之本身。而近世「五四」以降，之於西周的滅亡，復提「幽厲」，歷史學家們就笑了。

事實恰好相反，倘若周厲王眞能夠堅持「不親宗族」，或也就不會有流亡並死於彘地之結局。暴動的「國人」成分是複雜的，既有國都中的「居民」，也有軍人、職官等多種成分的「貴族」。走投無路的周厲王觸動了他們的利益，儒家後來便在《周語上》中煞有介事地抹黑了他。

〔註 2〕《戰國策・趙策》「秦圍趙之邯鄲」：「昔齊威王嘗爲仁義矣，率天下諸侯而朝周。周貧且微，諸侯莫朝，而齊獨朝之。居歲餘，周烈王崩，諸侯皆弔，齊後往。周怒，赴於齊曰：『天崩地坼，天子下席。東藩之臣田嬰齊後至，則斮（zhuó 斫）之！』威王勃然怒曰：『叱嗟，而母，婢也！』卒爲天下笑。故生則朝周，死則叱之，誠不忍其求也！彼天子固然，其無足怪。」

〔註 3〕見《舜典》、《五帝本紀》、《左傳・文公十八年》等。「四裔」同樣也是爲了「天下」之主張而進行的「寫作」意義上陪襯和鋪墊，並無實際地域考論價值。

小雅·都人士

馬瑞辰《毛詩傳箋通釋》:「《逸周書·大匡解》云:『士惟都人,孝悌子孫。』是都人乃美士之稱。《鄭風》『洵(xún)美且都』、『不見子都』,都皆訓美。美色謂之都,美德亦謂之都,都人猶言美人也。詩以『都人士』與『君子女』相對成文,『君子女』謂女子有君子之行者,猶《大雅》『釐(lí)爾女士』,《箋》謂女而有士行者,是知都人士亦謂士有都人之德者。《箋》訓都爲都邑,失之。」〔註1〕

其不知美色之「都」,自「儀」轉化而來。履「禮」謂之「德」,而「儀」則是履「禮」之外在形式體現,自然有了扮飾的成分。那麼,又有哪個層級的人能夠以「儀」來體現履「禮」之「德」呢?《左傳·莊公二十八年》「凡邑,有宗廟先君之主曰都,無曰邑。邑曰築,都曰城」,住在京都城裏的顯然就是「貴族」,他們雖然也有等級之分,但卻是一個圖謀長治久安的權力與利益之共同體,他們都是「都人」。

當「美色謂之都」時,「都人」已是以物名直肖物情的修辭手法,是西周後期和春秋時的俗語。這證明了朱熹於此詩的理解是正確的:「亂離之後,人不復見昔日都邑之盛,人物儀容之美,而作此詩,以歎息之也。」(《詩集傳》)

彼都人士,狐裘黃黃。

《毛傳》:「彼,彼明王也。」《鄭箋》:「城郭之域曰都。」朱熹《集傳》:「都,王都也。」〔註2〕黃黃:通「煌煌」,鮮麗貌。又朱熹《集傳》:「黃黃,狐裘色也。」陳啓源《稽古編》:「此詩所謂士,大率主貴者

言耳。民望之目，充耳垂帶之飾，非士大夫不能當之。」〔註3〕

其容不改，出言有章。

《鄭箋》:「古明王時，都人之有士行者，冬則衣狐裘，黃黃然取溫裕而已。其動作容貌既有常，吐口言語又有法度文章。」

行歸于周，萬民所望。

周：指鎬京。《鄭箋》:「其餘萬民寡識者，咸瞻望而法傚之。」按：舊以詩旨所需解周爲「忠」。《毛傳》:「周，忠信也。」呂祖謙《讀詩記》引邱氏曰:「不惟衣服、容貌、言語之有常，其所行之行，又歸於忠信，表裏如一，故爲下民所仰望而取法也。」《左傳・襄公十四年》「忠，民之望也」引詩。

彼都人士，臺笠緇撮。

《毛傳》:「臺所以禦暑，笠所以禦雨也。緇撮，緇布冠也。」朱熹《集傳》:「其制小，僅可撮其髻也。」《爾雅》臺作「薹」。多年生草本植物，多生水澤之地，葉扁平而長，可製蓑衣。

彼君子女，綢直如髮。

綢：密。《毛傳》:「密直如髮也。」《鄭箋》:「彼君子女者，謂都人之家女也。其情性密緻，操行正直，如髮之本末無隆殺也。」隆殺，厚薄，高下。又朱熹《集傳》:「君子女，都人貴家之女也。」胡承珙《後箋》:「言其髮之密直如此，古文倒裝，故云其綢直者有如此之髮也。」

我不見兮，我心不說。

說（yuè）：悅。

彼都人士，充耳琇實。

充耳：周代貴族男子冠冕兩旁以絲繩懸掛飾物，垂至耳，用以裝飾和塞耳。懸飾之物用玉石、象牙等製成，稱爲瑱（tián）。《毛傳》:「琇，美石也。」《鄭箋》:「言以美石爲瑱。瑱，塞耳。」實：馬瑞辰《通釋》:「『充耳琇實』猶《淇奧》詩『充耳琇瑩』，《著》詩『瓊華』、『瓊英』、『瓊瑩』，皆狀其玉之美。草木有榮、有英、有華、有實，狀玉之美曰瑩、曰英、曰華，亦可曰實，其義一也。」

彼君子女，謂之尹吉。

尹吉：《鄭箋》：「吉讀爲姞。尹氏、姞氏，周室昏姻之舊姓也。人見都人之家女，咸謂之尹氏、姞氏之女，言有禮法。」《孔疏》：「尹既是姓，則吉亦姓也，故讀爲姞。美其人而謂之尹、姞者，以尹氏、姞氏，周室昏姻之舊姓也。知者，《節南山》云：『尹氏大師。』《常武》經曰：『王謂尹氏。』昭二十三年，尹氏立王子朝。是其世爲公卿，明與周室爲昏姻也。《韓奕》云：『爲韓姞相攸。』言汾王之甥是姞，與周室爲昏姻也。又宣三年《左傳》云：『鄭石癸曰：『吾聞姬、姞耦，其子孫必蕃。』姞，吉人也，后稷之元妃也。』言姬、姞耦，明爲舊姓，以此知尹亦有昏姻矣。既世貴舊姓，昏連於王室，家風不替，是有禮法矣。故見都人之女有禮法者，謂之尹、姞也。」其說待考，「后稷之元妃」則不稽之談。

我不見兮，我心苑結。

苑（yùn）：蘊，鬱。朱熹《集傳》：「苑，猶屈也，積也。」

彼都人士，垂帶而厲。

厲：《毛傳》：「帶之垂者。」即垂帶之貌。

彼君子女，卷髮如蠆。

蠆（chài）：蠍子。蠍子尾部卷翹，此借指頭髮上卷。《鄭箋》：「蠆，螫蟲也。尾末揵然，似婦人髮末曲上卷然。」揵（qián），舉，揚。

我不見兮，言從之邁。

言：助詞。《鄭箋》：「邁，行也。我今不見士女此飾，心思之，欲從之行。言已憂悶，欲自殺，求從古人。」朱熹《集傳》：「是不可得見矣，得見則我從之邁矣。思之甚也。」

匪伊垂之，帶則有餘。匪伊卷之，發則有旟。

《毛傳》：「旟，揚也。」《鄭箋》：伊，辭也。此言士非故垂此帶也，帶於禮自當有餘也。女非故卷此發也，發於禮自當有旟也。」旟，像旟旗一般飄揚。有旟，即旟旟。參見《無羊》四章「旐維旟矣，室家溱溱」注。朱熹《集傳》：「此言士之帶，非故垂之也，帶自有餘耳。女子髮，非故卷之也，髮自有旟耳。言其自然閒美，不假修飾也。」

我不見兮，云何盱矣！

盱：《鄭箋》：「病也。思之甚，云：『何乎，我今已病也！』」又朱熹《集傳》：「盱，望也。……然不可得而見矣。則如何而不望之乎！」參見《何人斯》五章「壹者之來，云何其盱」注。

〔註 1〕較之《周南・葛覃（tán）》中的「歸寧父母」者、《卷耳》中的「嗟我懷人」者、《汝墳》中的「伐其條枚」者，《召南・采蘩》中的「夙夜在公」者，《邶風・燕燕》中的「仲氏」、《雄雉》、《泉水》中的「我」，《鄘風・載馳》中的許穆夫人，《衛風・竹竿》、《伯兮》中的「我」、《有狐》中的「心之憂矣」者，《王風・君子于役》夕陽餘暉中的「思」者，《秦風・小戎》中的「言念君子」者等，《都人士》中的「綢直如髮」者算不得什麼「君子女」；較之於《衛風・淇奧》中的「瑟兮僩（xiàn）兮，赫兮咺（xuān）兮」、「寬兮綽兮」的「有匪君子」，「狐裘黃黃」、「充耳琇（xiù）實」的「彼都人士」，也並不俊拔超群和具有政治意義上的象徵性。

〔註 2〕《鄭風・有女同車》一章「彼美孟姜，洵美且都」，錢鍾書《毛詩正義・有女同車》：「程大昌《演繁露》續集卷四：『古無村名，今之村，即古之鄙野也；凡地在國中邑中則名之爲「都」，都，美也。』楊慎《升菴太史全集》卷四二、七八本此意說《詩》曰：『山姬野婦，美而不都』，又據《左傳》『都鄙有章』等語申之曰：『閒雅之態生，今諺云「京樣」，即古之所謂「都」。……村陋之狀出，今諺云「野樣」，即古之所謂「鄙」』；趙翼《陔餘叢考》卷二二亦曰：『都美本於國邑，鄙樸本於郊野。』竊有取焉。人之分『都』、『鄙』，亦即城鄉、貴賤之判，馬融《長笛賦》『尊卑都鄙』句可參，實勢利之一端。《敦煌掇瑣》二四《雲謠集・內家嬌》第二首：『及時衣著，梳頭京樣』；劉禹錫《歷陽書事七十韻》：『容華本南國，妝束學西京』；趙德麟《侯鯖錄》卷四記與蘇軾歷舉『他處殆難得彷彿』、『天下所不及』諸事物，『京師婦人梳妝』居其一；陸游《五月十一日夜且半夢從大駕親征》：『涼州女兒滿高樓，梳頭已學京都樣』；皆『都』之謂歟。」（《管錐編》第一冊，p107、p108）鯖音 qīng。「都鄙有章」見《左傳・襄公三十年》，原文：「子產使都鄙有章，上下有服，田有封洫，廬井有伍。」

〔註 3〕「士大夫」當泛言其貴。以《左傳・桓公二年》師服所言，戰國前的士是排在大夫之後的（《夏官・小臣》「掌士大夫之弔勞」之「士大夫」也是泛稱，非指稱士、大夫兩級爵等），多數當爲卿大夫的非嫡長子，是「貴族」序列中的末位。但其畢竟爲一級爵位，所以《考工記》論「國有六職」言「坐而論道謂之王公，作而行之謂之士大夫」。

小雅・采綠

無論句式還是句中諸元素，《采綠》均與「風」詩相類。〔註 1〕甚至單從用詞看，《采綠》的情感表達方式比後者更爲直白，更具「里巷歌謠」之特徵。但《采綠》遠沒有《邶風・擊鼓》「執子之手，與子偕老」和《衛風・伯兮》「伯兮朅（qiè）兮，邦之桀兮。伯也執殳（shū），爲王前驅」的境界，也沒有《王風・君子于役》「君子于役，茍無饑渴」和《秦風・小戎》「言念君子，溫其如玉」之深情——而漢人以爲《二南》以下之詩，是東周的「變風」。

這位恨不能隨「君子」去打獵釣魚的婦人，頗類「不得到遼西」和「悔教夫婿覓封侯」者——《春怨》、《閨怨》作者都是唐朝的男性詩人，「予髮曲局，薄言歸沐」者也並非就眞的是西周之多情女子。移情於異性而能夠創作出感同身受的作品，是中國文學視野中的另類景觀。

以周人之性情資質，託言婦人而爲之詩，也一定有著某種更爲複雜的心理和動機——《雅》詩是一種自覺和表達，《風》詩也並非出自下民。《采綠》之詩，其實與《毛傳》「刺怨曠也」正好相反，在婦人看似的抱怨中表現諸侯「君子」樂於奔走王事，而這正是王朝「王政」的理想情形。如果已是「奉旨」而爲的「主題」創作，用心說不上低下，卻也格調不高。〔註 2〕

終朝采綠，不盈一匊。

《毛傳》:「興也。自旦及食時爲終朝。兩手曰匊。」《鄭箋》:「綠，王芻也，易得之菜也。終朝採之而不滿手，怨曠之深，憂思不專於事。」綠：當作「菉（lù）」，一種可作染黃和藥用的草，即藎草。匊（jū）：古掬字，指兩手合捧。

予髮曲局，薄言歸沐。

《毛傳》:「局，卷也。婦人，夫不在則不容飾。」《鄭箋》:「禮，婦人在夫家笄（jī）象笄。今曲卷其髮，憂思之甚也。有云君子將歸者，我則沐以待之。」笄，簪子。薄言：語助詞。含自謙與自勉意。王夫之《稗疏》:「凡語助辭皆必有意，非漫然加之。」參見《出車》六章「執訊獲醜，薄言還歸」注。

終朝采藍，不盈一襜。

藍：即靛草，可用作染青。《說文》:「藍，染青草也。」《鄭箋》:「藍，染草也。」襜（zhān）:《毛傳》:「衣蔽前謂之襜。」即前襟。《周南・芣苢》有「采采芣苢，薄言袺之。采采芣苢，薄言襭之」句。袺，提衣襟而兜物。襭：掖衣襟於腰帶間而兜物。

五日為期，六日不詹。

《毛傳》:「詹，至也。」《鄭箋》:「婦人過於時乃怨曠。五日、六日者，五月之日、六月之日也。期至五月而歸，今六月猶不至，是以憂思。」詩中「五日」「六日」當爲泛指。《孔疏》引孔晁曰:「傳因以行役過時刺怨曠也，故先序家人之情，而以行役者六日不至爲過期之喻，非指六日。」又朱熹《集傳》:「詹，與瞻同。五日爲期，去時之約也。六日不詹，過期而不見也。」

之子于狩，言韔其弓。之子于釣，言綸之繩。

《鄭箋》:「之子，是子也，謂其君子也。于，往也。綸，釣繳（zhuó）也。君子往狩與，我當從之，爲之韔弓。其往釣與，我當從之，爲之繩繳。今怨曠，自恨初行時不然。」之子，參見《裳裳者華》一章「我覯之子，我心寫兮」注。韔，弓袋，用爲動詞。《孔疏》:「韔其弓，謂射訖與之弛弓納於韔中也。」繳，《說文》:「繳，生絲縷也。」又朱熹《集傳》:「理絲曰綸。言君子若歸而欲往狩耶，我則爲之韔其弓。欲往釣耶，我則爲之綸其繩。望之切，思之深，欲無往而不與之俱也。」鄭意綸，釣絲，名詞。朱意綸，理絲，動詞。

其釣維何？維魴及鱮。維魴及鱮，薄言觀者。

《鄭箋》:「觀，多也。此美其君子之有技藝也。釣必得魴、鱮，魴鱮是云其多者耳。其眾雜魚，乃眾多矣。」維：助語氣。魴：即鯿魚。《陸疏》:「廣而薄，肥恬而少力，細鱗，魚之美者。」鱮：鰱魚。《陸疏》:「似魴，厚而頭大，魚之不美者。」者：通「之」，代詞。或曰語助詞。又朱熹《集傳》:「於其釣而有獲也，又將從而觀之。」朱氏意觀，觀看。

〔註 1〕見《周南・關雎》、《卷耳》、《桃夭》、《芣苢》、《漢廣》、《汝墳》，《召南・采蘩》、《采蘋（píng）》、《何彼穠（nóng）矣》，《邶風・燕燕》，《衛風・伯兮》，《齊風・敝笱》，《秦風・小戎》，《陳風・衡門》等。

〔註 2〕在「周禮」和西漢之後的經學家那裡，更變味。《天官・宮人》「掌王之六寢……」鄭玄注：「六寢者，路寢一，小寢五。」賈公彥疏：「路寢制如明堂（按：見《禮記・明堂位》、《逸周書・作雒解》）以聽政。路，大也，人君所居皆曰路。……天子六寢，則諸侯當三寢，亦路寢一，燕寢一，側室一，《內則》所云者是也。」

《天官・內宰》「以陰禮教六宮」，鄭玄注：「鄭司農云：『陰禮，婦人之禮。六宮後五前一，王之妃百二十人：后一人，夫人三人，嬪九人，世婦二十七人，女御八十一人。』玄謂六宮，謂后也。婦人稱寢曰宮。宮，隱蔽之言。后象王，立六宮而居之，亦正寢一，燕寢五。……謂之六宮，若今稱皇后爲中宮矣。」

《天官・九嬪》「教九御婦德、婦言、婦容、婦功，各帥其屬而以時御敘（序）（賈公彥疏「月初卑者爲始，望後尊者爲先」）於王所」，鄭玄注：「教各帥其屬者，使亦九九相與從於王所息之燕寢……凡群妃御見之法，月與后妃其象也。卑者宜先，尊者宜後。女御八十一人當九夕，世婦二十七人當三夕，九嬪九人當一夕，三夫人當一夕，后當一夕，亦十五日而遍云。自望後反之。」引《孝經援神契》文「孔子」語「日者天之明，月者地之理」云云。

《禮記・曲禮下》「天子有后，有夫人，有世婦，有嬪，有妻，有妾」，鄭玄注：「妻，八十一御妻，《周禮》謂之女御，以其御序於王之燕寢。」孔穎達疏：「王有六寢，一是正寢，餘五寢在後，通名燕寢。其一在東北，王春居之。一在西北，王冬居之。一在西南，王秋居之。一在東南，王夏居之。一在中央，六月居之。凡后妃以下，更以次序而上御王於五寢之中也。」

天文曆算，方士緯書，又搬出了「孔子」。從《周禮》到《禮記》，如此費心，窺探的原來是天子、諸侯燕寢進御之事。當《采綠》出現「五日爲期，六日不詹」之句時，《毛傳》趕緊搶注爲「婦人五日一御」（《內則》鄭玄注「五日一御，諸侯制也。諸侯取九女，侄娣〔dì〕兩兩而御，則三日也，次兩媵〔yìng〕，則四日也。次夫人專夜，則五日也」），也就有了「刺怨曠也。幽王之時，多怨曠者也」的《序》說，這是漢人。唐人孔穎達一番掐算後，「則大夫一妻二妾，三日一御。士有妾，二日一御。庶人多無妾，其妻每夜而進之……」

照讀之，一種臨場的「文化」反胃，自西周穿越湧來——然而，這不是西周的實際情況。在《大雅·文王有聲》「築城伊淢，作豐伊匹……王公伊濯，維豐之垣……考卜維王，宅是鎬京」，《何尊》「惟王初遷宅於成周」、「余其宅茲中國」，《周書·召誥》、《洛誥》之「相宅」、「卜宅」、「定宅」等文字中，人們是看不出、也想像不出「六寢」「六宮」來的。西漢以降，帝制下借「周禮」而無極限縱任皇權，又豈止「王之妃百二十人……」並見《小雅·斯干》二章「似續妣祖，築室百堵，西南其戶」注。

小雅・黍苗

儒家在「君臣佐使」的政治配伍文化中，於「臣」之正面形象的塑造，除「周公」外，其次就便是「召公」（召伯）。不同的是「周公」是唯一者，而「召公」則是一個世系。

《周書・召誥》、《君奭》、《顧命》、《金縢》、《史記・周本紀》、《魯周公世家》、《燕召公世家》以及《國語・周語》等集中推出召世家之典型代表——召康公姬奭、召穆公姬虎。二者之時間跨度自周成王歷康、昭、穆、共、懿、孝、夷、厲，至周宣王，凡十世二百七十年。

與「周公」相比，〔註 1〕他們沒有被神化，身上也沒有被過多地製造金色光暈，而更多的則是賦予其責任與擔當，所謂「志不求易，事不避難」，「義不逃責」，冀望於他們的犧牲與付出。儒家清楚地知道「忠臣」於君王的重要性——沒有他們主子便無奈「天下」，但主子即便不是「明君」（歷史上能有多少呢），「明臣」也是可以支撐其政權運作下去的。孔子定義「君使臣以禮，臣事君以忠」（《八佾》）；〔註 2〕君臣之義「無所逃於天地之間」；（《莊子・人間世》）《十月之交》孔穎達疏「（君）非理殺臣，猶則是其常道……」〔註 3〕

「天地者，生之本也。先祖者，類之本也。君師者，治之本也……故禮，上事天，下事地，尊先祖而隆君師，是禮之三本也」（《荀子・禮論》，《史記・禮書》襲），所以董仲舒言爲人臣者「伏節死難，不惜其命，所以救窮也……功成事就，歸德於上，所以致義也」（《春秋繁露・天地之行》）；史遷則在《周本紀》中借「召公」之口曰：「夫事君者，險而不仇懟（duì），怨而不怒，況事王乎！」〔註 4〕

《今本竹書紀年》宣王元年「甲戌春正月，王即位，周定公、召穆公輔政」，「召穆公」應當就是詩中之「召伯」。其「中興」雖不盡然能夠「內修政事，外攘夷狄，覆文武之境土」（《車攻》序），但通過南仲、召穆公、尹吉甫、方叔等對獫狁（西戎）、淮夷、徐、楚之討伐，其時西周之疆域也的確又有所歸復。

對於晚期的西周來說，宣王封母舅申伯於謝，「南土」的控制有望得到加強。然而卻是召伯先行營造謝邑，而後由申伯守之——《黍苗》和《大雅・崧高》外沒有更多的資料能夠證實當時的實際情況，但已見得周宣王政治邏輯的混亂，一個去坐享其成的「申伯」，能有什麼力量和作爲呢？

朝廷感念那些世爲「召伯」者，所以一再作詩爲志。但「原隰既平，泉流既清」是空話廢話；「召伯有成，王心則寧」也是「筆桿子」們的應景之辭。

芃芃黍苗，陰雨膏之。

芃芃：禾草茂盛貌。《鄘風・載馳》四章「我行其野，芃芃其麥」，《毛傳》：「麥芃芃然方盛長。」芃音見《裳裳者華》讀注。此句在《曹風・下泉》中有襲，著意的也當是「黍苗」和「膏之」。膏：潤澤。

悠悠南行，召伯勞之。

南行：《孔疏》：「以《崧高》言『王命召伯，定申伯之宅』，又曰『因是謝人』，與四章『肅肅謝功』相當，故知此南行謂宣王之時，使召伯營謝邑，以定申伯之國，將徒役南行也。此言南行，是舉其始去而勞之，故言召伯則能勞來勸悅以先之。謂閔其勤勞，身先其苦也。」〔註5〕勞來，即「勞徠」，以恩德招之使來，又意慰勉。召伯：西周史中有二「召伯」，一爲《周本紀》、《燕召公世家》所紀召康公姬奭，一爲厲王、宣王、幽王時的大臣召穆公姬虎，姬奭的後代。姬虎諫厲王弭謗，以其子代厲王的太子靖（即宣王）死，領軍出征平定淮夷，輔佐宣王開創「中興」之局面等。詩中的「召伯」當指召穆公。朱熹《集傳》：「悠悠南行，則惟召伯能勞之也。」

我任我輦，我車我牛。

任：負。輦（niǎn）：《說文》：「輦，人輓車也。」牽引。

我行既集，蓋云歸哉。

集，《鄭箋》:「猶成也。」朱熹《集傳》:「營謝之邑，既成而歸也。」蓋：通「盍」，何。《孔疏》:「蓋者，疑辭。」云：語助詞。

我徒我御，我師我旅。

徒、御：《毛傳》:「徒行者，御車者。」師、旅：《鄭箋》:「五百人爲旅，五旅爲師。」參見《瞻彼洛矣》一章「韎韐有奭，以作六師」注。

我行既集，蓋云歸處。

處：居。

肅肅謝功，召伯營之。

肅肅：《鄭箋》:「嚴正之貌。」謝：《毛傳》:「邑也。」申國之都，故址在今河南南陽東南唐河縣境內。申南遷改封，召伯爲之作邑於謝。《大雅・崧高》有記。功：朱熹《集傳》:「工役之事也。」營：《鄭箋》:「治也。……美召伯治謝邑，則使之嚴正，將師旅行則有威武也。」

烈烈征師，召伯成之。

《鄭箋》:「烈烈，威武貌。征，行也。」

原隰既平，泉流既清。

《毛傳》:「土治曰平，水治曰清。言召伯營謝邑，相其原隰之宜，通其水泉之利。」

召伯有成，王心則寧。

《毛傳》:「此功既成，宣王之心則安也。」

〔註 1〕以現實看，武王死後最合適當政人選是年富力強、經驗豐富的「周公」,「周之所以定天下」與「立子立嫡」之間並不存在必然的邏輯。卻是武王的幼子繼位了——「歷史」將其輕輕一筆帶過，沒有作更多的交代。文獻所紀「成王」僅《周本紀》、《今本竹書紀年》等，《晉世家》「成王與叔虞戲，削桐葉爲珪以與叔虞」算是最具細節者，但甚荒唐。作爲「詩史」的《詩經》中也沒有見到

「成王」——遠古始祖者后稷尚有《生民》，作爲「開國天子」，不也該有一首長詩的「頌歌」嗎？

「周公」與成王之歷史敘事，實際也是儒家關於王權和王權世襲的一種思想鋪墊，一種故事表達，一種不容置疑的主張和態度，一種認定和導向，一種執著的、用意深遠的暗示——秦漢以降父死子繼之帝制果然成功實現。

《荀子・儒效》開篇一段最爲典型：「武王崩，成王幼，周公屏（按：蔽，庇護）成王而及武王以屬（繫屬）天下，惡（音 wù，患）天下之倍（背）周也。履天子之籍（位），聽天下之斷，偃然（安然）如固有之，而天下不稱貪焉；殺管叔，虛（墟）殷國，而天下不稱戾（暴戾）也……教誨開導成王，使諭於道，而能掩（襲，沿襲）跡於文、武。周公歸周（周天下的統治權），反（返）籍於成王，而天下不輟事周，然而周公北面（北面爲臣）而朝之。……成王冠，成人，周公歸周反籍焉，明不滅主之義也。周公無天下矣，鄉（嚮〔xiāng〕，向，從前）有天下，今無天下，非擅（禪，禪讓）也；成王鄉無天下矣，今有天下，非奪也；變勢次序節（限禁節制）然也……」

而在《周書・君奭》中，周公對召公（奭）說：「我聞在昔成湯既受命，時則有若伊尹，格於皇天。在太甲，時則有若保衡。在太戊，時則有若伊陟、臣扈，格於上帝；巫咸乂王家。在祖乙，時則有若巫賢。在武丁，時則有若甘盤……

在昔上帝，割申勸甯王之德，其集大命於厥躬？惟文王尚克脩和我有夏；亦惟有若虢叔，有若閎夭，有若散宜生，有若泰顛，有若南宮括。又曰，無能往來，茲迪彝教，文王蔑德降於國人……」「格於皇天」，僞孔傳：「尹摯佐湯，功至大天。」乂（yì），治，引爲佐，輔佐。割，害，通「曷」。申，反復。甯王，《大誥》傳：「安天下之王，謂文王也。」「脩和我有夏」，傳：「文王庶幾能脩政化，以和我所有諸夏。」茲，通「孜」，勉力。（曾運乾說）迪，啓。彝，常。蔑，無。「降於國人」，傳：「下政令於人。」（《殷本紀》故事沒有出現臣扈、甘盤。後者於《燕召公世家》引作「甘般」；《今本竹書紀年》武丁元年「命卿士甘盤」）

文獻中的「周公」，認爲「雖聖人，亦須良佐」，所以他不但不爭王位，他力主要有「賢臣」輔君。

〔註 2〕孔子於此只是提出了主張，開了一個頭。之後大有「思想家」們要作更「深奧」的論說。

戰國時的荀子等人不用說，更有西漢董仲舒及東漢白虎觀會議的與會代表們，等等。

《春秋繁露・陽尊陰卑》:「是故《春秋》君不名惡，臣不名善，善皆歸於君，惡者歸於臣。臣之義，比於地，故爲人臣者，視地之事天也……是故孝子之行，忠臣之義，皆法於地也，地事天也，猶下之事上也……」《白虎通義・五行》:「五行者，何謂也？謂金、木、水、火、土也……善稱君，過稱己，何法？法陰陽共敘、共生，陽名生，陰名煞。臣有功歸於君，何法？法歸明於日也。臣法君何法？法金正木也……」

主張「選擇天下賢良、聖知、辯慧之人，立以爲天子……選擇天下贊閱賢良、聖知、辯慧之人，置以爲三公……擇其國之賢者，置以爲左右將軍、大夫，以逮至乎鄉里之長」（《尙同中》）的墨子，也言「賢人唯毋得明君而事之，竭四肢之力，以任君之事，終身不倦。若有美善，則歸之上，是以美善在上，而所怨謗在下，寧樂在君，憂戚在臣」（《尙賢中》）。他的專制獨裁思想也十分了得：

「天子，諸侯之君，民之正長，既已定矣，天子爲發政施教曰:『……上之所是，必亦是之。上之所非，必亦非之……尙同乎其上，而毋有下比之心……上之所是不能是，上之所非不能非……下比而非其上者，上得則誅罰之。」（《尙同中》）

史遷在《屈原賈生列傳》中有個著名的論斷:「人君無愚智賢不肖，莫不欲求忠以自爲，舉賢以自佐，然亡國破家相隨屬，而聖君治國累世而不見者，其所謂忠者不忠，而所謂賢者不賢也。」君王皇帝傻子變態荒唐混帳均可，所以亡國破家，是因爲「忠臣」不忠，「賢士」不賢。

《春秋》三傳中，《公羊傳》似乎還略有些不同的主張，但東漢的何休注說：「君雖不君，臣不可以不臣。」（《宣公六年》）

〔註 3〕《禮記・曲禮上》孔穎達疏引許愼《五經異義》:「凡君非理殺臣，《公羊》說，子可復仇，故子胥伐楚，《春秋》賢之。《左氏》說，君命，天也，是不可復仇。」（《定公四年》）

「公羊學」很有些看不慣將君主制度神聖化，能夠幸存於世已是奇蹟，其「影響」自然也就不會超過《左傳》。

〔註 4〕史遷是否曾受教於董仲舒不得而知。依《儒林列傳》所紀，「漢興，然後諸儒始得修其經藝……及今上即位，趙綰（wǎn）、王臧之屬明儒學，而上亦鄉之，於是招方正賢良文學之士。自是之後，言《詩》於魯則申培公，於齊則轅固生，於燕則韓大傅。言《尚書》自濟南伏生。言《禮》自魯高堂生。言《易》自菑川田生。言《春秋》於齊魯自胡毋生，於趙自董仲舒……董仲舒，廣川人也。以治《春秋》，孝景時爲博士」，董在史遷心目中的地位似乎也並不是很高。但史遷晚生董仲舒三十四年，於漢爲言，應該是「儒二代」。二人雖有「儒雅」、「文章」(《漢書・公孫弘卜式倪寬傳》「贊曰」) 角色之異且遭遇不同，但他們皆盡心於漢武帝——中國第一個把儒說作爲其指導思想的「理論基礎」的皇帝。

儒家不顧「召公以其子代宣王死」等極端性導向與其「仁」之間的矛盾，粗暴而登峰造極宣揚尊上卑下、忠君奉上和下者的犧牲與奉獻，所謂「爲人臣者主而忘身，國而忘家，公而忘私，利不苟就，害不苟去，唯義所在」(《漢書・賈誼傳》)。同樣旨在維護以「王」爲中心的政治秩序而倡導崇奉「天地君親」，出於移孝於「忠」之目的，後世有腐儒竟編出了像「二十四孝」之「郭巨埋兒」一類的惡俗故事。

〔註 5〕申本西戎的一支，姜姓古諸侯國，居今甘陝間（一說在今甘肅東部涇水上游地區），與周世通婚姻。周宣王時，爲戰略所需和加強對「南土」的掌控，封「王之元舅」申伯於今河南南陽東南一帶，建立申國，即「南申」。《漢書・地理志・南陽郡》縣三十六：「宛，故申伯國。」

《左傳・隱公元年》「初，鄭武公娶於申，曰武姜」，孔穎達疏：「《外傳》說伯夷之後曰『申呂雖衰，齊許猶在』，則申、呂與齊、許俱出伯夷，同爲姜姓也。《國語》曰『齊、許、申、呂由大姜』，言由大姜而得封也。然則申之始封亦在周興之初，其後中絕，至宣王之時，申伯以王舅改封於謝。《詩・大雅・崧高》之篇，美宣王褒賞申伯云：『王命召伯，定申伯之宅』是其事也。」大姜，即太姜，古公亶父妻，季歷母，周文王祖母。參見《周語中》「富辰諫襄王以狄伐鄭及以狄女爲后」。

《鄭語》（史伯爲桓公論興衰）「申、繒、西戎方強，王室方騷……若伐申，而繒與西戎會以伐周」，《今本竹書紀年》幽王十一年「申人、鄫人及犬戎入宗周，弒王及鄭桓公」，《周本紀》同。

但鄫國若與其「南申」比鄰，則此次戰爭難以解釋。崔述《豐鎬考信錄》：「申在周之東南千數百里，而戎在周西北，相距遼遠，申侯何緣越周而附於戎！黃與弦之附齊也，其國在楚東北，然楚滅之，齊桓猶不能救，遠近之勢然也。王師伐申，豈戎所能救乎？」（關於殺死周幽王的「驪戎」，沈長雲《驪戎考》

認爲「驪戎非麗土之狄」，「驪戎乃犬戎或犬戎一部之名」。《中國史研究》，2000年第3期）

參見李峰《黨派之爭與空間的崩潰》「申國的地望」。（《西周的滅亡——中國早期國家的地理和政治危機》，p252～p260）

小雅・隰桑

《雅》詩中除《小雅・雨無正》、《巷伯》中的「凡百君子」外，天子、諸侯自不用說，泛言的「君子」在指向擁占「天下」之利益共同體各層級的精英人物時，也是他們之間以期基業政治萬世強固不變的一個黽勉共勵的口號式稱謂。〔註1〕

一番努力之後，事情的發展終不如意。於王朝來說，同祀先祖和朝覲、賞賜制度並沒有能夠維持預設的朝廷與諸侯之關係。朝廷的鐘鼓敲得再響，也漸漸地無力再能約束擁有土地、「人民」並強大了起來的「子弟」、「先聖」和功臣之後們。何況「天下」之土地範圍有限，分封難以爲繼。更不肖說始終不曾理解何爲「中國」的玁狁和東夷一再強勢發難，內外交困之下的朝廷終至江河日下之地步。

於諸侯以下者來說，《左傳・桓公二年》之「建國」者，自是天子建諸侯也，「立家」者，諸侯立卿、大夫也，「置側室」者，卿、大夫復立屬於自己的下級卿、大夫也，「有貳宗」者，下級卿、大夫復又立下級大夫或「屬大夫」，「士有隸子弟」者，以其子弟爲臣僕和親族隸屬也。

以血緣親疏遠近定位等級和勢力範圍，初期尚可維持各自權位和相互利益之關係。但隨著時間的推移，社會結構和土地制度的變化以及生產力的發展和各種條件的轉移，生產關係開始改變，所謂「公食貢，大夫食邑，士食田」（《晉語四》）的局面就維持不下去了。至春秋，則是「『高岸爲谷，深谷爲陵』，三後之姓，於今爲庶」。（《昭公三十二年》）

曾經的「天下」夢破碎了。當「禮」變得什麼都不是時，「貴族」間出現了無數心緒極爲複雜的「喜見君子之詩」。面對巨大的失落和無法解套的困境，聲聲「君子」，幾多心情！

隰桑有阿，其葉有難。

隰：朱熹《集傳》：「下濕之處，宜桑者也。」即水土保持較好，地勢低平的地方。阿：通「婀」。《毛傳》：「阿然，美貌。」有阿，即阿阿。下「有難」、「有沃」、「有幽」同。難（nuó）：《毛傳》：「難然，盛貌。」《鄭箋》：「隰中之桑，枝條阿阿然長美，其葉又茂盛可以庇蔭人。」又陳奐《傳疏》：「古難、儺通。難之爲言那也……《桑扈》、《那》傳：『那，多也。』盛與多同義。」參見《桑扈》三章「不戢不難，受福不那」注。

既見君子，其樂如何！

朱熹《集傳》：「此喜見君子之詩。言隰桑有阿，則其葉有難矣。既見君子，則其樂如何哉！詞意大概與《菁莪》相類。然所謂君子，則不知其何所指矣。」

隰桑有阿，其葉有沃。

沃：潤澤盛美貌。《毛傳》：「沃，柔也。」朱熹《集傳》：「沃，光澤貌。」

既見君子，云何不樂！

隰桑有阿，其葉有幽。

幽：《毛傳》：「黑色也。」馬瑞辰《通釋》：「葉之盛者色青而近黑，則黑色亦爲盛貌。」〔註2〕

既見君子，德音孔膠。

德音：德言，指內有合「禮」之良德外有善言。參見《鹿鳴》二章「我有嘉賓，德音孔昭」、《車舝》一章「匪飢匪渴，德音來括」注。膠：馬瑞辰《通釋》「膠（膠）當爲僇之省借」，引《方聖》、《廣雅》訓僇爲「盛」，「孔膠猶云甚盛耳」。于省吾《新證》：「這是說，『既見君子，德言甚盛』，『德言甚盛』指君子言之。」（p133）

心乎愛矣，遐不謂矣？

遐：胡，何。馬瑞辰《通釋》：「凡詩言『遐不』者，猶言『胡不』。」按：《邶風·二子乘舟》「不瑕有害」，馬瑞辰《通釋》：「瑕、遐古通用。

《隰桑》詩『遐不謂矣』,《禮記・表記》引詩作『瑕不謂矣』。遐之言胡也。胡、無一聲之轉,故胡寧又轉爲無寧。凡詩言『遐不眉壽』、『遐不黃耇』、『遐不謂矣』、『遐不作人』,『遐不』猶云胡不,信之詞也。易其詞則曰『不瑕』,凡詩言『不遐有害』、『不瑕有愆』,『不瑕』猶云不無,疑之之詞也。」謂:朱熹《集傳》:「猶告也。言我中心誠愛君子,而既見之則何不遂以告之?」

中心藏之,何日忘之!

朱熹《集傳》:「而但中心藏之,將使何日而忘之耶?《楚辭》所謂『思公子兮未敢言』,意蓋如此。愛之根於中者深,故發之遲而存之久也。」見《九歌・湘夫人》。

〔註1〕至春秋,「風」詩中的「君子」已非確指,既有《衛風・淇奧》、《曹風・鳲(shī)鳩》、《秦風・終南》中的國君,也有《周南・汝墳》、《王風・君子于役》、《鄭風・風雨》、《秦風・晨風》中的尊愛者,也有《召南・草蟲》、《鄘風・君子偕老》中平民和世俗化了的借指,更有《邶風・雄雉》中的「百爾君子」和《鄘風・載馳》中的「大夫君子」之輩。

〔註2〕「桑」在《詩經》中又見於《大雅・桑柔》、《小雅・小弁》、《鄘風・桑中》、《定之方中》、《衛風・氓》、《唐風・鴇羽》、《豳風・七月》等。桑而絲,所以桑樹是高貴的,也是美麗的。《魏風・十畝之間》「十畝之間兮,桑者閑閑兮(《毛傳》:「閑閑然,男女無別,往來之貌」),行與子還兮。十畝之外兮,桑者泄泄(音yì,多人貌)兮,行與子逝兮」,可稱「詩意地棲居在大地之上」。

「心乎愛矣,遐不謂矣?」於「君子」可謂一往情深。而重複的「隰桑有阿」又是一個重要的文化圖息和一種心理反映——絲與玉,青銅與詩,一起呈現了中國《詩經》時代文化和精神構建的最高端。

小雅・白華

「之子」,《詩經》中的一個情感意蘊十分豐富而複雜的句子,翻譯成現代語是:「這個人!」〔註1〕「天步艱難」的境遇和「鼓鍾於宮,聲聞于外,念之懆懆(cǎo)」之心境,表明「實勞我心」之「碩人」不是飲食男女意義上的「美人」——被漢人賦予「大德」、「尊大」之意的「碩人」,〔註2〕其實是周人於「有匪(斐)君子」的另一種指稱。不知詩中的「俾我獨兮」的「之子」是誰,又如何遠去?。

「白華菅兮,白茅束兮」,一個水寒時節的「農人」作業場景截取。秋風起,遙岑遠目,河岸上的我,依然還在等你,卻總也不來——傷痛是劇烈而深重的。如果「之子」是某個層級範圍的宗法體權益代表者,那麼他的「之遠」將使一個「集體」優渥不再甚至生無所依。也正因爲此,北流的滮(biāo)池盛滿了哀怨,白華上空茫茫蒼穹也布滿了「之子無良,二三其德」之恨。〔註3〕

白華菅兮,白茅束兮。

《毛傳》:「白華,野菅(jiān)也。已漚爲菅。」《鄭箋》:「白華於野,已漚名之爲菅。菅柔忍(韌)中用矣,而更取白茅收束之。」又何楷《古義》:「陸佃曰:菅,茅屬也。而其華白,故一曰白華……茅亦潔白,故曰白茅。此詩取茅與菅對言,正以菅、茅類同。但菅韌茅脆,菅比茅爲有用。」菅爲一種多年生茅草,多生低山帶平原河岸,山坡草地。

之子之遠，俾我獨兮。

「之子之遠」後一「之」，往。俾：使。

英英白雲，露彼菅茅。

《毛傳》：「英英，白雲貌。露亦有雲，言天地之氣，無微不著，無不覆養。」《鄭箋》：「白雲下露，養彼可以爲菅爲茅。」朱熹《集傳》：「英英，輕明之貌。白雲，水土輕清之氣，當夜而上騰者也；露，即其散而下降者也。」

天步艱難，之子不猶。

天步：朱熹《集傳》：「步，行也。天步，猶言時運也。」猶：《鄭箋》：「圖也。」圖，慮。又朱熹《集傳》：「或曰猶，如也。言雲之澤物，無微不被。今時運艱難，而之子不圖，不如白雲之露菅茅也。」

滮池北流，浸彼稻田。

《毛傳》：「滮，流貌。」《鄭箋》：「池水之澤，浸潤稻田，使之生殖。」一說滮，滮水，在西周京都豐鎬附近。王夫之《稗疏》：「蓋滮池在咸陽縣之南境，地在渭水之南，……故北流入鎬，以合於渭。」

嘯歌傷懷，念彼碩人。

朱熹《集傳》：「碩人，尊大之稱。」

樵彼桑薪，卬烘于煁。

樵：用爲動詞，採伐。桑薪：朱熹《集傳》：「薪之善者也。」卬（yǎng）：古「仰」字，舉。《說文》：「仰，舉也。」烘：《毛傳》：「燎也。」燃燒。煁（chén）：《毛傳》：「烓（wēi）灶也。」朱熹《集傳》：「煁，無釜之灶，可燎而不可烹飪者也。」一種可移動的灶，上置釜而烹，或稱風爐。

維彼碩人，實勞我心。

維：助語氣，突出所言之「碩人」。一說維通「惟」，思，念。

鼓鍾于宮，聲聞于外。念之懆懆，視我邁邁。

懆懆（cǎo）:《毛傳》:「憂貌。」《說文》:「懆，愁不安也。」邁邁:《毛傳》:「不說也。」說，悅。又朱熹《集傳》:「邁邁，不顧也……念子懆懆，而反視我邁邁，何哉？」又于省吾《新證》:「邁邁係蔑蔑的借字，邁、蔑雙聲……懆懆訓『愁不安』，蔑蔑訓『輕慢』，均係重文疊義。這是說，我念子愁而不安，而你反輕慢以視我。」（p93）

有鶖在梁，有鶴在林。

鶖（qiū）:《毛傳》:「禿鶖也。」《鄭箋》:「鶖也，鶴也，皆以魚爲美食者也。鶖之性貪惡，而今在梁。鶴潔白，而反在林。」陳奐《傳疏》引《本草綱目》:「禿鶖，水鳥之大者也，出南方有大湖泊處。其狀如鶴而大，青蒼色，張翼，廣五六尺，舉頭高六七尺，長頸，赤目，頭項皆無毛。其頂皮方二寸許，紅色如鶴頂，其喙深黃色而扁直，長尺餘。其嗉下亦有胡袋，如鵜鶘狀，其足爪如雞，黑色，性極貪惡，能與人鬥。」梁：魚梁。與下「戢」並參見《鴛鴦》二章「鴛鴦在梁，戢其左翼」注。

維彼碩人，實勞我心。

鴛鴦在梁，戢其左翼。

戢：斂。〔註4〕

之子無良，二三其德。

《鄭箋》:「變移其心志，令我怨曠。」朱熹《集傳》:「二三其德，則鴛鴦之不如也。」按:《衛風·氓》有「士也罔極，二三其德」句，《孔疏》:「士也行無中正，故二三其德，及年老而棄已，所以怨也。」

有扁斯石，履之卑兮。

有扁:《毛傳》:「扁扁，乘石貌。王乘車履石。」

之子之遠，俾我疧兮。

疧：憂病。參見《無將大車》一章「無思百憂，祇自疧兮」注。

〔註 1〕《小雅》中又見於《車攻》三、八章，《鴻雁》一、二章，《裳裳者華》一、二、三章，《采綠》三章等。及至春秋，「之子」依是深情無限。如《周南・桃夭》、《漢廣》、《召南・鵲巢》、《江有汜》、《邶風・旄丘》、《鄘風・君子偕老》等，猶以《邶風・燕燕》「之子于歸，遠送于野」、「遠於將之」、「遠送於南」和《衛風・有狐》「心之憂矣，之子無裳」、「之子無帶」、「之子無服」最爲典型。

但是《國風》中「彼其之子」句式的出現，「之子」被推遠了——望過去，既有「不予我戍申」、「戍甫」、「戍許」者（《王風・揚之水》），「舍命不渝」、「邦之司直」、「邦之彥兮」者（《鄭風・羔裘》），「美無度」、「美如英」、「美如玉」者（《魏風・汾沮洳》），「碩大無朋」、「碩大且篤」者（《唐風・椒聊》），也有——「彼其之子，三百赤芾」、「彼其之子，不稱其服」、「彼其之子，不遂其媾」者（《曹風・候人》，《鄭箋》「不稱者，言德薄而服尊」；《毛傳》「媾，厚也」；朱熹《詩集傳》「遂，稱。媾，寵也。遂之爲稱，猶今人謂遂意曰稱意」）——「彼其」使得「之子」由「這個人」變成了「那人」和「那些人」！

世道終有變，初「心」已不再。理想主義的時代過去了，春秋時期，「言志」之「詩」的句式和語氣，其內涵明顯變得更加複雜了起來。

〔註 2〕《邶風・簡兮》「碩人俁俁（yǔ），公庭萬舞」，「彼美人兮，西方之人兮」，男性的舞者被譽爲「碩人」、「美人」；《衛風・考槃》「考槃在澗，碩人之寬」，「考槃在阿，碩人之薖」，「考槃在陸，碩人之軸」，朱熹《詩集傳》:「美賢者隱處澗谷之間，而碩大寬廣，無戚戚之意……」《碩人》「碩人其頎（qí），衣錦褧（jiǒng）衣……」，《鄭箋》:「碩，大也。言莊姜儀表長麗俊好頎頎然。」《唐風・椒聊》「彼其之子，碩大無朋」，指高大碩美之婦人；《陳風・澤陂》「有美一人，碩大且卷……」王先謙《詩三家義集疏》:「古人碩、美二字爲讚美男女之統詞。故男亦稱美，女亦稱碩。」

〔註 3〕梁啓超《要籍解題及其讀法》「詩經」:「中國社會脫離僿野狀態，實自周始。周初猶屬啓蒙時代，故可傳之作品尚少。至東遷前後，人文益進，名作乃漸多。又詩本爲表情之具，周初社會靜謐，衝動情感之資料較少。東遷前後，亂離呻吟，不期而全社會強烈之感情被蒸發焉。」（《飲冰室合集》九，專集之七十二，p61）僿（sài），粗鄙。

在文學創作的意義上，《白華》開中國懷人之作先河。《詩經》並有《周南・卷耳》、《召南・殷其靁》、《邶風・擊鼓》、《王風・君子于役》、《齊風・甫田》、《秦風・小戎》等，其中以《邶風・二子乘舟》、《衛風・有狐》傾注最深。

〔註 4〕《毛序：「《白華》，周人刺幽后也。幽王取申女以爲后，又得褒姒而黜申后，故下國化之，以妾爲妻，以孽代宗，而王弗能治，周人爲之作是詩也。」所以鄭玄附會此句爲：「斂左翼者，謂右掩左也。鳥之雌雄不可別者，以翼右掩左雄，左掩右雌，陰陽相下之義也。夫婦之道，亦以禮義相下，以成家道。」如果說《鴛鴦》二章者解「明王時……自若無恐懼」還差可言之，那麼此處的「左右」、「陰陽」和《毛序》，則是漢儒在強姦周人之意。

周人「先言他物以引所詠之辭」的心理和情感邏輯，只有周人熟悉，也只有作詩者自己能夠體味。無論鄭玄所引《爾雅・釋鳥》之說是否成立，「鴛鴦在梁，戢其左翼」無關雌雄，而是一個具象，一種作詩者的心理選擇，一種心境的對接。

《詩經》中「鴛鴦」出現不多。《白華》者是詩人眼中的孤雁寒禽。

小雅・緜蠻

《毛序》:「《緜蠻》，微臣刺亂也。大臣不用仁心，遺忘微賤，不肯飲食教載之，故作是詩也。」《鄭箋》:「微臣，謂士也。古者卿大夫出行，士爲末介。士之祿薄，或困乏於資財，則當賙贍之。幽王之時，國亂禮廢恩薄，大不念小，尊不恤賤，故本其亂而刺之。」〔註1〕

「天下」爲以姬姓爲主的宗法利益集團所擁占，政權的運行又需劃分其若干層級。觀《三禮》,「士」的地位最低——《禮記・王制》班祿之法「下士食九人，中士十八人，上士三十六人」，下士之俸祿僅爲下大夫的八分之一（參見《北山》〔註 3〕）。《左傳・桓公二年》「士有隸子弟」，杜預注:「士卑，自以其子弟爲僕隸。」〔註2〕（《襄公十四年》「士有朋友」者實即「隸子弟」，是「士」的親族成員）《雅》詩相當部分是出自「士」一階層之手，孔穎達所謂「士之作詩，亦應多矣」。

周人在《周書》中假「天命」而反覆強調維護周禮之「德」，並以「撫民」（僞《微子之命》)、「保民」(《康誥》)、「懷保小民」、「咸和萬民」(《無逸》）以企圖解決社會「和諧」之問題——但前提必須是「天下」屬於朝廷。因其所有資源屬於天子，屬於「在上者」，所以「恩」、「恤」有時的確會發生。詩中的「我」不是「小民」，但在詠歎勞困之時還是巴望能「飲之食之」——位卑勢弱的「士」之群體，他們仍然希望通過自己的努力和忍辱負重，獲得「在上者」的「仁厚愛養」、周恤、教誨、提攜……

此「士」非彼「士」。但中國之「士」的尷尬與無奈，由來已久！〔註3〕

縣蠻黃鳥，止于丘阿。

緜蠻：《毛傳》：「小鳥貌。」馬瑞辰《通釋》：「文采緐密之貌。」止：息。下同。丘阿：山丘彎曲處。《鄭箋》：「小鳥知止於丘之曲阿靜安之處而託息焉，喻小臣擇卿大夫有仁厚之德者而依屬焉。」

道之云遠，我勞如何！飲之食之，教之悔之。命彼後車，謂之載之。

食音 sì。《鄭箋》：「在國依屬於卿大夫之仁者。至於爲末介，從而行，道路遠矣，我罷勞則卿大夫之恩宜如何乎？渴則予之飲，饑則予之食，事未至則豫教之，臨事則誨之，車敗則命後車載之。後車，倅車也。」《孔疏》：「言緜蠻然而小者，是黃鳥也。此黃鳥飛行，則止於丘阜之曲阿安靜之處者，而自託息焉。以興微賤者，小臣也。我小臣之動止，亦當擇大臣有仁厚愛養之德者，而自依屬焉。既擇大臣之仁者依屬焉，至於大臣聘使，則爲末介，從之而行。……大臣之於小臣，其義當然。今大臣何爲遺忘己，而不肯飲食教載之？」《左傳·昭公元年》杜預注：「介，副也。」末介，相對於「上介」、「次介」，此指「士」。《論語·先進》邢昺疏：「……則卿爲上介，大夫爲次介，士爲末介也。」「介」並非確定的職官，「士」以上不同場景中的「副職」皆或稱之。參見《儀禮·聘禮》及鄭注、《禮記·曲禮上》「凡與客入者，每門讓於客……」孔疏。倅（cuì），副，備，輔。《孔疏》：「《夏官·戎僕》『掌倅車之政』，《道僕》『掌貳車之政』，《田僕》『掌佐車之政』，是朝祀之副曰貳，兵戎之副曰倅，田獵之副曰佐……其實貳、倅皆副也，散則義通，故以倅言之。」

縣蠻黃鳥，止于丘隅。豈敢憚行，畏不能趨。

《鄭箋》：「憚，難也。我罷勞，車又敗，豈敢難徒行乎？畏不能及時疾至也。」又朱熹《集傳》：「憚，畏也。趨，疾行也。」

飲之食之，教之誨之。命彼後車，謂之載之。

縣蠻黃鳥，止于丘側。豈敢憚行，畏不能極。

極：《鄭箋》：「至也。」朱熹《集傳》：「《國語》云：『齊朝駕，則夕極於魯國。』」見《魯語下》。

飲之食之，教之誨之。命彼後車，謂之載之。

〔註 1〕「大臣不用仁心」是漢人販弄孔子的話，周人還不懂得何爲「仁」。孔子說的「仁」所以被推崇，也是因爲其背後的既得利益得到了強大和固化，是於既得利益的長遠維護——《韓非子・五蠹》「故文王行仁義而王天下」，實則是「文王王天下而行仁義」——假定他眞行了「仁義」。

〔註 2〕在《禮記》另一些篇章中，也可側面看出「士」的景況。《曲禮下》:「問天子之年，對曰:『聞之，始服衣若干尺矣。』問國君之年，長，曰:『能從宗廟社稷之事矣。』幼，曰:『未能從宗廟社稷之事也。』問大夫之子，長，曰:『能御矣。』幼，曰:『未能御也。』問士之子，長，曰:『能典謁矣。』幼，曰:『未能典謁也。』問庶人之子，長，曰:『能負薪矣。』幼，曰:『未能負薪也。』……」

《少儀》:「問國君之子長幼，長，則曰『能從社稷之事矣』；幼，則曰『能御』、『未能御』。問大夫之子長幼，長，則曰『能從樂人之事矣』；幼，則曰『能正於樂人』、『未能正於樂人』。問士之子長幼，長，則曰『能耕矣』；幼，則曰『能負薪』、『未能負薪』。」

但以《三禮》作爲《詩經》的閱讀語境並不是可靠的。《禮記》爲說「禮」之文論雜編，作文時間不確，較《周禮》或多更晚，佐證性更有限。

〔註 3〕「士」是西周宗法政治下的知識分子。毫無疑問他們也是丹心一片，卻也似乎已經有了「原罪感」——「教之誨之」顯然是被動的，其「思想改造」由誰來進行？（應該不是發動「庶民」）「教」什麼，「誨」什麼？「教之誨之」是「士」的一種更高的道德存在，還是屬於早期「極權政治」下的無法與暴力與強權抗衡的無奈？

春秋時，老子說:「是以聖人之治，虛其心，實其腹，弱其志，強其骨；常使民無知、無欲，使夫智者不敢爲也。」（《道德經》第三章）「虛其心」、「弱其志」，「聖人」自然是要「採取措施」的（後世某些歷史時段的政治語境中「措施」是一個令人不寒而慄的詞。你無法想像甚至可以「欲加之罪何患無辭」而隨意殺人），所以「實其腹」「強其骨」是謊言。一番「改造」，惚惚兮若之何，惙惙兮如之何，不知屬於「智者」的「士」還敢不敢「爲」？又如何「爲」？

而《詩經》時代傳遞出的「教之誨之」之「文化」信號，或又正是後世專制政治之下犬儒主義和爲虎作倀心理升級變異的開始。

小雅・瓠葉

「禮」無所不包，飲食之禮自然不可或缺，天子、諸侯、大夫、士、庶人各吃什麼、怎麼吃是有嚴格規定的，《禮記・燕義》所謂「俎豆、牲體、薦羞，皆有等差，所以明貴賤也」。

以《儀禮》、《禮記》所紀「士」之身份地位言，「食魚炙」畢竟也還算是一種待遇，儘管無法與「六穀」、「六牲」、「太牢」、「少勞」、「肥羜」、「肥牡」等相比。〔註 1〕

在《儀禮・公食大夫禮》中，「兔」饈是上大夫有別於下大夫的加饈「雉、免、鶉、鴽（rú）」之一，卻是要做得精細。詩中之兔，既是佐以「庶人之菜」瓠葉者且「燔之炙之」原始的烹製方法，最高也就是「士」食而已。一群「士」聚集一起吃著「燒烤」，薄酒殘肴中卻是依然以「君子」相稱。這是一個疲於奔命而又「位卑未敢忘憂國」的群體，正所謂「天子穆穆，諸侯皇皇，大夫濟濟，士蹌蹌，庶人僬僬（jiāo）」（《曲禮下》）。〔註 2〕

呼之以「君子」，既是這個西周「貴族」範疇中最末位、人數最多者在西周後期日暮西山時本能的不甘與黽勉，也點出了「家天下」曾經的存在和行將消逝。在西周後期，忠心耿耿的「士」一階層的社會影響力，甚至還遠不如成分日益複雜起來的其他「國人」。〔註 3〕於一代王朝和西周政權體來說，《瓠葉》類看似平淡的詩作，卻是一種感懷，一種紀念。

幡幡瓠葉，采之亨之。

《毛傳》：「幡幡，瓠葉貌。庶人之菜也。」瓠：即瓠瓜。瓠有甘苦兩種，甘者葉甘，可食。亨（pēng）：同「烹」。

君子有酒，酌言嘗之。

言：連詞，而。朱熹《集傳》：「言幡幡瓠葉，采之亨之，至薄也。然君子有酒，則亦以是酌而嘗之。蓋述主人之謙詞，言物雖薄，而必與賓客共之也。」

有兔斯首，炮之燔之。

斯：助詞。首：朱熹《集傳》：「有兔斯首，一兔也，猶數（shǔ）魚以尾也。」炮（páo）：《毛傳》：「毛曰炮。加火曰燔。」燔：吳闓生《會通》：「炮者，裹燒之。燔者，加之於火上也。」一說炮，本作「炰」。參見《六月》六章「飲御諸友，炰鱉膾鯉」注。

君子有酒，酌言獻之。

獻：主敬酒於客。《毛傳》：「獻，奏也。」參見《楚茨》三章「獻酬交錯，禮儀卒度」注。《鄭箋》：「有兔曰首者，兔之小者也。炮之燔之者，將以爲飲酒之羞也。飲酒之禮，既奏酒於賓，乃薦羞。每酌言言者，禮不下庶人，庶人依士禮立賓主爲酌名。」

有兔斯首，燔之炙之。

炙：以物貫之舉於火上烤。段玉裁《毛詩詁訓傳定本小箋》：「燔與火相著，炙與火相離。」

君子有酒，酌言酢之。

酢：《毛傳》：「報也。」即客人回敬主人。《鄭箋》：「報者，賓既卒爵，洗而酌主人也。」

有兔斯首，燔之炮之。君子有酒，酌言醻之。

醻：《鄭箋》：「主人既卒酢爵，又酌自飲，卒爵復酌進賓，猶今俗之勸酒。」

〔註 1〕《天官・膳夫》：「凡王之饋，食用六穀，膳用六牲，飲用六清，羞用百二十品，珍用八物，醬用百有二十甕。王日一舉，鼎十有二物，皆有俎。

以樂侑食，膳夫授祭，品嘗食，王乃食。」《周禮》現「六牲」兩處，《膳夫》及《地官・牧人》，鄭玄皆謂「牛馬羊豕犬雞」；王引之《經義述聞》云《膳夫》者「《牧人》之六牲謂馬牛羊豕犬雞，此六牲則牛羊豕犬雁魚也」。

《禮記・曲禮下》鄭玄注：「天子食，日少牢，朔月大牢。諸侯食，日特牲，朔月少牢。」（又見《玉藻》）《楚語下》：「祀加於舉（韋昭注：「加，增也。舉，人君朔望之盛饌」）。天子舉以大牢，祀以會（注：「大牢，牛羊豕也。會，會三大牢。舉，四方之貢」）；諸侯舉以特牛（注：「特，一也」），祀以太牢；卿舉以少牢（注：「少牢，羊豕」），祀以特牛；大夫舉以特牲（注：「特牲，豕也」），祀以少牢；士食魚炙，祀以特牲；庶人食菜，祀以魚。」《三禮》多漢人參雜附益，但從出土的厚重而精美的青銅食器可推斷西周貴族飲食之繁雜講究，祭祀之食尤甚。

〔註 2〕鄭玄注：「凡行容，尊者體盤，卑者體蹙。」孔穎達疏：「云『天子穆穆』者，威儀多貌也。天子尊重，故行止威儀多也。『諸侯皇皇』者，自莊盛也。諸侯不及穆穆，而猶有莊盛。鄭注《聘禮》云：『皇皇，莊盛也。』『大夫濟濟』者，濟濟，徐行有節。大夫降於諸侯，不得自莊盛，但徐行而已也。……『庶人僬僬』者，卑盡之貌也。庶人卑賤，都無容儀，並自直行而已。……尊者體盤，穆穆皇皇，卑者體蹙，蹌蹌僬僬是也。」盤同「般」。《說文》段玉裁注：「胖之言般也，般，大也。」

〔註 3〕「國人」之成分在西周不同時期並非一成不變，曾經的「國人」或也包含「士」在內。參見趙世超《周代國野制度研究》、晁福林《論周代國人與庶民社會身份的變化》。

小雅・漸漸之石

沒有資料表明幽王時期是否還能夠荊楚之群舒不來而「命將率東征」之，幽王時期的朝廷也應該早已經沒有了這個能力。《周本紀》和《今本竹書紀年》等均未見有紀。

說詩是「下國」所作也是無徵之言。諸侯既然已是多有不來至者，他國也就沒有必要再去「刺幽王」了。〔註 1〕至於說士卒作詩則更是漢人之附會（《鄭箋》「役謂士卒也」），更何況唯「國人」方有參軍作戰之權利，而作詩與其利益追求無直接關係。

《雅》詩非自下層，《風》詩也不是「民間」的作品。《漸漸之石》及《采薇》、《出車》、《北山》、《小明》者，與《風》詩中的《召南・殷其靁》、《小星》、《邶風・擊鼓》、《王風・君子于役》、《揚之水》、《魏風・陟岵》、《唐風・鴇羽》、《秦風・小戎》、《豳風・東山》等，組成了《詩經》中況味十分複雜的「征役詩」板塊。

一部分上層「貴族」於王事的艱難行進中，看到了前路之渺茫，卻在「詩言志」中不自覺地體現出了濃鬱的人文情懷。較之殷商，這是周文化最值得肯定者之一。

漸漸之石，維其高矣。

《毛傳》：「漸漸（chán），山石高峻。」漸漸同巉巉（chán），山石高峻貌。

山川悠遠，維其勞矣。武人東征，不皇朝矣。

維：助語氣。武人：《鄭箋》：「謂將率也。」率即帥。皇：通「遑」，暇。朱喜本皇作「遑」。朝：陳奐《傳疏》：「音朝夕之朝，『不皇朝』猶言無暇日耳。」

漸漸之石，維其卒也。

卒：《鄭箋》：「卒者，崔嵬也。謂山巔之末也。」卒通「崒」。崔嵬，山頂。又意高聳、高大貌。

山川悠遠，曷其沒矣。

沒：《鄭箋》：「盡也。」朱熹《集傳》：「言所登歷，何時而可盡也。」

武人東征，不皇出矣。

朱熹《集傳》：「謂但知深入，不暇謀出也。」

有豕白蹢，烝涉波矣。

蹢（dí）：蹄。烝：進。《毛傳》：「將久雨，則豕涉水波。」一說烝，眾。豕，豬。

月離于畢，俾滂沱矣。

離：通「麗」，附著。參見《魚麗》一章「魚麗于罶，鱨鯊」注。《易・離》彖辭有「離，麗也。日月麗乎天，百穀草木麗乎土」句。朱熹《集傳》：「月離于畢，將雨之驗也。」實即月亮經過畢宿時雨季來臨。畢：二十八宿西方七宿第五宿，以形似捕獵所用長柄畢網而得名。參見《鴛鴦》一章「鴛鴦于飛，畢之羅之」注。俾：使。滂沱：雨大貌。

武人東征，不皇他矣。

朱熹《集傳》：「甚勞苦而不暇及他事也。」

〔註 1〕《毛序》：「《漸漸之石》，下國刺幽王也。戎狄叛之，荊舒不至，乃命將率東征。役久病於外，故作是詩也。」關於「荊舒」，鄭玄謂「荊，謂楚也。舒，舒鳩、舒鄝（liǎo）、舒庸之屬」。《魯頌・閟宮》「戎狄是膺，荊舒是懲，則莫我敢承」，《鄭箋》：「僖公與齊桓舉義兵，北當戎與狄，南艾荊及群舒。」《左傳・文公十二年》孔穎達疏引《世本》釋「群舒」：「偃姓，舒庸、舒蓼、舒鳩、舒龍、舒鮑、舒龔。」「荊舒」之強勢表現更在春秋時期。

小雅・苕之華

黍離麥秀，家國破亡之痛，引無數文人灑淚，卻不知是上了紙上故事的當。其實，一個王朝行將滅亡或已然滅亡，人們的第一反應並不如想像和傳說的那般高尚，那般悲壯，依是「鮮可以飽」的現實感受。凌霄花遍地攀援盛開，卻是凋困飢饉和「知我如此，不如無生」之強烈刺痛。

「牂羊墳首，三星在罶……」夜色中與河水相關的一個屬於《詩經》時代的意象。一隻瘦瘠的黑的山羊——其「墳首」無論解爲「大首」，還是黑白相間的「斑首」，「苕之華，其葉青青」的季節，星月下，在黛青色的山影前，在汩汩流淌的水聲裏，與空空蕩蕩的魚笱同框，是西周晚期的一種圖景，一種驚心。

政權早期的「頌」詩中有「天」、「昊天」（《周頌・昊天有成命》、《時邁》），但沒有出現星空；中後期「雅」詩中，除《大雅・棫樸》「倬彼雲漢，爲章于天」與周王壽考，此詩和《大東》五、六、七章「維天有漢……維北有斗……」，《大雅・雲漢》八章「瞻卬昊天，有嘒（huì）其星……瞻卬昊天，何惠其寧？」〔註1〕較之無數呼而訴之於「昊天」者，夜的深邃而澄澈明淨的蒼穹之下，是一種更加「無所赴訴」的苦痛，一種更近乎絕望的心境。

苕之華，芸其黃矣。

苕（tiáo）：即凌霄花，又名紫葳，木質藤本植物。芸（yùn）：花草枯黃的樣子。《毛傳》：「苕，陵苕也。將落則黃。」《鄭箋》：「陵苕之華，紫赤而繁。興者，陵苕之幹喻如京師也，其華猶諸夏也，故或謂諸夏爲諸華。華衰則黃，猶諸侯之師旅罷病將敗，則京師孤弱。」《孔疏》：「陵苕之英華，本紫赤而繁多，至今亦芸然，其色黃而衰矣。以興周室之諸夏，本兵強國盛，今其師病而微矣。陵華衰則將落，落則苕幹特立矣。諸侯師病則將敗，敗則京師孤弱矣。」又王引之《述聞》：「『芸其黃矣』，言其盛，非言其衰。故次章云『其葉青青』也。……詩人之起興，往往感物之盛歎人之衰。」芸音 yún，芸草。

心之憂矣，維其傷矣。

《鄭箋》：「傷者，謂國日見侵削。」《孔疏》：「以周室之盛，忽見如此之衰，故我心爲之憂愁矣。維其傷病矣，傷其見侵削也。」維：助語氣。

苕之華，其葉青青。

《毛傳》：「華落，葉青青然。」

知我如此，不如無生。

《鄭箋》：「我，我王也。知王之爲政如此，則已之生不如不生也。自傷逢今世之難，憂閔之甚。」

牂羊墳首，三星在罶。

《毛傳》：「牂羊，牝羊也。墳，大也。罶，曲梁也……『牂羊墳首』，言無是道也。三星在罶，言不可久也。」《鄭箋》：「無是道者，喻周已衰，求其復興，不可得也。不可久者，喻周將亡，如心星之光耀，見於魚笱之中，其去須臾也。」牝當相對於「牡」而言，雌性之首通常小於雄性者。牂音見《菁菁者莪》讀注。又《孔疏》：「牝，小羊也。首必稱身，小羊而責大手，必無是道理也。」又朱熹《集傳》：「羊瘠則首大也。罶，笱也。罶中無魚而水靜，但見三星之光而已。」笱即捕魚的簍狀竹器。參見《魚藻》一章「魚在在藻，有頒其首」、《魚麗》一章「魚麗于罶，鱨鯊」、《小弁》八章「無逝我梁，無發我笱」注。三星：獵戶座腰帶三星，明亮而相近；有參宿（shēnxiù）三星，心宿三星，河鼓三星（「河鼓」屬二十八宿之牛宿）。《唐風・綢繆》毛傳：「三星，參也。」《鄭箋》：「三星，謂心星也。」朱文鑫《天文考古錄》認爲其首章者指參宿三星，二章者指心宿三星，末章者指河鼓三星。「三星」之望見與季節時地有關，《苕之華》「三星」或為參星。

人可以食，鮮可以飽。

鮮（xiǎn）：少。《毛傳》：「治日少而亂日多。」朱熹《集傳》：「言飢饉之餘，百物凋耗如此，苟且得食足矣，豈可望其飽哉？」

〔註 1〕《雅》詩之夜色月光浸染到了《國風》。《召南・小星》「嘒（huì）彼小星，三五在東」、「嘒彼小星，維參與昴」，《邶風・日月》「日居月諸，照臨下土」，《雄雉》「瞻彼日月，悠悠我思」，《唐風・綢繆》「綢繆束薪，三星在天」、「綢繆束芻，三星在隅」、「綢繆束楚，三星在戶」，《陳風・月出》「月出皎兮，佼人僚兮」、「月出皓兮。佼人懰（liǔ）兮」、「月出照兮，佼人燎兮……」月下彌散著的是「王事」行役之苦、憂愁憤怨、傷離別和幽幽情思。

「修辭」外，更多的是一種情緒和心理對應，於後世詩歌寫作不無影響。兩漢三國，《古詩十九首・明月何皎皎》、《迢迢牽牛星》、《明月皎夜光》，《相和歌辭・滿歌行》「遙望辰極，天曉月移。憂來闐（填）心，誰當我知。戚戚多思慮，耿耿殊不寧。……暮秋烈風起，西蹈滄海，心不能安。攬衣起瞻夜，北斗闌干，星漢照我……」「建安文學」，《短歌行》「明明如月，何時可掇？憂從中來，不可斷絕……月明星稀，烏鵲南飛。繞樹三匝，何枝可依？」《觀滄海》「秋風蕭瑟，洪波湧起。日月之行，若出其中。星漢燦爛，若出其裏……」（曹操）《燕歌行》「秋風蕭瑟天氣涼，草木搖落露為霜……《短歌》微吟不能長，明月皎皎照我床。星漢西流夜未央，牽牛織女遙相望，爾獨何辜限河梁？」逼漢獻帝退位者曹丕，竟善感若此。

小雅・何草不黃

《毛序》「下國刺幽王也。四夷交侵，中國背叛，用兵不息，視民如禽獸。君子憂之，故作是詩也」，又是「下國刺幽王」！這時的「下國」，於朝廷和周天子還有什麼興趣呢？

何草不黃，十月純陰之景象。然十月又是收穫的季節，如《周頌・豐年》、《載芟》、《良耜》和《信南山》、《甫田》、《大田》和以及《豳風・七月》等情景，所以詩居《小雅》之末未必就是象徵西周王朝的衰敗與零落。〔註1〕已有太多的傷怨，《何草不黃》不過其中平常一首歌。

經歷了曾經的雄心與憧憬，分封制和「家天下」血緣政治的理想與奮爭，無數費盡心機的之於「周禮」的艱難創設與黽勉維持，經歷了各種內外交困和最後的坍塌，最後詩人於「行彼周道」、「經營四方」日常往事的追憶與敘述，較之先前的焦慮與不安，反倒顯得平靜了許多——一種大夢想與大輝煌、大失落與大苦痛之後的平靜。〔註2〕

何草不黃，何日不行？

《鄭箋》:「用兵不息，軍旅自歲始，草生而出，至歲晚矣，何草而不黃乎？言草皆黃也。於是年間，將率何日不行乎？言常行勞苦之甚。」

何人不將？經營四方。

《毛傳》:「言萬民無不從役。」朱熹《集傳》:「將，亦行也。周室將亡，征役不息，行者苦之，故作此詩。言何草而不黃？何日而不行？何人而不將，以經營於四方也哉！」將，此處有「承擔」、「擔負」義。

方玉潤《原始》:「夫征役不息，終歲往來，以至『何草不黃』矣，而『經營四方』者猶未有已時耶！即至草色皆枯，由黃而玄，而征行仍如故也。」

何草不玄？何人不矜？

玄：玄赤色。此指深秋草木枯衰之色。矜（jīn）：段玉裁《小箋》:「何人不矜，言夫人而危困可憐，不必讀爲鰥。……當從本字，非鰥之假借字也。」又《鄭箋》:「無妻曰矜。從役者皆過時不得歸，故謂之矜。」鄭意矜音 guān。參見《鴻雁》一章「愛及矜人，哀此鰥寡」注

哀我征夫，獨為匪民。

朱熹《集傳》:「哀我征夫，豈獨爲非民哉？」

匪兕匪虎，率彼曠野。

兕（sì）:《說文》:「如野牛而青，象形。」《山海經・海內南經》:「兕在舜葬東，湘水南。其狀如牛，蒼黑，一角。」此處「兕」當指野牛。率：循。一說率，行。

哀我征夫，朝夕不暇。

朱熹《集傳》:「言征夫匪兕匪虎，何爲使之循曠野，而朝夕不得閑暇也？」一說匪，彼。陳奐《傳疏》:「言彼兕彼虎則率彼曠野矣，哀我征夫，何亦朝夕於野而不暇乎？猶下文云『有芃者狐，循彼幽草』,『有棧之車，彼彼周道』也。」參見《四月》七章「匪鶉匪鳶，翰飛戾天」注。

有芃者狐，率彼幽草。

有芃：即芃芃。《毛傳》:「芃，小獸貌。」朱熹《集傳》:「芃，尾長貌。」馬瑞辰《通釋》:「芃本眾草叢族之貌，狐毛之叢雜似之，故曰『有芃者狐』。又芃、蓬音同。《山海經・海內經》『玄狐蓬尾』，郭注：『蓬，叢也。』芃猶蓬也，蓋狐尾蓬叢之貌。」參見《黍苗》一章「芃芃黍苗，陰雨膏之」注。

有棧之車，行彼周道。

《毛傳》:「棧車，役車也。」又馬瑞辰《通釋》:「古者編木爲棚，通謂之棧。……編竹木爲車有似於棚，因謂之棧車。」指車廂言。周道：大道。朱熹《集傳》:「言不得休息也。」

〔註 1〕方玉潤《詩經原始》:「蓋怨之至也。周衰至此，其亡豈能久待？編《詩》者以此殿《小雅》之終，亦《易》卦純陰之象。《坤》上六曰:『龍戰於野，其血玄黃。』其是之謂歟？觀於《詩》，而世運之升降，人事之盛衰，可一覽而識其故矣！」《說文》「壬」下云「《易》曰『龍戰於野』，戰者，接也」，「龍戰」即陰陽二氣之交合，《象辭》「『龍戰於野』，其道窮也」，窮者，盡也。

〔註 2〕《何草不黃》之象更接近春秋初、中期。公元前 770 年周平王不得已借秦襄公、晉文侯、鄭武公、衛武公之力而東遷，西周政權業已終結。雖爲天子，但他又能作爲的了些什麼呢？

觀《左傳》隱公三年、桓公五年、十五年、十八年、莊公十九年、二十年、二十一年、文公九年，公元前 720 年周平王死不能葬，大夫武氏子只得向魯國去借錢（《公羊傳》和《穀梁傳》是怎樣地譏諷一通）；前 707 年周桓王時與鄭國爆發繻（rú）葛之戰，王室聯軍大敗（「周鄭交質」和「繻葛之戰」是周王室屈辱的標誌，也是威嚴掃地的開始）；大概王室的困窘已到無車輛使用行步之難，前 697 年桓王使大夫家父違禮又前往魯國索求；前 694 年周莊王時發生「王子克之亂」；周惠王時前 675 年至前 673 年又發生「王子頹之亂」；至周襄王死，又不能葬，周頃王元年（前 618 年）王室的毛伯衛復又到魯國去「求金」。

再後來，諸侯坐大不說，當初的「子弟」和「先聖」、「功臣」之後嫡系旁支亂序，內亂不斷，「巨室」橫生，「食祿」和土地權益取決於自身之實力。而於思想意識形態和「尚賢」之人才的解放，「百花齊放」的春天或已到來。